湛庐CHEERS

与最聪明的人共同进化

HERE COMES EVERYBODY

CHEERS
湛庐

怎样做成大事

HOW BIG THINGS GET DONE

[丹] 傅以斌 Bent Flyvbjerg
[美] 丹·加德纳 Dan Gardner 著

贾拥民 译

浙江科学技术出版社 · 杭州

测一测

你了解做好“大”项目的诀窍吗？

- 以下哪种模式能够将项目愿景变成计划，再变成新的现实？（ ）

  A. 慢思考，快行动

  B. 快思考，慢行动

- 如果你作为项目管理者，想要正确估算项目成本，以下哪种方法更有效？（ ）

  A. 测算项目涉及的一切事项并适当调整预算

  B. 参考项目所属类别中的平均实际成本

- “尝试，学习，再来一次”的皮克斯迭代法有助于完成项目的原因是（ ）

  A. 可以进行自由且大量的尝试

  B. 确保每个环节经过审查和测试

  C. 纠正基本的认知偏差

  D. 以上都是

扫描左侧二维码查看本书更多测试题

扫码加入书架
领取阅读激励

扫码获取
全部测试题及答案，
一起了解做成大事的诀窍

这是在悉尼歌剧院参观时讲解员向我推荐的书。20 世纪 60 年代，申报建造悉尼歌剧院的预算只有 700 万澳元，最终在 70 年代建成时却花了约 1 亿澳元，还因此葬送了设计师的职业生涯。年轻的设计师乌松这一辈子都没有再回到澳大利亚，也没有再创造出任何成功的作品。所以这本书不是一本励志书，而是一部非常具有洞察力的项目管理著作。作者是那种你花了几十个亿却发现事情一团糟时会想要求助的人。他研究和整理了大量大型项目的数据和经验，发现能够按时、按预算、按预期回报建成的大型项目只有 0.5%！想想我们身边大量的烂尾工程，就能够知道这个现象是多么普遍。就算是一个家庭，想要改造一个厨房都很有可能面临拖延工期和超预算的问题，可能从厨房开始，最终却不得不将整个房屋重新装修。这本书的意义就在于将认知心理学和工程经验完美地结合，对所有想要做些事的人都会有启发，包括房屋装修、写一本书或者完成假期作业……

樊　登

“帆书”App 创始人、首席内容官

作为一名项目经理，我大部分时间是跟风险打交道。傅以斌先生这本著作提醒我们，最重要的风险不是我们不了解成功的要素，而是我们没有充分考虑失败的可能。那些导致失败出现的原因并不稀奇，也不新鲜，尤其是在我们认为自己熟悉的行业和领域，我们自己更可能成为最大的风险。书中推荐的 11 个启发式，恰好可以作为完善自己进入项目的行动指南，慢慢读书与思考，然后迅速行动起来！

马琛

PMP、PgMP、PfMP 认证项目管理专家

重要、及时且富有启发，更让人愉悦。

丹尼尔 · 卡尼曼

诺贝尔经济学奖得主

《思考，快与慢》《噪声》作者

在研究了规划谬误的特征之后，我相信没有人比傅以斌更广泛、更深入地研究了这个主题。他的研究范围大到奥运会的举办，小到你家狗窝的装修。

纳西姆 · 尼古拉斯 · 塔勒布

《黑天鹅》《反脆弱》作者

这本书睿智、生动、令人难忘，将鼓舞人心的故事与数十年的实践研究和经验结合在一起……每个管理大型项目的人都迫不及待地想读这本书。

无论如何，我们所有人都会从中获得极大的乐趣。

蒂姆 · 哈福德
《金融时报》经济学专栏作家
《卧底经济学家》作者

傅以斌对全球大型项目的研究使他形成了“大型项目铁律”：预算超支、进度超时和效益不佳，而且一次又一次重复发生。他对大型项目为何常常失败，只是偶尔成功的深刻理解，使这本书成为一本真正引人入胜的读物。

格尔德 · 吉仁泽
社会心理学家
《风险认知》作者

《怎样做成大事》提供了一个非常清晰的模式，揭示了为什么几乎所有的大型人类项目都未能如预期那样实现，原因令人惊讶。此外，这本书也是幸运读者避免这些问题的路线图。

欧拉 · 罗斯林
《事实》合著者

在这个资源越来越稀缺的时代，本书特别指出了一种项目开发的方式，可以更公平地利用我们的环境、人力和财力资源，为社会带来更大的利润。

弗兰克 · 盖里
华特 · 迪士尼音乐厅、毕尔巴鄂古根海姆博物馆建筑师这本书提炼了规划大型项目的最佳科学建议。可以说，阅读这本书是21 世纪最划算的交易。

菲利普 · E. 泰洛克

宾夕法尼亚大学心理学和管理学教授

《超预测》合著者

这本书令人愉悦……傅以斌和加德纳先生对大大小小的项目为何都容易出错的描述令人信服……所有类型的管理者都可以从中吸取经验与教训。

《经济学人》

从悉尼歌剧院到历届奥运会，巨大而代价高昂的失败故事既有趣又令人受益。傅以斌和加德纳还成功提取了关于如何计划、预测和执行任何规模项目的宝贵经验，无论是厨房改造项目还是高速铁路项目。

《金融时报》

《怎样做成大事》是一本每一位企业高管都应该阅读的书。

《华尔街日报》

成事儿的科学

万维钢
科学作家
“得到”App《精英日课》专栏作者

这本书讲的是怎么做大项目，像那种超级工程、大制作电影、重量级的新产品，以及像举办奥运会这样的大活动。如果你曾经主持完成过这样的大事，那么你可能是被各种大组织争夺的人才。如果你不打算主持大事，这本书也能促使你思考，因为它讲的并不是项目经理用的那些技术细节，而是做事的哲学。

成功的项目都是相似的，失败的项目也都是相似的

我记得小时候电视新闻经常播报某某国家重点工程，因为上下特别努力，大干快上，提前多少多少天完工。我当时的印象是，如果一个工程不能提前完成，你都不好意思跟人提。我还猜测这些项目做计划的时候必定特意把工期多做了几天，这样才能确保提前完工……

我这个印象其实是大错特错，是典型的易得性偏误。

本书作者傅以斌以前在丹麦领导过大项目，而且很成功。他有感于很多项目做不成，就建了一个大型交通工程项目数据库，发现从 1910 年到 1988 年之间，世界范围内各种工程项目的最初预算比最终成本平均要低 28%，而且 10 个项目中有 9 个会超预算。

他把结果发表出来，麦肯锡咨询公司就联系他，说咱们能不能一起研究一下 IT 项目的超预算情况。傅以斌原本以为 IT 项目比较省钱，哪知道超预算情况更严重。于是他索性玩了个大的：把各个领域的项目都囊括进来，什么国防、核能、航天、采矿、汽油、奥运会等都算在内，他的数据库涵盖了 20 多个领域、136 个国家的 16 000 多个项目，统计结果是：**只有 47.9% 的项目达到了预算目标，只有 8.5% 的项目在预算和完成时间上都达成预期目标，只有 0.5% 的项目在成本、时间和效益这三项上都达到了预期目标。**

也就是说，你要做个大项目，首先它很可能要花费更多的钱；其次它需要的时间会比你想象的更长；再者，就算你花了很多的时间和钱，它带来的实际好处也很可能没有达到最初的设想。

不管你是谁，做大项目都很可能是赔本买卖。傅以斌用统计分析发现，大项目超预算的情况并非正态分布，而是我们常说的幂率分布，也叫“肥尾分布”。

正态分布是比较安全的。就好像人的身高，大部分案例都在平均值附近，特别矮或特别高的人很少。而幂律分布，却容易出现极端情况，也就是所谓“黑天鹅”事件，表现在项目中就是容易出现特别离谱的超预算情况。

比如詹姆斯 · 韦伯太空望远镜，本来预计 12 年建成，实际花了 19 年才建成，最终造价为 88 亿美元，比预算高出 450%。

更有甚者，如果预算超得太厉害，还能直接拖垮一家大公司。

牛仔裤制造商李维斯想做自己的 IT 项目，预算是 500 万美元。这个数字听起来挺合理，毕竟你弄一个卖牛仔裤的网站能有多费钱？可是最后实际的花费真不是 500 万美元，也不是 5 000 万美元，而是整整 2 亿美元。好在李维斯没垮，但是 CIO 被撤职了。

但也不是所有大项目都是这样。有些项目就做得很好，比如帝国大厦。

1929 年，曾经担任过纽约州州长的一位大亨——阿尔 · 史密斯（Al Smith）决心在纽约最繁华的地段建设一座像铅笔一样又高又直的大厦。这是当时前所未有的建筑，轰动效应是注定的。史密斯设想大厦应该在 1931 年 5 月 1 日这天开业，而这意味着从第一张草图到大厦彻底建成只有 18 个月的时间。

而帝国大厦果然在 1931 年 5 月 1 日这天开业了，而且还是提前几周完工的。作为当时世界最高的建筑，胡佛总统主持了开业大典，帝国大厦立即就成了一个地标。1933 年，电影《金刚》（*King Kong*）上映，其中有一个场景就是在帝国大厦上。帝国大厦迅速成了全世界的明星，还引发了后来各国竞相建设超级大厦的风潮，可谓是百年大业。

像这样的案例其实也不少。胡佛大坝提前两年建成，而且成本略低于预算。波音公司只用 28 个月就完成了 747 客机的设计到制造。苹果公司 2001 年 1 月底才招聘了第一个开发 iPod 的员工，而当年的 11 月份就已经向全球用户发货了。

这些项目又是怎么做成的呢？**成功的项目都是相似的，失败的项目也都是相似的。这里面有规律。**

谋定而后动

傅以斌总结失败项目的一般规律是“快思考，慢行动”。项目刚上马的时候大家都兴高采烈，一旦做起来才发现遇到各种没想到的问题，进展很慢；然后因为进展慢，又遇到了更多的问题，这样不断拖延。

对比之下，成功的项目则是“慢思考，快行动”。

帝国大厦时间那么紧，前期的设计可是一丝不苟：在工地正式开工之前，建筑师已经把这个大厦需要多少根钢梁、多少个铆钉、多少个螺栓，需要的各种土各种建筑材料，大小、形状、多少，都测算好了。

所以真正开工的时候，大家已经知道会发生什么，流程完全标准化，工人越干越快，整个就好像是一个生产流水线。

这就是计划的作用。前期想得全面，后期才能迅速行动。但迅速行动本身也很重要，因为中国有句话叫“夜长梦多”。

项目进行过程中，往往会发生各种事情。可能会出现意外事故，可能当地政策变了，可能政治环境变了，可能经济形势不允许了……

更何况复杂的项目中还有“动态相互依赖”（dynamic dependency）的问题，意思是系统的各个部分是耦合的，牵一发而动全身，一个地方出问题就是全局问题。

2021 年 3 月，一艘叫“长赐号”的货船在苏伊士运河被卡住了，整整 6 天动不了，后面几百艘的船都只能干等，结果对全球贸易都产生了影响。

像这样的事情，你再有神机妙算也是不可能避免的……你只有一个办法，那就是快：赶紧干完，出事儿的概率才能小。

可是中国除了“夜长梦多”之外，还有一句话叫“欲速则不达”。这又是怎么回事呢？

这就引出了傅以斌的关键理论：我们应该把项目分成两个阶段。

前期是思考，后期是行动。而前期和后期是不对称的。

思考这个阶段，特别重要，但因为这个阶段基本上都是在纸面完成，很便宜，所以时间慢一点、快一点没关系。特别是创造性的活动，本来也应该多花时间。而一旦进入执行阶段，你就得快了。这是因为执行阶段的花费跟思考阶段是不可同日而语的。

比如拍电影，前期编写、打磨剧本，你怎么拖延都不是啥大事。可是一旦进入拍摄阶段，明星和临时演员都已经请来了，剧组人吃马喂，一天花出去的钱是海量的，你稍微遇到点意外拖延几天就一定超预算；而你只要拖延，就一定会遇到更多的意外。

所以做大项目要想成功，根本原则就是谋定而后动：谋要慢慢地谋，动要快速地动。正所谓不动如山，侵掠如火。

林肯曾经说过，如果他有 5 分钟时间去砍倒一棵树，他会用前 3 分钟来磨斧头。这个意义上的“磨刀不误砍柴工”说的真不是中学生应该好好复习什么的，这是大事成功的秘密。

模块化：大项目的终极解决思路

道理简单，为什么人们做不到呢？对于大事来说，如果一个弊端经常发生，很可能不是因为人们不懂得道理，而是有着不得已的理由。

傅以斌说，大事计划失败的最根本原因就是匆忙的“承诺”。

当初因为冲动，没想好就领了结婚证。相处一段时间感觉不太好，可是离婚很麻烦，就对付着继续生活。等到生了孩子，离婚就已经不是成本问题，而是伤害问题。再过几年双方年龄都大了，日子更加只能这样过下去……

这就是大部分事情走向灾难的原因。并不是因为人们想要这样，也不是人们不知道这样不好，而是因为身处现场别无选择。傅以斌把这种错误称为“承诺谬误”（commitment fallacy）。

傅以斌的数据库中大部分项目都超预算，但其中有 5 种项目类型，却普遍完成得很好，可能偶尔超点预算或是稍微延长点工期，但从来不会出现灾难性的结局。这 5 种项目是太阳能、风能、传统化石燃料的发电厂、电力传输和公路建设。尤其太阳能和风能，最近的发展势头十分强劲，可以跟芯片相提并论，属于指数增长。这些项目是怎么回事儿呢？

看来一个项目是否容易办成，除了管理和计划方面，项目自身的特点是更为重要的一个因素。**这 5 种项目之所以容易成功，因为它们都有一个关键特点——模块化（modularity）。**模块化的意思是大东西是由小东西组装而成的。就好像搭乐高积木，每个积木都很小，搭在一起可以很大很大。

制造业早就在搞模块化了，比如现在生产汽车都是把各个模块化的零部件拼装而成，效率非常高。但把模块化用于大的工程项目，则是尚未完全普及。有些简易房屋的建设已经模块化了。把墙、房梁什么的都变成标准化的“零件”，先在工厂里都批量制作好，运到施工现场直接组装就行。

现在的趋势是把像歌剧院这种高端的、复杂的、永久性的建筑也给模块化。可能其中每一块瓦片都是不一样的，全是定制，但只要设计环节做得好，每片瓦的样式都能精确传递给工厂，那就可以做到在车间制造，在现场组装。

模块化除了制造环节可控，成本低之外，还有一个关键好处是重复。

你不是在做一个全新的大东西，你是把一个已经做过的小东西重复制作和安装 N 遍。对设计方和工厂来说，重复性强就容易迭代和改进，而对工人来说重复有利于快速学习。

这就如同婚礼上常见的那种超级大蛋糕。看着很厉害，有许多层，但这种蛋糕并不难做，因为它是模块化的：它其实是由很多个小块各自分开烤，再搭起来完成的。

其实模块化不一定非得有积木式的那种“模块”，**模块化本质上是一种思想：把大项目分解成小任务。**傅以斌曾经参与领导了丹麦援助尼泊尔的一个学校项目，总共向尼泊尔交付了两万间教室。这是个大工程，但因为你总是落实到以单个教室为单位的“模块”上，它可以不是一个复杂工程。

项目唯一的复杂性可能就是尼泊尔的地形不太好，有的地方比较平整宽阔，有的地方是崎岖山地。傅以斌他们为此设计了三种不同的教室——但只有三种。尼泊尔没有英国那种能在车间里生产教室的条件，你必须到现场去做，但是你仍然是在做大量的重复任务。

更好的是，教室这种东西是造一间就成一间，不用等两万间都造好才能用。有时候两间教室就是一所小学，建好一所小学学生马上就可以上课。专家过来一趟看看评审没问题，这边就算完工了，你就可以去建下一个学校。看似是个大工程，但因为可以一边做一边交付，实则是小工程乘以 N。

但并不是所有项目都能这么做。

比如一个公司肯定就不是一个员工乘以 N 那么简单：当你只有 5 名员

工的时候，你可能都不需要一个专门的会计；可是如果你有 500 名员工，你不但需要会计，而且需要一个正式的 HR 部门，它的功能是专门管员工……要是 500 个人全是工程师，你这个公司肯定乱成一团。世间很多东西都是大了就不一样。

能随便乘以 N 而不会引起平均性能下降的系统叫做“无标度”（scale free）系统，这种系统的好处是能任意扩展。而这样的系统要求个体之间没有耦合纠缠，做多少个都跟做第一个一样，那工程做起来当然就很容易。而你可以想见，大多数大项目不是这样的。

而大项目的终极解决思路就是模块化。像核电站，现在就有人在探索模块化问题，也就是不要搞大反应堆，而是能不能搞一种可以在工厂里生产出来的小反应堆，然后看你需要多少装机容量，就把若干个小反应堆合并在一起做一个核电站……目前还没有定型的范例，但是这里面有希望。

纳西姆 · 尼古拉斯 · 塔勒布（Nassim Nicholas Taleb）在《反脆弱》（*Antifragile*）中反复说过，只不过他没叫它为模块化。塔勒布说大工程都具有脆弱性，容易出现“黑天鹅”，所以你不希望它走极端——对待脆弱的策略就是把它分散开。

用一块大石头砸人，一砸就砸死了。但如果你把大石头分解成很多块小石头，每次砸一块，那就非常安全。一次喝 5 瓶白酒，你可能就进医院了；但每天喝一小杯，那叫陶冶情操。

我们早就知道这个道理。但如果不是傅以斌的这些研究，我们未必能想到这就是从根本上解决大项目难题最重要的道理。

做大事的英雄不是冒险家，而是工匠

傅以斌说的不是个人或者公司的成长，而是项目，而且是单个的大项目。作为个体你可能更愿意代入大事业中的高光角色，比如建筑设计师或者演员，你希望挥洒个性施展才华，你希望给世界打上你的烙印，那个烙印最好是独一无二的。

而傅以斌提醒我们，要把大事做成，更重要的是那些在幕后把人力、物力组织起来，方方面面协调好的人，主导他们的是工匠精神。

总结来说，以冒险家的精神去做大项目是不可取的，更合适的态度是工匠精神。傅以斌在全书最后列举了一些指导方针，除了咱们前面讲过的，最重要的是关于人的：

最好请一位大师级的内行负责整个项目，而且这个内行最好自带团队。

你还得提供很好的后勤保障，特别是工地的安全用品，工人的生活条件都要事无巨细安排得很好。工人用啥有啥，精神愉快，才能保质保量地把活干好。因为大项目是很多家公司一起做，有工人，有工程师，有各方供应商等，你需要非常善于协调各方的关系。最理想的情况是这些团队之前已经合作过很多次，彼此信任。

有一个领导过累计几十亿美元的 IT 项目的人告诉傅以斌，在超过一半的时间里，他的工作就像是外交官一样。他必须得跟各方建立很好的关系，争取他们的理解和支持。这些关系不能等项目干起来才去搞，平时就得积累。他把维护关系视为项目的风险管理，因为出点事儿，如果各方发生矛盾、互相扯皮，对项目的影响是致命的。

人事之外，**项目的总指挥必须有很强的风险意识：不能指望遇到危险再去消除危险，得一开始就主动寻找危险。**因为能想到的危险太多了，你甚至会想，参加这场比赛并不是为了赢，而只是为了存活：能坚持到底就算是胜利。

除了细节问题，你还得有大局观。你得考虑这个项目的真正目的是什么，你还需要跟外面的同类项目进行比较，你需要外部视角。你甚至要考虑到该拒绝就得拒绝：如果一个项目时间紧，任务重，钱又少，各方面明显准备不足，你得学会说“No”。

归根结底，做大项目和在真实世界做任何大事一样，要求你必须战胜自己头脑中的各种偏见，不能闭门造车。

如果你真的能做到这些，能驾驭各种大项目，那可以说就是宰相之才。这个世界非常需要你。

我们看《三国演义》之类的小说，总觉得像关张、赵云那样冲锋陷阵、特别能打的英雄是最酷的，我们想成为那样的人。然而在真实的战争中，你会发现更多时候主帅考虑的并不是指挥打仗，而是部队的后勤保障以及各方面的关系等问题。

做大事的很多关键因素并不是那么具有戏剧性。

希望这本书能加深你对真实世界的认识。

干成大事所需要的三大建议

吴　晨
财经作家

《怎样做成大事》提出了一个非常重要的题目：为什么许多大项目，无论是铁路、桥梁、隧道、体育馆、太空望远镜或者奥运会，还是复杂重要的 IT 项目，都很可能超预算或者延迟交付？换句话说，**为什么许多项目完成了之后与开工前的承诺差距非常大？**

答案很简单，有两方面的原因。

第一个主要原因：项目越大，政治影响的因素就越多，权力的角力过程中，战略误导（strategic misrepresentation）成为一种常态，无论是现实中的政客还是企业中的管理者，为了让项目能够立项，为了让自己能够受益——很多时候立项了就能受益，在项目预估的时候给出过于乐观的预测很正常。

类似的例子很多。为了让 1976 年的奥运会能够在蒙特利尔举行，该市的市长尚 · 达坡（Jean Drapeau）不惜说出这样的大话："蒙特利尔奥运会不可能出现赤字，就像男人不可能生孩子一样。"最终奥运会结束，预算超了 700% 以上，当地报纸刊登了一幅达坡（男性）怀孕待产的漫画。达坡却满不在乎，功成名就，不待选民投票，自己就光荣退休了。因为兴建各项体育馆开支甚大，主场馆建造过程困难重重，很多工程一直拖到奥运会闭幕后十多年后才完工，蒙特利尔市政府多年来债台高筑，总共 10 亿美元的债务直到 30 年后的 2006 年 11 月才还清，成为现代奥运会历史上亏损最严重的一次。

对于蒙特利尔奥运会的教训，愤世嫉俗的政客会对新手说，千万不要太天真，所有的大项目一开始的预算都只能当作预付款，后续总是要增加款项的。

第二个主要原因：越是大的项目，计划、研究、讨论的时间常常越短，经常是一把手拍板了就上马。《思考，快与慢》作者、经济学家丹尼尔 · 卡尼曼（Daniel Kahneman）[①] 对此有深入研究。他提出人们思考的时候会运用系统 1 与系统 2，前者依靠直觉，快速决策，后者则细思慢想。问题恰恰出在这里，很多领导者在做出大决定的时候，并不会花上太多的时间，

① 诺贝尔经济学奖获得者、美国总统自由勋章获得者，全球畅销书《思考，快与慢》《噪声》的作者。其著作《噪声》中文简体字版已由湛庐引进、浙江教育出版社出版。——编者注

很可能利用系统 1，按照自己的直觉来做决策，而且一旦决定了也不会再花时间思考，原本应该仔细思考、权衡各种可能选项的流程变成了拍板会。

那庞大复杂的项目到底应该怎么管理？《怎样做成大事》给出了非常具有实操性的三点建议：

1. 慢思快干。详尽规划，在规划中注意吸收反馈、不断迭代，但执行起来要快，千万不要有拖延症，或者让外部因素有干扰的机会。

2. 找到跨界的现实中的参照系。庞大项目常常被认为是独一无二的，但如果学会跨界，就能在其他领域找到类似的项目作为参照，减少探索中试错的成本。

3. 重视经验的价值。大项目经常会被用来标新立异，一方面希望最大、最高、最长，刷新世界纪录，另一方面也希望尝试新设计、新技术。真正想要让大项目按时、按预算完成，使用经过考验的设计和技术更稳妥，因为经验中有封装的智慧，会减少意外的发生。

慢思快干

整体而言，大项目如何完成，需要避免政治上的各种算计，也要避免心理上的错觉，最好的办法就是初期时详细规划，实施的时候雷厉风行。

林肯曾经说过，如果有 5 分钟时间砍倒一棵树，他至少会花 3 分钟磨斧头。大项目做好细致的准备非常重要。准备是安全港，花再多时间去琢磨都不为过，但实施却是穿过风暴渡海而行，风险巨大，不确定性激增。

其实不仅仅是大型建筑，无形的项目（比如一部大制作的电影，一部电视剧，甚至一个重要的创业项目）也都需要充分的准备，这也是为什么为了拍摄《繁花》，王家卫要十年磨一剑。

皮克斯动画工作室就特别看重准备。为了筹备一部动画片，皮克斯一般会动用一个导演再加 5 至 8 名插画师，为一部 90 分钟的影片制作 2 700 多张镜头脚本的故事板（storyboard），每张故事板讲述大约两秒钟的故事，再加上由员工念的对白和简单的音效。

虽然不断修改剧本很花费时间和精力，但相比真正制作动画而言，准备的成本仍然很小，而且让外部人士可以直观地感受到片子想要呈现的故事和剧情演进，并据此给出反馈。

迭代是关键词。故事板呈现出来的情节可以在吸纳反馈之后不断修改，不断试验，也让项目的各个方面——从大脉络到局部细节都可以被检验。

准备充分，意味着在实施时需要临时考虑的问题要少得多。当然，细致准备也会避免人们常常犯的“厕所实验”的错。所谓厕所实验，就是为了让人知道：自己其实对很多东西都是一知半解，却以为自己知道。比如，如果让你解释抽水马桶的工作原理，或者自行车骑行背后的科学道理，很多人是知其然，却不知其所以然。

详细规划，哪怕多花点时间都没问题，这样可以权衡各方面的意见，也不给政治投机者以机会。如果重大项目讨论时间短，开弓没有回头箭，就会让投机者得逞。执行的时候雷厉风行则完全不同，同样需要的是减少可能出现“黑天鹅事件”的时间窗口。计划赶不上变化就是这个意思。一个项目拖的时间越长，不可控因素出现的概率就越大，项目拖延、遇到阻碍、资金链断裂等一系列问题都会给项目的完工造成影响。

复杂大项目需要找到现实中的参照系

复杂大项目很多时候被认为是独一无二的，根本没有参照系，也因此无法做好准备和规划。其实，并不是每个项目都是独一无二的，想要做好规划，做好预测，找到现实世界的锚点很重要。

卡尼曼在《思考，快与慢》中特别提到了“参照系”（reference class）这个概念，就是要针对人们普遍认为自己的项目是独一无二的，或者预估未来工作的时候出现锚定错误的问题。

卡尼曼强调，需要用参照系来替代个人的主观估计。参照系嵌入了现实世界中各种真实案例，有数据和证据的支撑。这些现实项目的进展中可能遇到这样那样的问题，出现超出预算或者交付推迟的情况，值得借鉴。

当然，选择合适的参照系也很重要。比如，一位记者觉得自己可以一年之内写完一名纽约政客的传记，他选择的参照系是自己作为调查记者的经验：一个月写出一篇深度报道（相当于一本书的一个章节）很常见，一年写完 12 个章节不就成为一本书了吗？但是他并没有向同行求教。直到写书写到第 5 个年头，他不得不到一家纽约图书馆借一间免费的办公室写书，和其他作者交流沟通时，才清楚地意识到，作者们花上六七年甚至十几年写一本书很正常，例如《奥本海默传》（*American Prometheus: The Triumph and Tragedy of J. Robert Oppenheimer*）写了 25 年。同行交流帮助他形成了正确的参照系。

参照系是非常好的概念，但在现实中最难获得的是现实世界的数据，一方面项目完成后，大多数人都愿意向前看，而不是整理过往的数据，数据搜集和保留都成问题，另一方面当然是因为很多人都不希望这些数据被外人看见，尤其是项目建设过程中发生的意外和超支，怕丢面子。当然，很多人不愿意采用外部现实世界的数据也是因为主观的预测往往偏向乐观，可以压低成本，目的就是为了让项目能够立项上马。

参照系还体现了兼顾外部视角与内部视角的重要性。外部视角看到整体、看到群体、看到真实的世界，内部视角则见树不见林。尽可能多地把类似的案例放在一起才能给出有效的参照系。

此外，理解这些案例的分布状况也很重要。有些时候案例的分布呈现出正态分布，这时取均值就可以作为锚定点。但有些时候却是肥尾分布的，这时就需要非常小心，因为肥尾意味着异常点很多，比如蒙特利尔奥运会的实际花销约是预算的 7 倍，高得离谱。这时候需要分两步走，剔除肥尾之外的情况，算出平均数作为起步的参照系，同时对可能出现的异常现象做好预案。

重视经验的价值

其实第二次世界大战之后的现代奥运会，除 1984 年洛杉矶奥运会有所盈余之外，几乎每一场都会预算超标，很多时候成本成倍增加，让主办城市背负沉重的债务负担，也让奥运场馆最终沦为极其昂贵的废墟，比如说雅典。原因除了大型项目背后总是充满了政治的算计，政客们在评估项目的时候总是会低估预算和建设时间来赢得许可，同样重要的原因是标新立异，而标新立异恰恰忽略了经验的视角。

什么是经验的视角？帝国大厦就是一个非常好的案例。虽然帝国大厦一度是全世界最高的摩天大楼，但它并没有为了争得第一在建设时就冒冒失失地选择新技术。相反，建设帝国大厦所使用的技术和工程队此前都有建造高楼的经验。当时有一种说法，说帝国大厦的建造是一条垂直的流水线，区别在于流水线在运动，而成品保持不动，这个说法很好捕捉了采用成熟技术、模块化建设的特点。

复杂大项目为什么要选用成熟的技术，而不是前沿的技术？因为成熟的技术可控、风险小。同样，成熟的设计、模块化可复制的设计也是如此。在大多数情况下，大项目不应追求第一、最大、最长、最高。第一是探路者，没有经验可循，未知的风险不可控。此外，大项目也需要找有经验的团队来操刀，不要让自己的项目成为一帮雄心勃勃的人的小白鼠。

反观奥运会，则几乎违背了上述的每一条经验。

操办奥运会的人都是新手，这与奥委会的选择有关。如果要让奥运会不给举办城市带来债务风险，最好的办法就是选定在同一个城市持续举办奥运会，这样不仅场馆每 4 年就能重复利用，而且还可能不断传承举办大型体育盛会的组织经验，事半功倍，而不用每次都是新手操盘，面临陡峭的学习曲线。

但奥运会首先是讲政治和讲收入的，奥委会当然希望有城市竞争，各大城市的政客也希望奥运能够提升城市名片，令自己功成名就。至于操办奥运会的经验云云，当然不能指望全球共用一家奥运承办公司在各国操办活动。每个举办国奥运相关的基建，肯定是偏向选择本国人，希望创造本土就业，不会选择一家全球知名的奥运承办公司。

从经验的视角来审视奥运会，无论是兴建场馆还是举办大会，每 4 年换一波新人，没有经验的传承，是现代奥运会每每超出预算的主要原因。每一届奥运会都希望惊艳全球，新建的奥运场馆自然标新立异，不会选择成熟的模型。这对前卫的设计师而言是巨大的商业机会，但对有效管理项目而言，无疑是灾难性的。

如何突破大型项目失败的铁律

李永奎
同济大学经济与管理学院教授
重大项目管理专家

我持续关注牛津大学傅以斌教授源于2012年，当时国家自然科学基金委要讨论立项有关“我国重大基础设施工程管理的理论、方法与应用创新研究”的重大项目[①]，这也是基金委最高级别的科研项目，因此需要了解该领域国外研究进展和代表性学者的情况。当时傅以斌教授从丹麦到英国牛津大学任职，成为赛德商学院重大项目

① 这一领域在不同场景下会有不同的称谓，例如重大项目（工程）、大型项目（工程）、超级工程、巨型项目和大项目等，在不加说明的情况下，它们指同一个意思。

管理的首任讲席教授，自然是我们关注的重点。

后来在课题研究过程中，我一直跟踪傅以斌教授的研究成果，也先后在 2018 年和 2023 年翻译引进了他的经典著作《巨型项目：雄心与风险》（*Megaprojects and Risk : An Anatomy of Ambition*）和《牛津重大项目管理指南》（*Oxford Handbook of Megaproject Management*），同时也参与了后者中文版章节编写，以及傅以斌教授在《国际项目管理期刊》（*International Journal of Project Management*，简称 IJPM）上组织的学术专刊活动。

提出基于实践智慧的研究范式

傅以斌教授虽然是大型项目管理领域全球最著名的学者之一，但他并非工程师出身，也不是“典型”的项目管理学者，而是一位经济地理学家和社会科学家，因此具有独特的观察视角。不过，他又不认可当前社会科学的主流研究方法，认为试图模仿自然科学和预测理论的社会科学已经并将继续失败。他进而提出了实践社会科学（phronetic social science）理论与方法，强调社会科学要发挥作用，必须提供实践理性而不是抽象理性，这对他分析大型项目管理深有影响，他也因此提出了很多颇有吸引力的新颖观点。

为了更好地揭示大型项目低绩效现象和失败的根源，并提出相应解决方案，他亲身实践，为丹麦援建尼泊尔学校、广深港高铁香港段建设等项目提供咨询服务，考察了多个大型项目，走访了多位资深项目经理，构建了自称为全球最大规模的重大项目案例库，提出了基于实践智慧（phronesis）的研究范式。这一做法虽然得到了认可，但也因为数据不公开而受到学术界质疑，他对阿尔伯特·O. 赫希曼（Albert O. Hirschman）“隐藏之手”（hiding hand）观点的公开反对（本书第 7 章也专门谈到了这个话题）也成为大型项目学术领域的热议话题，有兴趣的读者可以将其作为本书的延伸内容进行阅读。

不断迭代是成功做事的最好方法

可以认为，《怎样做成大事》（*How Big Things Get Done*）与之前的《巨型项目：雄心与风险》和《牛津重大项目管理指南》共同形成了傅以斌教授大型项目研究的“三部曲”，因此它们既有联系，也有区别。联系在于，很多观点在之前也阐述过，例如大型项目铁律、承诺谬误、策略性虚假陈述、参考类别预测法等；区别在于，之前的著作更强调学术性，而这本著作则强调实践性和可读性。这一点从将书名中的关键概念由 megaproject（大型项目）改为 big things（大事）就可以看出，傅以斌教授试图吸引更多的读者，从而让他的理论影响到更多领域。

傅以斌教授善于针对一个重大议题提出一个简洁明了、易于理解的观点，并能使这一观点很快引起最广泛的传播、争议与讨论，从而成功将这一观点绑定为个人“标签”，提高个人影响力。在大型项目领域，他提出了大型项目铁律，即“预算超支、进度超时和绩效不佳，而且一次又一次地重复发生”（Over time, over budget, under benefits, over and over again）。大型项目的失败率高达 99.5%！奥运会成本平均超支 157%，最高达 720%！这样的表达方式和惊人数字足以引起关注，提出后自然迅速在学术界、行业界和非专业领域都引起了广泛传播和讨论。尽管这一“定律”受到了争议甚至反对，但他利用大量案例数据反复佐证了这一结论，并发表了多篇论文，他在《牛津重大项目管理指南》一书绪论中即以此为标题，从而使自己成为这一领域的代表性人物。**但和之前从学术上剖析为什么会出现这个铁律不同，《怎样做成大事》显然更倾向于讨论如何解决这一问题。**并且，傅以斌教授认为这些解决方案可以应对从家庭装修到企业经营再到太空探索的任何“大事”。他显然取得了成功，《金融时报》《经济学人》2023 年度最佳图书的荣誉即是最好印证。

正像傅以斌教授在本书中提到的，**我们并不擅长第一次就把事情做好，不断迭代是成功做事的最好方法。**尽管书中大多数观点在他之前的文章中也能找到，但认真阅读后你会发现，傅以斌教授并非在简单重复这些观点，而是在批评和争议中不断迭代他的思想，提出更深刻的洞见，从而给了我们新的启发，尤其对我们当前的工作大有裨益。

做成大项目的关键

预测和决策一直是做好大型项目的关键内容。傅以斌教授认为，预测的乐观主义偏差是成本超支与进度超时的重要原因，过于依赖单一信息和瞄准单一信息的倾向引发了锚定现象，即参照了不合理的乐观基准，然后无论如何努力也无法实现这一既定目标。《怎样做成大事》提供了一个简单有效的方法，即基于参考类别的预测方法，通过具有共同特征的案例数据提供决策依据。这实际上和基于案例的推理方法具有相似性。在决策方面，与利用基于数学模型的自然科学方法不同，傅以斌教授认为政治性、权力性和心理性因素是解释重大项目决策错误的关键。例如，《怎样做成大事》特别提到了当前可行性研究报告存在的问题，认为它不是公正严谨的分析报告，而是工程师让项目继续下去的一个幌子，这与国内“可批性研究报告”的戏称相似。看来大型项目的很多问题具有全球普遍性，因此解决方法也具有相当大程度的通用性。

《怎样做成大事》还提出了一个重要思考，这也是当前项目管理领域讨论的热点话题，就是做大型项目的目的是什么。**傅以斌教授提出了“以终为始，从右向左”的行事范式，也就是做大事不是技术驱动，而是最终需求驱动。**这与当前项目管理 2.0 倡导的价值导向相一致，也就是**做项目的目的并不是简单地实现进度、投资与质量目标，更不是技术崇拜主义，而是更好地为最终用户创造价值。**

“慢思考，快行动”是《怎样做成大事》这本书传递的另一个重要思想。花更多的时间进行计划，然后快速行动以尽可能关掉“黑天鹅事件”的时间窗口，是避免大型项目失败行之有效的经验法则。虽然这一观点并非全新提出，但对于大型项目而言怎么强调都不为过，因为“快思考，慢行动”模式成为诸多大型项目失败的根源。作者并没有否定“隐藏之手”可能会带来成功，例如书中提到的电子女子录音室案例，但认为这只不过是一种幸存者偏差。当然，我们不能用简单的快与慢来评判对错，过于强调“快行动”也有赶工代价。相比而言，中国大型项目似乎走了第三条路线，即“快思考，快行动”，好处是通过快行动在一定程度上弥补了快思考所带来的潜在风险。不过，我们也越来越发现，不管是快或者慢，在思考与行动过程中，都需要多问“为什么”，而不是仅仅关注技术与执行问题。但在我们当前的工作实践中，多问“为什么”恰恰被“快思考，快行动”模式挤压了空间，因此一旦决策失误，“快行动”不仅没有弥补“快思考”的风险，反而放大了这一风险，这也是大型烂尾项目的重要根源。

傅以斌教授并没有采用刻板和教条的理论来说服读者，而是通过正反两方面的例证将如何做成大项目娓娓道来，让读者读起来感到生动有趣，还不乏专业性。例如，《怎样做成大事》提到“试验 + 经验”是提高第一次把事情做好的关键，这听起来并不是什么惊世言论，但的的确确是我们应该遵循的箴言。实际上，书中提到的毕尔巴鄂古根海姆博物馆利用 CATIA 软件进行数字化建模的做法与我接触到的迪士尼公司“每一个好的建筑都值得做两遍”的理念具有相似性，即先进行数字化模拟，然后进行实体建造。同时，作者高度强调经验的重要性，认为不管是丹麦大贝尔特跨海大桥还是加利福尼亚州高铁项目，失败的原因都是受政治因素影响而让没有经验的本地企业去做。遗憾的是，初学者综合征在大型项目中相当普遍。《怎样做成大事》认为，项目是“凝固的经验”，对过去项目实践智慧的积累至关重要，但目前大型项目的案例与数据库相当匮乏，后评估更是难以开展。我近十年来从事重大项目案例研究以及开展案例与数据中心建设，对此深有同感。

与此相关联的是团队的重要性，这是《怎样做成大事》强调的重点之一。作者用希思罗机场 5 号航站楼作为例证：英国机场管理局用 6 年半时间完成了这一建筑面积超过 35 万平方米的大型项目，项目除采用“先模拟后建造”和装配式建造方法外，构建有经验的项目团队并树立“我们是一个团队”的良好文化是重要成功秘诀。希思罗机场 5 号航站楼一度是大型项目成功的典范。在这一点上，我们具有同样的结论。我所在团队 2017—

2019 年为北京大兴国际机场提供进度综合管控服务，在不到 5 年的时间内完成了这一超大型项目建造，航站楼建筑面积超过 70 万平方米，约是希思罗机场 5 号航站楼的 2 倍，进度总控得到了英国机场管理局的高度认可，其主要得益于团队具有 50 多个大型民用机场进度总控的丰富经验。大型项目拒绝做试验场。

《怎样做成大事》最后提到了一个技术问题，就是大型项目的模块化方法，这是全书为数不多的"专业性"内容，傅以斌教授曾在《哈佛商业评论》上发表过相关文章，一度引起了关注，作者在这本书中更系统地讲述了这一策略，也提到了火神山、雷神山医院的建设经验。这对于我们有重要启发，尽管有人认为模块化只适合部分项目，例如工厂、铁路、桥梁等易于复制的项目类型，但实际上任何项目都有模块化的机会，例如医院中的手术室。模块化通过不断的重复和迭代，能大幅度降低成本、提高质量。模块化方式不止于此。当前，我们在"一带一路"中推行小而美项目，实际上就是将小项目作为大项目或项目组合的模块，通过风险更小、更易控制和更灵活的小项目实施来实现大项目的高质量发展目标。

持续成功交付大型项目的魔术公式

本书做了一个很好的创意，就是每一章后面都高度凝练了"做成大事的诀窍"，就相关痛点、分析与解决方案进行了总结，帮助读者进行"温故"。做好这一点不容易，但目前来看总结得非常出色，也使得《怎样做成大事》这本书最后提出的 11 个启发式显得更加自然和水到渠成。这本书开始于提出大型项目失败的铁律，也以如何战胜这一铁律收尾。仔细读来，

11 个启发式并没有简单重复前面的观点，因此不仅显得不多余，还是新的升华。

傅以斌教授曾说：“我们还没有发现哪个国家有一个魔术公式，能持续不断地成功交付大型项目（We haven' t found a country that has the magic formula for how to deliver megaprojects successfully consistently）。”但我希望并相信，这本书为找到这一魔术公式提供了初步答案。

最后，我尤其同意的是，作者认为大事情是一个复杂系统。我们面临的挑战和解决方案远非这些文字所能直接展现的，文字背后还有更丰富的思想，因此这本书值得你慢阅读、深思考。同时，傅以斌教授的其他作品也可以作为延伸读物，以进一步理解和认识如何做好大项目。

于同济大学复杂工程管理研究院

2024 年 2 月 17 日

HOW
BIG THINGS
GET DONE

目 录

HOW BIG THINGS GET DONE

引　言

如何把愿景变成计划，将计划付诸现实

怎样把一个愿景变成计划，然后再把这个计划变成新的现实，最终取得圆满的成功?

请允许我先给你讲个故事。如果你住在加利福尼亚州的话，那你很可能已经听过这个故事了。然而遗憾的是，如果你真的住在加利福尼亚州，那么你还在为这个故事至今仍然只是一个故事而付出代价。

2008 年，加利福尼亚州的选民就要不要兴建一个高铁项目进行了一场投票。主事者请选民想象这样一个美好的场景：一早起来，你在洛杉矶联合车站登上一辆银色列车，然后，列车徐徐驶出车站，悄悄穿过四处蔓延的市区，避开无穷无尽的交通堵塞，进入中央山谷的开阔地带。列车不断加速，乡村在列车疾驰而过时只剩下一道模糊的影子。你在车上用了早餐，当服务员前来清理咖啡杯和盘子时，列车已经减速滑入另一个车站了，那里是旧金山市中心。整个旅程只花了两个半小时，并不比一个住在洛杉矶的人开车到机场，通过安检并登上飞机，然后在停机坪上排队等待起飞的时间长多少。而且，从洛杉矶到旧金山的高铁票价仅为 86 美元。

这个项目就是许多人熟知的加利福尼亚州高铁项目（California High-Speed Rail，以下简称“加州高铁项目”），它将把洛杉矶和旧金山这两座举世闻名的大城市以及全球高科技之都硅谷连接起来。像“极具远见”这样的形容词现在已经用得太多、太随意了，但是这个项目确实当得起“极具远见”这种赞誉。在这一场全州范围的全民公投中，选民通过了这项计划，预计建设总成本为330亿美元，并于2020年投入使用。[1]然后，这个项目的各项工作就紧锣密鼓地启动了。

在我写这本书的时候，加利福尼亚州那场全民公投已经过去14年了，关于这个项目，仍然有太多不确定的事情。不过，有一点我们可以肯定，那就是最终的结果绝不会像这个项目当初承诺的那样。

大项目成败面面观

HOW BIG THINGS GET DONE

哪儿也去不了的子弹头列车

在加利福尼亚州选民批准了这个项目后，沿线有多个地点开始动工，但是整个项目一直延误，进展极其缓慢。计划被反复更改，预期成本则从最开始的330亿美元，不断飙升至430亿美元、680亿美元、770亿美元，然后接近830亿美元。在我写这本书的时候，最高的预期成本已经达到了1 000亿美元。[2]而事实上，没有人知道最终的实际成本会是多少。

2019年，加利福尼亚州州长宣布，该州将只完成部分线路的建设，即只建造位于加利福尼亚州中央山谷的默塞德至贝克斯菲尔德之间约275千米的高铁路段，预计耗资230亿美元。等到位于内陆的这部分高铁路段完工后，整个项目就会中止。它未来是不是还会重启，则交由未来的州长决定。当然，如果项目重新启动的话，将洛杉矶和旧金山用高铁连接起来所需的大约 800 亿美元的建设资金，也将交由未来的州长筹集。[3] 更何况，项目造价还可能发生变化。

从目前的情况来看，仅仅是默塞德至贝克斯菲尔德之间约 275 千米的高铁路段的成本，就已经相当于甚至超过了洪都拉斯、冰岛，以及大约 100 个其他国家的国内生产总值了。这一大笔钱将用于修建一条北美最先进的铁路线，连接两个大多数加利福尼亚州以外的人从未听说过的城镇。一些批评者指出，到时候那里将会出现一列“哪儿也去不了的子弹头列车”。

愿景如何才可以变成一个能使项目成功的计划呢？毫无疑问，绝不能像加州高铁项目这样做。拥有雄心勃勃的愿景当然是一件非常好的事情。加利福尼亚州很大胆，它的梦想很伟大。但是，即便有大量的资金，即便有非常美好的愿景，对于一个项目来说，也仍然是远远不够的。

下面，让我再给你讲一个故事。这个故事没有多少人听说过，但是我认为它所包含的东西，能够让我们更接近我们需要的答案。

20 世纪 90 年代初，一些丹麦官员提出了一个设想。丹麦是一个小国，人口比纽约市还少，但是它很富裕，对外援助了大量资金。丹麦官员希望用外援资金做一些好事。当然，很少有比资助教育对受援国的民众更有益的事情了。这些丹麦官员与其他援助国的一些政府官员一起，决定提供资金，为位于喜马拉雅地区的山地国家尼泊尔兴建一大批学校。整个援助项目要完成 2 万所学校和教室的建设，其中大部分都位于尼泊尔最贫穷和最偏远的地区。这个项目是在 1992 年开始启动的，当时预计需要 20 年时间才能完成。[4]

大项目成败面面观

HOW BIG THINGS
GET DONE

在预算内提前高质量完成任务

对外援助的历史充斥着混乱、无序和浪费，从这个项目（为尼泊尔兴建学校）本身的性质来看，它似乎很难避免雪上加霜的困境。但是事实上，它在 2004 年就完成了，比计划提前了整整 8 年，而且没有超出预算。在随后的几年时间里，尼泊尔全国的教育水平都得到了提高，它带来的正面影响可以列成一个长长的清单，其中特别引人注目的是上学的女孩人数激增。这些学校甚至还挽救了许多生命。2015 年尼泊尔发生了一场大地震，近 9 000 人不幸遇难，其中许多人丧生于倒塌的建筑物中。但是因为这些学校在设计和建造时就非常强调抗震功能，所以它们在那场大地震中稳如泰山，而对这个功能的强调在尼泊尔历史上是第一次。如今，比尔及梅琳达 · 盖茨基金会认为，在通过提高入学率，特别是女童入学率来改善民众健康状态方面，这个项目是一个了不起的范例。[5]

我是这个项目的规划师。[6] 当时，我对项目结果非常满意，但是并没有思考太多。虽然它是我的第一个大型项目，但是说到底，我们只是做了我们承诺过要做到的事情：**把愿景变成计划，然后按照承诺交付项目。**

然而，除了是一名规划师，我还是一名学者。随着我对大型项目如何顺利完成或以失败告终研究得越多，就越明白：我在尼泊尔获得的经验并非常态。事实上，这个项目确实一点儿都不符合常态。正如我们将会看到的，大量数据表明，按承诺交付的大型项目少之又少，加州高铁项目发生的那种情况似乎才是常态。我后来在大型项目的管理研究中也指出，在各种大型项目中，一个一般的项目通常是一场灾难，而那些最好的项目则只不过是一些异常值而已。[7]

为什么大型项目的过往记录如此糟糕？当然，更重要的一个问题是，那些罕见的、激动人心的成功例外是如何取得的？为什么只有它们能成功，而其他大型项目却都失败了？我们当年在尼泊尔能够成功地建成一批学校，纯粹只是因为偶然的运气吗？或者，我们可以复制成功吗？作为一名规划管理领域的教授，我花了很多年的时间来回答这些问题。此外，作为一名咨询顾问，我也花了很多年的时间来将我的答案付诸实践。在这本书中，我要把它们公之于众。

我的核心工作是研究大型项目。在大型项目这个类别下，很多事物都会呈现出种种特别之处。例如，国家政策的引导和全球债券市场的调控，就肯定不是普通的家庭装修项目必须面对的问题。不过，这些内容应该是另一本书的主题。我在这本书中感兴趣的是**项目失败和成功的普遍驱动因素**，这也是本书标题的由来。《怎样做成大事》是对我在大型项目方面的专业知识的总结。以任何人的标准来看，这些项目都是大型项目。但是，“大”仍然是相对的。对于一个普通业主来说，房屋的装修改造很可能就是他们所要处理的最昂贵、最复杂以及最具挑战性的大项目之一。对他们来说，把这样一件事情做好的意义，不亚于大型项目的成功对政府和企业的意义，房屋装修绝对是一件大事。

那么，影响大型项目成功或失败的普遍驱动因素到底有哪些呢？

心理因素与权力

一个驱动因素是心理因素。**所谓大型项目，就是指那些负责人认为是庞大、复杂、雄心勃勃的和有风险的项目。**在任何一个大型项目中，人们都要进行思考，做出判断和决策。凡是要进行思考、做出判断和决策的地方，心理因素都会发挥作用。例如，人们会受到乐观主义偏差的影响。

另一个驱动因素是权力。在任何一个大型项目中，个人和组织都要争夺资源和职位。哪里有竞争和争夺，哪里就有权力。例如，首席执行官通常致力于推动自己钟爱的项目。

心理因素和权力驱动了各种规模的项目，大到摩天大楼的建造，小到厨房的装修。这两个因素存在于由砖块和砂浆、比特和字节或任何其他介质构成的项目中。每当有人因某个愿景而觉得兴奋，想把它变成一个计划，然后努力使这个计划成为现实的时候，心理因素和权力都是背后的驱动力量。无论这个愿景是想在曼哈顿天际线上再添加一颗宝石，还是启动一项新业务，抑或是登上火星、发明一件新产品、改变一个组织、设计一个程序、召开一次会议、撰写一本著作、举办一场家庭式婚礼、翻新和改造一栋房子，其驱动力量都是这两个因素。

既然存在这样普遍的驱动力量，我们就有理由预期，所有类型的项目都有一定的计划、建设和交付模式。是的，这样的模式确实存在，最常见的一种模式就是加利福尼亚州那个“哪儿也去不了的子弹头列车”项目所采用的模式。

项目得到了批准，工程在一片兴奋中开始启动，但是问题很快就出现了，于是项目进度放缓了。然后，更多的问题出现了，项目进度则进一步放缓，工程一拖再拖。我把这种模式称为**“快思考，慢行动”**，原因我将在后面解释，这正是所有失败项目的典型标志。

相比之下，**成功的项目则往往遵循相反的模式，因此能够迅速推进到终点。**尼泊尔学校项目就是这样完成的，胡佛大坝也是如此，它在不到5年的时间里以略低于预算的实际成本快速建成了，而且比原计划提前了两年。[8]波音公司只花了28个月的时间就设计并建造出了第一架标志性的波音747飞机。[9]2001年1月下旬，苹果公司为了开发后来成为传奇产品的iPod雇用了第一位员工，2001年3月这个项目正式获得批准，2001年11月第一台iPod就交到了消费者手上。[10]亚马逊Prime服务计划是由线上零售商亚马逊推出的一个极其成功的会员和免费送货计划，在2004年10月时，它还只是一个模糊的想法，到2005年2月就已经面世。[11]第一个短信应用程序在短短几个星期内就开发了出来。

帝国大厦：来自纽约的成功故事

接下来，我们回顾一下纽约帝国大厦的建造过程。

或许可以说，帝国大厦这座全世界最具传奇色彩的摩天大楼始于一支铅笔。至于拿着那支铅笔的人到底是谁，则取决于你相信这个故事的哪个版本。在第一个版本中，这个人是建筑师威廉·兰姆（William Lamb）；在另一个版本中，则是金融奇才、通用汽车前高管约翰·J. 拉斯科布（John J. Raskob）。不过在两个版本中，都说到有一个人从桌子上拿起了一支铅笔，然后把它竖起来，笔尖朝上。这就是帝国大厦的样子：苗条、笔直，比当时地球上的其他建筑都要高。[12]

在纽约建造一座摩天大楼的想法可能是1929年年初由阿尔·史密斯最早提出的。史密斯是纽约人，一辈子生活在纽约，曾经担任过纽约州州长。1928年，他又成了民主党总统候选人。与大多数纽约人一样，史密斯反对禁酒令，可惜当时大多数美国人不认同这一立场，因此史密斯在大选中最终输给了赫伯特·胡佛（Herbert Hoover）。史密斯“失业”了，他需要一项新的挑战。于是，他把建造一座摩天大楼的想法告诉了拉斯科布，他们成立了帝国公司（Empire State Inc.），史密斯出任公司总裁和代言人，拉斯科布则担任公司的财务负责人。他们选定了华尔道夫酒店（Waldorf-Astoria hotel）的原址作为建造地点，这里曾经是曼哈顿奢华生活的登峰造极之地。然后，他们确定了整个项目的相关参数，并制订了商业计划。他们将包括购买和拆除华尔道夫酒店在内的总预算定为5 000万美元，并计划让这座大楼于1931年5月1日盛大开幕。他们雇用了兰姆的公司。就是在此期间，有一个人举起了那支著名的铅笔。在那时，从画出第一张草图到打下最后一个铆钉，他们有18个月的时间。

他们的行动非常迅速，因为时机已经成熟了。20世纪20年代末，纽约已经取代伦敦成了全世界人口最多的大都市，爵士乐风靡一时，股市飙升，经济蓬勃发展，一幢幢摩天大楼正在曼哈顿拔地而起，而这些大楼正是美国繁荣的大机器时代最令人激动的新象征物。金融家们都在寻找新的项目，而且越野心勃勃越好。当时，正在建造的克莱斯勒大厦很快就将成为这些摩天大楼中最高的一幢，并将获得与之相称的声誉和租金收入。拉斯科布、史密斯和兰姆下定了决心，要让他们的“铅笔”超过其他所有的摩天大楼。

在制订帝国大厦的建造计划时，兰姆的关注点一直集中在实用性上。“作为一名建筑师，坐在绘图板前，为自己画一幅毫无经济价值、纪念碑式的漂亮建筑的草图，那样的日子已经一去不复返了。”兰姆在 1931 年 1 月这样写道，“建筑师对有实用性的事物的蔑视，早就已经被一种强烈的热忱取代了，那就是，必须把实际需要视为决定自己思维方式的基础。”

兰姆与项目的建设者和工程师密切合作，根据场地条件、项目预算和进度要求进行设计。他写道：“在绘制帝国大厦图纸的整个过程中，要让设计去适应使用条件、建设需要和安装速度，这一直是最主要的指导原则。”当然，所有这些设计都经过了严格的测试，以确保它们能够发挥作用。“几乎没有一个细节未曾经过建设者和专家的彻底分析，或者未曾根据每一个可预见的延迟进行调整和修改”。[13]

在 1931 年公开发行的一份出版物中，在建筑工地的施工工作真正开始之前，帝国公司夸耀道：“建筑师们已经确切地知道需要多少根钢梁，每一根钢梁多长，甚至已经知道需要多少颗铆钉和螺栓了。他们不仅知道帝国大厦会有多少扇窗户和多少块大理石，而且很清楚每一扇窗户和每一块大理石的形状和大小。他们当然也知道要用多少吨铝和不锈钢、多少吨水泥和多少吨灰浆。其实，甚至在开始建造之前，帝国大厦就已经在纸上全部完工了。”[14]

1930 年 3 月 17 日，蒸汽铲在曼哈顿的这片土地上落下了第一铲。3 000 多名工人涌进工地，施工进展非常迅速。最先搭起来的是钢骨架，它不断向上推进，第 1 层很快完工了，然后是第 2 层、第 3 层、第 4 层。报纸跟踪报道了这座摩天大楼的崛起过程，就像报道扬基队的季后赛战报一样。

在建造过程中，工人们不断学习，工作流程也日益流畅，于是项目进度进一步加快了。短短 1 个星期就盖好了 3 层楼，然后是第 4 层、第 4 层半。在建设的高峰期，速度达到了一天 1 层，[15]后来甚至又加快了不少。“当我们全力以赴建造主楼时，”兰姆的同事里士满·施里夫（Richmond Shreve）后来回忆道，“所有工作都是非常精确地按计划完成的，我们在 10 个工作日内用钢材、混凝土、石头和其他材料就建起了 14 层半楼。”[16]在那个时代，人们对工厂生产汽车的效率赞叹不已，帝国大厦的设计师们也从中受到了启发，把整个建造过程想象成了一条垂直的装配线。施里夫进一步解释说，只不过在这里，“移动的是装配线本身”，而“成品则留在原地”。[17]

大项目成败面面观

HOW BIG THINGS GET DONE

值得夸耀的帝国大厦建设

1931 年 5 月 1 日，时任美国总统的赫伯特·胡佛如期为帝国大厦正式揭幕。在那个时候，帝国大厦早就成了纽约本地甚至全美国的知名建筑，不仅它的高度令人生畏，它的建设效率更是成了不朽传奇。虽然实用性一直是兰姆考虑的首要因素，但是这座建筑无疑也兼具艺术性。兰姆对效率的追求为帝国大厦带来了简洁而优雅的设计外观，为此美国建筑师协会纽约分会授予了它1931年度荣誉勋章。[18]之后，在1933年的一部流行电影中，金刚（King Kong）抱着迷人的菲伊·雷（Fay Wray）爬上了帝国大厦，这幢大楼一举成了全球明星。

帝国大厦的预期成本为5 000万美元，但是实际仅仅花费了4 100万美元，比预算少了整整18%。而且，在预先确定的开幕式前好几个星期，它就已经完工了。

我把帝国大厦和其他成功的大型项目所遵循的模式称为“**慢思考，快行动**”。

在本书开头，我提出了一个问题：怎样把一个愿景变成计划，然后再把这个计划变成新的现实，最终取得圆满的成功？答案就在这里：**慢思考，快行动。**

做成大事的诀窍

HOW BIG THINGS
GET DONE

痛点：把洛杉矶和旧金山两大城市以及全球高科技之都硅谷连接起来，是加州高铁项目的美好愿景。但是，加利福尼亚州公民从 2008 年开始，付出了几百亿美元，等待了十几年，只等来一辆“哪儿也去不了的子弹头列车”，愿景只停留在了愿景。

分析：美好的愿景自然令人期待，但愿景如何才能成真呢？心理因素和权力是影响大型项目成功或失败的普遍驱动因素。每当有人因某个愿景而觉得兴奋，想把它变成一个计划，然后努力使这个计划成为现实的时候，它们都是背后的驱动力量。所以，我们就有理由预期，所有类型的项目事先都要制订好计划并确定建设和交付模式。

解决方案：“慢思考，快行动”就是将愿景变成计划，然后再把这个计划变成新的现实，最后取得圆满成功的模式。成功的项目不会遵循像加州高铁项目那样的“快思考，慢行动”模式，而是遵循像帝国大厦的建造者一样的“慢思考，快行动”模式。

HOW BIG THINGS GET DONE

第 1 章

慢思考，快行动

大型项目的实际记录比乍看上去的还要糟糕，但是，我在这里给出了一个解决方案：通过减速来加速。

丹麦是一个半岛国家，它的东海岸附近散落着许多岛屿。由于拥有这样的自然条件，丹麦人在很久以前就成了驾驶渡船和建造桥梁的专家。因此，到了 20 世纪 80 年代末，当丹麦政府宣布启动大贝尔特跨海大桥（Great Belt）项目时，没有人觉得惊讶。这个项目将建造两座大桥，其中一座会成为全世界最长的悬索桥，把丹麦最大的两个岛屿连接起来，其中一个岛屿就是首都哥本哈根所在的西兰岛。除了建造这两座大桥，项目还包括修建一条欧洲第二长的海底火车隧道。根据计划，这条隧道将由一家丹麦承包商承建。这一点很耐人寻味，因为丹麦人几乎没有挖掘隧道的经验。我父亲一直从事桥梁和隧道施工工作，当时我和他一起在新闻里看到了这则公告。“这是一个坏主意，”我父亲抱怨道，“如果我要挖一条这么长的隧道，我一定会雇用以前挖过这种隧道的人。”

果不其然，这个项目从一开始就出现了很多问题。首先，4 台巨型隧道掘进机的交付比预定时间延迟了 1 年。然后，这些隧道掘进机刚进入海底施工，就暴露出了缺陷，必须重新设计，于是工期又推迟了 5 个月，一直等到改装完成后，这些巨型机器才开始慢慢在海底掘进。

而在海底隧道之上的海面上，跨海大桥的建造者为了清理工地，使用了一艘巨大的远洋挖泥船。[1]这艘挖泥船将几条巨大的支撑腿扎到海底来稳定船身，当它的工作完成后，这些支撑腿会收起来，在海底留下了一些很深的洞。非常偶然的是，其中一个洞恰好位于海底隧道的规划路径上。大桥建造者和隧道挖掘者却都没有意识到这里面可能隐藏的风险。

经过几个星期的挖掘后，有一天，有一台隧道掘进机需要停下来进行维修。当时它位于海平面以下大约 250 米、海底以下大约 10 米的地方。海水渗进了这台隧道掘进机前部的维修区，一位不熟悉隧道施工工作的承包商决定用水泵把水抽出来。水泵的电缆是通过人工挖出的孔洞穿进那台掘进机的。突然间，海水迅速大量涌入，这说明隧道已经出现了裂缝！人员疏散工作进行得非常匆忙，没有时间拆除水泵和电缆，也没有时间堵塞人工挖出的孔洞。

那台掘进机和整个隧道都被淹没了，与这条隧道平行的另一条隧道以及里面的掘进机也被淹了。

幸运的是，没有人遇难或受伤，但是，涌入隧道的海水含盐量极高，对机器中的金属材料和电子设备而言，其腐蚀性差不多与酸性溶液一样强。当时参与过这个项目的工程师告诉我，相比挖出掘进机、排干隧道里的水，然后维修、恢复施工，放弃隧道重新开始要更省钱。但是政客们否决了这一提议，因为放弃隧道显然会令他们的处境过于尴尬。因此，不可避免地，整个项目又拖了很久才重新启动，而且支出远远超出了预算。

这个故事其实并非个例。在大型项目的编年史上，类似的项目还有很多很多。但是它对我来说有特别的意义，因为正是这个项目促使我启动了自己的一个大型项目——建立一个大型项目数据库。这个数据库的规模现在仍在扩大，事实上，它现在已经成了全世界同类数据库中最大的那个。

这个数据库可以告诉我们很多东西，包括什么是可行的，什么是行不通的，以及怎样才能做得更好。

诚实的数字揭示大型项目铁律

在大贝尔特跨海大桥项目中，等到事故处理完毕，施工恢复，大桥和隧道最终完工之后，所有人都知道，这个项目严重超出了预算。但是究竟超出了多少呢？管理层发布的报告称，整个项目超支了 29%。我深入研究了相关数据并进行分析，结果发现他们的数字明显过于乐观了。按实际价值计算，以做出最终投资决策时的数字为基数来衡量，整个项目实际超支率达到了 55%，其中隧道那一项更是超支了 120%。尽管如此，管理层仍然在公开场合不断重复他们的数字，我则不断地纠正他们的错误，到最后，他们不得不做了一次民意调查，结果表明公众站在我这边。于是他们不再重复自己的数字了。再后来，一项官方的国家审计证实了我的数字更准确，这件事情才终于告一段落。[2]

这段经历告诉我，大型项目管理很可能不属于华盛顿大学公共事务教授沃尔特·威廉姆斯（Walter Williams）所说的那种拥有“诚实的数字”的领域。[3] 尽管从理论上说，判断项目是否超支应该很简单，但是在实践中绝非如此。在每一个大型项目中，不同的团队在不同的阶段都会生成大量的数据。找到正确的数据，即那些有效的、可靠的数据，既需要技巧，也需要付出努力。即便是受过此类训练的学者也会犯错。[4]大型项目往往会牵涉到金钱、声誉和政治，但是这些都只会添乱。因为那些有可能会遭受惨重损失的人会编造数据，所以我们并不能相信他们。当然，他们的做法不等于欺诈，或者更确切地说，这通常不是欺诈，而是人性使然。更何况，有这么多数据可供选择，编造谎言要比找出真相容易得多。

当然，这是一个很重要的问题。每个项目都承诺会在一定的时间内花费一定的成本完成，然后产生一定的收益，这些收益包括收入、节约的资源、客流量或发电量。因此关键是，项目究竟多长时间才能兑现承诺呢？这是一个所有人都会问的最直接的问题。但是，当我在 20 世纪 90 年代开始搜寻数据时，我却惊讶地发现，没有人能回答这个问题。根本没有人去收集和分析相关数据。为什么会这样呢？现在，预算超过 10 亿美元的号称“巨型项目”的大型项目越来越多了，人们已经为此花费了数万亿美元，因此，没有相关数据简直让人无法理解。

我们的数据库是从交通项目开始收集的：纽约的荷兰隧道（Holland Tunnel）、旧金山湾区快速交通系统（BART）、欧洲的英法海底隧道（Channel Tunnel），以及在 20 世纪相继完成的诸多桥梁、隧道、高速公路和铁路项目。我和我的团队花了 5 年时间，把 258 个交通项目录入了数据库，使之成为当时同类数据库中最大的那个。[5]终于，到了 2002 年，我们首次公布相关数据，结果引起了巨大轰动，因为以前从来没有人这样做过。[6]当然，这些数据描绘的图景并不好看。

《纽约时报》的一篇文章总结了我们的调查结果，“1910—1998 年，这些项目的实际成本平均比预算超支了 28%”。这篇文章还写道：“最大的误差出现在铁路项目上，按通货膨胀调整后的美元计算，铁路项目的实际成本平均比预算高出了 45%。桥梁和隧道相同，都超出了 34%；公路则超出了 20%。这项研究指出，10 个项目中有 9 个低估了成本。”[7] 在时间和收益方面，数据也同样糟糕。

而且，以上结果还只是对数据的保守解读。如果用不同的方法来衡量，并将通货膨胀因素考虑在内的话，数据要糟糕得多。[8]

全球领先的咨询公司麦肯锡看到我的研究数据后，邀请我共同开展研究。麦肯锡公司的研究人员此前已经调查过一些大型信息技术项目，其中最大的项目耗资超过了 100 亿美元，但他们得到的初步数据令人非常沮丧。他们声称，信息技术项目比交通项目还要糟糕，需要做出非常大的改进，才有可能达到与交通项目相当的糟糕水平。

我笑了，心想：信息技术项目的情况应该不至于那么糟吧。但是，当我与麦肯锡公司的研究人员一起工作了一段时间后，我发现情况确实如此。除此之外，所有项目讲述的基本上是一个大致相似的故事：**预算超支，进度超时，且收益不如预期。**[9]

这着实令人吃惊。请你先试着想象一座桥或一条隧道，然后再想象一下美国政府的“奥巴马医改”注册门户网站首次开放的情形，那真是一片混乱啊！或者，请再想象一下英国国家卫生服务系统使用的信息系统。这些信息技术项目是由代码组成的，与钢筋水泥无关，它们似乎在所有方面都与交通项目不同。那么，为什么这两类项目的结果在统计数据上却是如此相似，都存在着预算超支、进度超时和效益不佳的问题呢？

然后，我们又研究了其他一系列大型项目，比如说奥运会，也得到了同样的结果。那么大坝呢？结果也是一样。火箭制造？国防建设？核能开发？这些项目的结果也都没有什么不同。石油和天然气项目？采矿项目？结果仍旧相同。甚至像建造博物馆、音乐厅和摩天大楼这样常见的项目也都符合这种模式。[10] 这个发现让我非常震惊。

而且这个问题并不局限于某些国家或地区，我们在世界各地都发现了类似的情况。[11] 以高效著称的德国人也有一些预算严重超支和资源浪费的突出例子，其中就包括柏林的勃兰登堡机场（Brandenburg Airport）项目，该机场的工期延误了很多年，预算则超支了数十亿欧元。勃兰登堡机场于 2020 年 10 月启用，但仅仅一年后就徘徊在了破产边缘。[12]

即便是在瑞士，这个拥有全世界最精确的钟表和最准时的列车的国家，也有一些令人尴尬的项目。例如，洛茨堡山底隧道（Lötschberg Base Tunnel）项目，这条隧道拖了很久才竣工，而且预算超支了 100%。

超出预算、超出工期，一次又一次

预算超支、进度超时和效益不佳，而且一次又一次重复发生。这个模式非常清晰，所以我决定称之为“大型项目铁律”（Iron Law of Megaprojects）。[13]

这条铁律如图 1–1 所示。

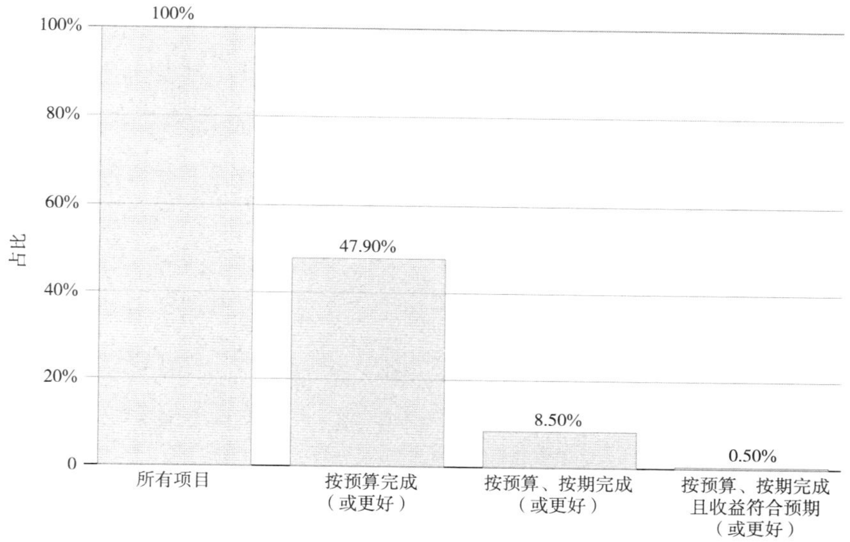

图 1-1　大型项目铁律

当然，这不是牛顿物理学中“定律”意义上的一个规律。物理学中的定律指的是某个事物经过某个过程总是会产生相同的结果。而我的研究对象是人，在社会科学中，定律是具有概率性的。当然，自然科学中其实也是如此，但是牛顿没有注意到这一点。**我说的铁律是指，任何大型项目的花费都有可能超出预算，进度也可能超时，并且产生的收益也可能令人失望，这种情况不仅出现的概率非常高，而且是确凿无疑的。**

我的数据库刚启动时只有 258 个项目，到现在已经包含了除南极洲以外各大洲 136 个国家的 20 多个不同领域的 1.6 万多个项目，并且还在继续扩大。这些数据最近出现了若干有重要意义的变化，这一点我将在后面详加讨论，但是总体情况依然保持不变。总的来说，**只有 8.5% 的项目在成本和工期上都与当初的计划相符，而成本、工期和收益都达到预期的项目仅**

占 0.5%。换句话说，91.5% 的项目要么预算超支，要么进度超时，或者两者兼而有之。在预算超支、进度超时和收益不佳这 3 个问题中，99.5% 的项目至少占据其中之一。你说过会做的事情就应该做到，这似乎是理所当然的，或者至少通常应该如此，但是实际情况几乎从来不是这样的。

毫无疑问，在预算、工期和收益这 3 方面都达标的那 0.5% 的项目，几乎可以说肉眼难觅，这个数据的糟糕程度实在是怎么说都不为过。对于任何一个正在考虑某个大型项目的人来说，这的确会令人无比沮丧。然而，尽管这些数字已经非常糟糕，却仍然没有告诉我们全部的真相，全部的真相更糟糕。

根据经验，我知道大多数人都明白预算超支和进度超时的情况经常发生，却不知道这种情况到底多么常见。当我向人们展示我得出的数据时，他们通常会非常震惊。但是他们肯定知道，如果自己领导一个大型项目，就应该考虑超支问题，并尽可能避免超支。对此，有一个应对方法是在预算中预留一笔准备金。当然，你希望自己不会用到这笔钱，但是它可以防备不时之需。那么，应该预留多少准备金呢？在通常情况下，人们会增加 10% 或 15% 的预算，并将增加的部分作为准备金。

现在，假设你是一个异常谨慎的人，你计划建造一幢大楼，并在预算中加入了 20% 的准备金，你以为这样就足够应对可能出现的超支问题了。但是，你看了我的研究报告后就会发现，一个大型建筑项目实际成本的平均超支率达到了 62%。如此高的超支率简直令人心律失常，同时，如此高的超支率也极有可能导致项目中止。不过，现在暂且假设，你是极少数能让自己的财务支持者承担风险并继续推进项目的规划师之一。假设你在预算中设置了惊人的 62% 的准备金，当然，这在现实世界中几乎是不可能的。但是，这里假设你是极少数幸运儿之一。那么，你真的安全了吗？事实上，你还是严重低估了风险。

这是因为你假设自己遇到了成本超支的情况，其超支率将会在项目的平均值或 62% 附近上下波动。为什么你会这么想呢？因为如果成本超支服从统计学家所说的正态分布，那么事实确实如此。正态分布就是著名的钟形曲线，它在图上看起来就像一只钟。统计学在一定意义上就是建立在钟形曲线之上的，抽样、平均值、标准差、大数定律、回归均值、统计检验等概念都是如此。正态分布已经渗透进了文化和大众的想象中，似乎也与我们对风险的直观把握保持一致。在正态分布中，绝大多数结果都集中在中间，在两端则只有很少的极端观测值，有时甚至没有。曲线的两端就是通常所说的分布尾部，因此在正态分布中，尾部是很“薄”的。

例如，人类的身高就是服从正态分布的。生活在不同地方的人的身高略有不同，但成年男性的平均身高在 1.75 米上下，全世界最高的人的身高也只有这个高度的 1.6 倍左右。[14]

但是，正态分布并不是唯一存在的一种分布类型，甚至也不是最常见的分布。从这个意义上说，正态分布并不属于常态。还有一些分布被称为“肥尾分布”，因为与正态分布相比，它们的尾部包含了更多的极端结果。

例如，财富分布就是一种肥尾分布。在我撰写本书时，全世界最富有的人所拥有的财富是普通人的 3 134 707 倍。如果人类的身高分布与财富分布相同，那么全世界最高的人的身高就不可能只是普通人的 1.6 倍；[15] 相反，这个人的身高将会达到 5 329 千米，而这就意味着他的头将会探到外太空深处，从他的头到地球表面的距离将会达到国际空间站与地球表面之间距离的 13 倍。

因此，至关重要的一个问题是：项目的结果服从正态分布，还是肥尾分布呢？根据我的数据库，信息技术项目确实存在肥尾现象。举例来说，有 18% 的信息技术项目实际成本超支率大于 50%，而且这些项目实际成本的平均超支率达到了 447%！注意，这还只是尾部的平均值，也就意味着许多信息技术项目的超支率还要更高。因此，信息技术项目服从真正的肥尾分布！[16] 核废料储存项目也存在肥尾现象，奥运会也是，核电站和大型水电站也是如此。机场、国防工程、大型建筑、航空航天工程、隧道、采矿工程、高速铁路、城市铁路、常规铁路、桥梁、石油工程、天然气工程和水利工程……这些项目的结果也都遵从肥尾分布（见附录）。

事实上，大多数项目类型都存在肥尾现象。当然，它们的尾部空间有多“肥”，也就是有多少项目有极端值，这些极端值到底有多极端，确实各不相同。按照从最肥的到相对来说最不肥的顺序，我将它们列成了一张表，或者，你也可以理解为，它们的排列顺序是从风险较高的到风险较低的，不过它们的风险仍然很大。[17]

当然，也有少数几种项目类型不存在肥尾现象，这个事实很重要。我将在本书最后一章解释其原因，以及我们怎样才能更好地利用这一点来管理项目。

就目前而言，我们得到的教训很直接、很清晰，也很可怕：**大多数大型项目都面临着无法兑现承诺的风险。**它们面临的风险也不仅仅是可能会出现严重的差错，而是可能会造成灾难性的错误后果，因为它们的风险分布是肥尾的。然而有意思的是，在这一背景下，项目管理文献却完全忽略了对项目风险分布的“肥尾性”进行系统研究。

那么，服从肥尾分布的那些项目结果究竟是什么样子的？

大项目成败面面观

触目惊心的成本超支率

波士顿的中心隧道工程被戏称为“大开挖”（Big Dig），计划用隧道取代城市中的高架公路。这一项目从 1991 年开始施工，把这座城市折腾了 16 年之久，其实际成本是当初预算的 3 倍多。美国国家航空航天局（NASA）主持设计的詹姆斯·韦布太空望远镜，现在停在距离地球近 100 万千米的太空中，原本预计需要 12 年完工，实际上却花了整整 19 年。同时，它的实际成本是一个天文数字，达到了 88 亿美元，超出预算 450%。加拿大的枪支管理登记系统是一个信息技术项目，其实际成本超出预算 590%。还有 2004 年建成启用的苏格兰议会大楼，工期整整推迟了 3 年，而实际成本更是超出预算 978%。

纳西姆·尼古拉斯·塔勒布把发生概率很小但后果极其严重的事件称为“黑天鹅事件”。像这样灾难性的项目结果，可能会结束一个人的职业生涯，摧毁一家企业，并造成其他重大损失，绝对有资格被称为“黑天鹅事件”。

为了说明这一点，我们不妨回顾一下“黑天鹅事件”对凯马特造成的影响。为了对抗来自沃尔玛和塔吉特的竞争压力，凯马特在2000年启动了两个庞大的信息技术项目，但是这两个项目的成本激增直接导致该公司不得不在2002年决定申请破产。[18]或者，我们可以再来看另一个例子，一个彻底失控的信息技术项目对传奇牛仔裤制造商李维斯的影响。这个项目最初预计只需花费500万美元，结果却迫使该公司承受了2亿美元的亏损，并导致公司的首席信息官卷铺盖走人。[19]

许多企业高管的命运更糟糕。美国司法部在2021年发布的一份新闻稿中提到，在南卡罗来纳州，有一个陷入困境的核电站项目严重落后于计划，但是项目承建公司的首席执行官向监管机构隐瞒了这一信息，“以便让项目继续进行下去”。其结果是，这名高管被判在联邦监狱服刑两年，同时必须没收财物并支付520万美元的罚金。[20]由此可见，“黑天鹅事件”确实会给项目和项目负责人带来严重的后果。

如果你不是企业高管或政府官员，如果你正在雄心勃勃考虑的项目比此类大型项目的规模小得多，那么你可能会以为上面所说的这些对自己并不适用。请不要掉以轻心，我所搜集到的数据显示，即便是相当小的项目也很容易受到肥尾分布的影响。此外，在各种各样的复杂系统中，肥尾分布比正态分布更具有代表性，这一点无论是在自然界中还是在人类社会中都是一样的。复杂系统是各个组成部分相互依赖性越来越高的系统，而我们就在这样的复杂系统中生活和工作。例如，城镇是一个复杂系统，市场也是一个复杂系统；能源的生产和分配是一个复杂系统，制造业和运输业也都是复杂系统；债务是一个复杂系统，病毒也是一个复杂系统；气候变化和全球化，莫不如是。这样的例子不胜枚举。如果你对自己的项目雄心勃勃，而这个项目需要依赖其他人的工作且由很多部分组成，那么几乎可以肯定，这个项目是嵌在复杂系统中的。

上面的描述适用于所有类型和规模的项目，哪怕是像家庭房屋装修这样的小项目也同样适用。几年前，英国广播公司（BBC）播出了一档关于如何翻新英国历史建筑的节目，其中有一集讲述了一对伦敦夫妇在乡下买了一栋破旧的房子。他们请建筑商估算彻底翻新这栋房子的费用，建筑商预计大约需要26万美元。但是在18个月后，这对夫妇已经花费了130万美元，而这个项目还远远没有完成。[21]

这种预算超支问题，正是我们在肥尾分布的项目中预料到会发生的，而这个例子也不是唯一的一个例子。在本书后面的章节中，我们还将会看到发生在布鲁克林的一次房屋装修失控事件，那些不幸的房主事先怎么也想不到会发生这样的事情，对他们来说，装修造成了具有毁灭性的损失。

这对伦敦夫妇显然很富有，有能力通过各种途径继续为装修房子支付费用。类似地，大公司可能会因为失控的项目而陷入困境，不得不通过增加借贷来维持运营。政府也会因为项目失控而累积起大量债务，可能不得不通过提高税收来筹集资金。但是，大多数普通人和小企业既没有大量的财富储备可供使用，也无法增加债务或提高税收。一旦启动的项目开始朝着分布的肥尾飞奔，他们就很可能会被彻底压垮。因此，普通人和小企业比公司高管或政府官员更应该认真对待预算超支的风险。

而要做到这一点，我们首先要搞清楚导致项目失败的原因到底是什么。

阻隔“黑天鹅事件”

之前我总结的大型项目铁律已经被各种数据所证实，其中也包含着上述问题的解题思路：**失败的项目往往久拖不决，而那些成功的项目则能迅速完成。**

为什么会这样？请试着把项目的持续时间想象为一个打开的窗口，持续时间越长，窗口就会开得越大；窗口开得越大，意想不到的东西闯进来并造成麻烦的可能性就越大，其中就可能包括一只又大又坏的“黑天鹅”。

那么，**撞进来的“黑天鹅”会是什么呢？它几乎可以是任何东西。**它可能是某个戏剧性的事件，比如说选举失利、股市崩盘或瘟疫大流行。2020年1月新冠病毒感染疫情出现后，从2020年东京奥运会到詹姆斯·邦德的电影《择日再死》（*No Time to Die*），世界各地的各类项目都被推迟，甚至完全取消了。像这样的事件，在任何特定的一天、月份或年份里，极有可能都不会发生。但是，如果一个项目从决策到交付的时间越长，类似戏剧性事件发生的可能性也就越大。

这些戏剧性事件很容易对一个项目造成严重的破坏，导致“黑天鹅事件”的出现。需要注意的是，这类事件本身就概率很低但后果很严重，也就是说，它们本身也是“黑天鹅”。因此，一只“黑天鹅”闯入了没有防护措施的窗口，本身就可能导致其他“黑天鹅事件”的出现。

但是，戏剧性事件并不是影响和破坏项目的必要条件。即便是平平无奇的一点变化，也可能带来灾难性的“黑天鹅事件”。例如，为仕途正旺的政客写传记的作者都知道，传记的市场表现取决于出版时这位政客的声望是不是还在继续上升，但是任何事件都可能使之发生改变，比如一桩丑闻、一场失败的选举、患病或者死亡。即便是这位政客因为对政治感到厌倦而换了一份工作这样简单的事情，也可能会毁了这个项目。这再次证明，项目从决策到交付的时间越长，一个或多个“黑天鹅事件”发生的可能性就越大。在错误的情况下，哪怕是再微不足道的事件也可能造成毁灭性的后果。

对大多数普通人来说，很难想象还有什么比埃及沙漠里的一阵风更微不足道的了。然而，2021 年 3 月 23 日，在一个错误的时刻，正是这样的一阵风将巨型集装箱货轮“长赐号”（Ever Given）的船头推到了苏伊士运河的岸边，然后货轮搁浅了。在整整 6 天的时间里，“长赐号”动弹不得，堵塞了整条苏伊士运河，数百艘船只不得不停运。据估计，因为苏伊士运河的这次断航，每天冻结的贸易额高达 100 亿美元，并且全球供应链也受到了巨大的冲击。[22] 那些因供应链问题而蒙受损失的个人和项目管理者可能从来没有想到，让他们陷入困境的原因竟然是从遥远的沙漠里刮来的一阵强风。[23]

复杂系统研究者可能会这样描述这一事件：作为复杂系统的各个部分，风、运河、船舶和供应链之间存在动态的相互依赖性，由此产生了强大的非线性反应和放大效应。简单地说，就是一系列小的变化结合在一起就会产生一场灾难。在复杂系统中，这种情况经常出现，耶鲁大学社会学家查尔斯·佩罗（Charles Perrow）将其称为“正常事故”（normal accidents）。[24]

在当今世界，由于复杂性和相互依赖性日益增长，正常事故发生的可能性更大，但是它本身并不是什么新现象。有一句起源于中世纪、有很多个版本的谚语早就告诉过我们：“由于少了一颗钉子，就少了一只蹄铁；由于少了一只蹄铁，就少了一匹马；由于少了一匹马，就少了一位骑士；由于少了一位骑士，就输掉了一场战事；由于输掉了一场战事，就失去了整个王国。”这个版本始见于本杰明·富兰克林在1758年出版的一本书中，他用这个故事来警告读者：“小疏忽可能会酿成大祸害。”这里的关键词是“可能”。在大多数情况下，少了一颗钉子，并不会发生什么不好的事情。当然，一些这样的损失可能会产生某种后果，但是后果通常不会很严重，就像失去一匹马或一位骑士那样。但是，在有的情况下，一颗丢失的钉子可能会导致某些非常可怕的事情发生。

无论是极具戏剧性的巨大变化，或者是平平无奇的一般变化，还是细小琐碎的微小变化，任何变化如果发生在窗口期，都有可能使项目陷入混乱或遭到破坏。

解决方法是什么？关上窗口。

当然，一个项目不可能立即完成，所以我们无法把整个窗口都关闭。但是我们可以通过加快项目进度，更快地完成项目，从而使窗口大大缩小。对任何项目来说，这都是降低风险的主要方法。总之，我们一定要让项目尽快完成！

夜长梦多 Vs. 欲速则不达

那么，我们怎样才能尽可能快地完成一个项目呢？最明显的也是最常见的答案就是制定严格的时间表，然后立即开始行动，并要求每位参与者都以惊人的速度工作。传统观念认为，动力和雄心是关键。如果有经验的旁观者认为一个项目需要两年时间才能完成，那么你就要在一年之内完成；

你要全心全意地投入项目中，无所畏惧地勇往直前；同时在管理其他项目的参与者时，你必须强硬，要求每一件事情都必须做到今日事今日毕；你要像准备撞船的罗马战船上的鼓手一样，以疯狂的速度击鼓。

这种观念虽然很常见，但是它其实是被误导的结果。为了说明这一点，我先讲一个与哥本哈根的一处地标有关的故事。

大项目成败面面观

HOW BIG THINGS GET DONE

欲速则不达的哥本哈根歌剧院

哥本哈根歌剧院是丹麦皇家歌剧院的主剧场，它的建成要归功于丹麦航运巨头马士基的首席执行官兼董事长阿诺德·马士基·穆勒（Arnold Maersk Møller）的一个想法。20 世纪 90 年代末，80 多岁的穆勒决定，他要在港口的突出位置建造一座非常宏伟的建筑，作为他死后留给世人的一份耀眼的遗产。穆勒希望歌剧院的设计和建造能尽快完成，因为丹麦女王届时将出席歌剧院的开幕式，他不想错过那个重要的夜晚。当穆勒问建筑师海宁·拉尔森（Henning Larsen）完成这个项目需要多长时间时，拉尔森回答说需要 5 年。“你们最多只有 4 年时间！”穆勒斩钉截铁地回答道。[25] 项目紧锣密鼓地推进着，最后期限终于到了，穆勒和丹麦女王于 2005 年 1 月 15 日共同为歌剧院揭幕。

但是，匆忙的代价是可怕的，而且这种代价不仅仅表现在预算超支上。拉尔森对建造出来的歌剧院非常不满，为了挽回自己的声誉，他专门写了一本书来澄清相关问题。他在书中把这座令人困惑的建筑称为一座陵墓，并解释了个中缘由——欲速则不达！

匆忙完工的项目还有可能会造成灾难性的后果，与之相比，成本其实是微不足道的。2021 年，墨西哥城地铁线路中的一段高架铁路坍塌，导致列车脱轨。之后，三项独立调查得出的结论一致认为，仓促施工、粗制滥造是造成事故的罪魁祸首。墨西哥政府聘请的一家挪威公司进行调查后得出的结论是，这场悲剧是由“施工过程中的缺陷”造成的。墨西哥城总检察长后来发布的一份调查报告得出了同样的结论。[26]《纽约时报》也进行了独立调查，它得出的结论是，当地政府坚持工程必须在有权有势的市长卸任之前完成施工，这是导致高架铁路坍塌的一个关键原因。《泰晤士报》则总结道：“在总体计划尚未最终确定之前，建设工程就仓促上马，整个施工过程堪称疯狂，从一开始就埋下了隐患，注定只能建成一条有缺陷的地铁线路。”[27] 这起高架铁路坍塌事故最终导致 26 人死亡。欲速，不仅不达，而且酿成了天大的悲剧。

“慢慢地赶”，先思考，后行动

为了更好地理解快速完成项目的正确方法，我们先将项目划分为两个阶段，这很有帮助。当然这是一种简化方法，但是它确实很有效。**第一个阶段是项目计划阶段，第二个阶段是项目建设阶段，即先制订计划，再执行计划。**人们实际采用的具体术语则因行业而异。例如，在电影业中，这两个阶段通常分别称为开发阶段和制作阶段；在建筑业中，则分别称为设计阶段和建造阶段。不过，基本理念对任何行业来说都是一样的：**先思考，再行动。**

任何一个项目都开始于一个愿景，而愿景在最开始时充其量只是项目将会变成的辉煌而模糊的形象。所谓计划，就是对愿景进行充分的研究、分析、测试和细化，这样我们就可以确信自己已经拥有了一个可靠的、能够指引我们前行的路线图。

大多数项目的计划工作都是通过计算机、纸张和物理模型完成的，而这也就意味着计划阶段相对来说更便宜且更安全。如果不存在时间压力，那么计划阶段推进得慢一点是一件好事。建设阶段则是另一回事，因为在项目建设阶段，大量资金已经花出去了之后，就是项目容易受到影响和破坏的时候。

请你想象一下。2020 年 2 月，在好莱坞，一位导演正在进行一部真人电影项目。即将暴发的新冠病毒感染疫情会对这个项目造成多大的影响呢？答案取决于项目所处的阶段。如果导演和团队正在撰写剧本、绘制故事板、安排外景拍摄的日程表，换句话说，如果他们还处在项目计划阶段，那么疫情虽然会给他们带来很多问题，但是还不至于成为一场灾难。事实上，疫情防控期间，许多工作可能仍然可以进行。但是，如果疫情暴发时，导演正在纽约的街道上拍摄外景，剧组工作人员多达 200 人，其中还有几位参演费用非常高昂的电影明星，那么又会怎样呢？或者，如果电影已经拍摄完成并预定在一个月后上映，但是电影院无限期关闭了，那么又将如何呢？显然，这些都不再只是问题，而是不折不扣的灾难了。

项目计划工作是在安全的港湾进行的，而项目建设工作必须冒险穿越风暴肆虐的汪洋大海。这就是为什么皮克斯动画工作室“允许导演在一部电影的开发阶段花费好几年时间”，皮克斯动画工作室的联合创始人埃德·卡特穆尔（Ed Catmull）一针见血地指出这一点。皮克斯动画工作室是电影业的一个传奇，它制作了《玩具总动员》《海底总动员》《超人总动员》《心灵奇旅》，以及其他许多具有划时代意义的动画电影。当然啦，探索各种想法、编写剧本、绘制故事板以及一遍又一遍地重复做这些事情，都是要付出成本的，但是“这种迭代的成本相对来说还是比较低的”。[28] 以上工作倘若全部出色地完成了，就能形成一个丰满的、详尽的、经过检验和证实的计划。这样，当电影项目进入制作阶段之后，由于已经有了开发阶段的基础，就可以推进得相对平稳和快速。卡特穆尔指出，这一点是至关重要的，因为电影的制作阶段才是成本激增的地方。

计划阶段推进得缓慢一些不仅更安全，而且有很大的好处，皮克斯动画工作室的导演们深知这一点。毕竟，创意的培养和创新的涌现都需要时间，发现不同的选项和方法可能会产生的结果也需要更多的时间。把复杂的问题搞清楚，想出解决办法，再把它们付诸实践，还要花费更多的时间。计划需要思考，而创造性的、批判性的、周到细致的思考，其过程必定是缓慢的。

据说，亚伯拉罕·林肯曾经说过，如果他有 5 分钟的时间去砍倒一棵树，他会用前 3 分钟来磨斧头。[29] **这就是处理大型项目的正确方法：在项目计划阶段投入大量的思考和努力，以确保项目建设阶段可以推进得顺利而迅速。**

慢思考，快行动。这就是成功的秘诀。

“慢思考，快行动”可能不是一个全新的想法。毕竟，在 1931 年，帝国大厦拔地而起的时候，这个原则就得到了充分的展示。甚至可以说，这个想法至少可以追溯到罗马帝国的第一位皇帝——伟大的凯撒·奥古斯都，他的个人座右铭就是“Festina lente”，这个拉丁语词组的意思就是“慢慢来”。

但是要害在于，“慢思考，快行动”并不是大型项目的典型做法，“快思考，慢行动”才是。大型项目的记录清楚地表明了这一点。

从一开始就有问题了

看看加州高铁项目吧。当它获得选民投票通过并开始施工时，也附了很多文件和数字，表面上看起来已经很像一个计划了。但是，一个项目的计划，倘若没有精心细化过，没有深入研究过，或者彻底测试过，其实也就等于没有真正的计划。交通项目专家路易斯·汤普森（Louis Thompson）担任由加利福尼亚州立法机构召集的加州高铁项目同行评议小组的主席。他说，当该项目开始实施时，加利福尼亚州政府手中所拥有的一切充其量只是一个“愿景”或“愿望”。[30] 因此，当项目在进入建设阶段之后不久，问题就开始成倍出现，进展变得极其缓慢，这些也就丝毫不会令人奇怪了。

可悲的是，这才是大型项目的典型情况。在一个又一个项目中，人们往往在拿出了一个匆忙而粗略的计划后，就迅速开工了。当然，这也许可以让每个人都觉得很高兴，因为铲子已经插进了土地里。但不可避免地，项目肯定会遇到很多问题，这些问题在计划阶段被忽略了，或者从来没有被认真分析和处理过。于是，处在建设阶段的人们慌慌张张地跑来跑去，试图解决问题。然而，总是会有更多的事务被中断，总是会有更多的问题要去解决。对此，我称之为“中断-修复循环”（break-fix cycle）。陷入这一循环的项目，就像一头困在沥青坑里的猛犸象。

人们往往会说某个项目出了问题。事实上，这是他们的习惯说法，而这一说法本身就是一种误导。绝大多数时候，项目不是后来才出问题的，而是一开始就有问题。

这也就提出了一个亟待解决的问题：如果“慢思考，快行动”真的是一种明智的做法，那么为什么大型项目的领导者经常会反其道而行之呢？我将在本书第 2 章中回答这个问题，而在第 3 章中，我们将讨论如何启动一个项目，才不会使之陷入“快思考，慢行动”的泥潭。

人们通常认为制订计划无非就是填写一下流程图而已，很多时候确实如此，但是其实根本不应该如此。在第 4 章中，我仔细研究了“皮克斯迭代法”（Pixar planning），即电影工作室和其他项目管理者如何使用模拟和迭代的方法，来制订一个有创意的、严格的、详细可靠的计划，以尽可能保证项目能够顺利地、迅速地完成。我将把皮克斯迭代法作为制订计划的有效方法的代名词和范例，不仅指代皮克斯动画工作室的方法，还指代所有经过检验和证实有效的计划方法。只有这样的计划，才称得上是名副其实的计划。

在第 5 章中，我将探讨经验在大型项目的计划阶段和建设阶段所能发挥的宝贵作用，或者更确切地说，如果经验不是总被边缘化、被误解，或者完全被忽视，它可能发挥的宝贵作用。

第 6 章是关于预测的。某个项目需要多长时间才能完成，需要花费多少资金？如果在最开始时设定了错误的预期，那么，项目真正付诸实施之前就已经注定失败了。不过幸运的是，解决方案是存在的，更幸运的是，它其实非常简单。

前面我们一直强调计划的重要性，但有人可能会有不同看法。他们认为，大型项目，特别是像电影、标志性建筑或创新型软件这样的创意项目，如果人们敢于冒险并立即开始行动，用自己的创造力来完成，就会得到很好的结果。在第 7 章中，我将用最有力的形式来验证这一观点，并用数据来证明它是完全错误的。

当然，如果没有一个可靠的团队来执行计划，那么即便是最好的计划也不会成功。因此，在第 8 章中，我们将看到，一个大型项目是如何成功地将来自数百个组织、有各自利益诉求的数千人聚集到一起，使他们组成了一个团结、坚定、高效的团队，按期、按预算完成了项目并实现了预期收益。

在最后一章中，我将在前面几章的基础上，探讨一个能够将各章的主题结合在一起的概念：模块化。模块化的潜力巨大，不仅可以降低成本，提高质量，加快从订制婚礼蛋糕到建设地铁等各种项目的进度，而且可以改变基础设施的建设方式，甚至有助于世界免受气候变化的影响。

但是在此之前，我们必须先回答为什么项目经常过早开始这个问题。为此，我将给你讲一个故事，在这个故事里，一个急急忙忙的人差点儿毁掉了美国最美丽的地方。

做成大事的诀窍

HOW BIG THINGS GET DONE

痛点：大型项目铁律的模式非常清晰，即预算超支、进度超时、效益不佳的问题一次又一次地发生。在预算、工期和收益这3个方面都能达到预期的大型项目凤毛麟角，大型项目的成功交付太难了！

分析：大多数大型项目都面临着无法兑现承诺的风险，而“黑天鹅事件”是导致项目失败的原因之一。把项目的持续时间想象成一个打开的窗口，持续时间越长，窗口开得越大，“黑天鹅”闯进来制造麻烦的可能性越高，破坏性就越大。所以，失败的项目往往久拖不决，而那些成功的项目则能迅速完成。

解决方案：关上窗口是最佳解决方式，但一个项目不可能立即完成。不过，即使我们无法把整个窗口都关闭，也可以加快项目进度，更快地完成项目，从而使窗口大大缩小。项目的完成可以划分为项目计划阶段和项目建设阶段，前者比后者更便宜且更安全。所以，在项目计划阶段投入大量的思考和努力，以确保项目建设阶段可以推进得顺利而迅速，即“慢思考，快行动”，就成了大型项目成功交付的秘诀。

HOW BIG THINGS GET DONE

第 2 章

承诺谬误：你承诺的，和你想的不一样

如果“慢思考，快行动”是完成大型项目的明智方法，为什么会有那么多人采取完全相反的做法呢？原因在于他们急于做出承诺。

1941 年 7 月，美国总统富兰克林·罗斯福宣布全国进入紧急状态，并迅速扩充美国和平时期规模较小的武装力量，使之成为一支能够同时在欧洲和太平洋地区抗击法西斯的庞大军队。

当时，美国陆军部分散在华盛顿特区的很多栋小办公楼里，因此急需一个合适的总部。这栋总部大楼必须非常大，而且必须尽快建成。这是项目负责人布里恩·B. 萨默维尔（Brehon B. Somervell）准将的结论。

萨默维尔只要打定主意做一件事，通常就能做成。他是一名卓越的工程师，拥有丰富的大型建筑建造经验，而且完工速度比任何人想象的都快。当时，他最近一次完成的项目是纽约拉瓜迪亚机场（LaGuardia Airport）。史蒂夫·沃格尔（Steve Vogel）曾这样描述他："萨默维尔无情地驱使他的员工工作，一周 7 天无休，让他们筋疲力尽。"沃格尔是《五角大楼史》（*The Pentagon: A History*）的作者，这本书以精彩的编年史的形式，记录了五角大楼的建造过程。[1]

“畸形”的五角大楼

1941年7月17日，星期四晚上，萨默维尔向他的工作人员下达了一个命令，要他们立即行动起来，起草一份办公楼的建造计划书，这栋办公楼的占地面积高达4.7万平方米，相当于帝国大厦的2倍。但是，它不能是一栋摩天大楼，因为在生产舰船和坦克都需要钢铁的战争时期，这样做会消耗太多的钢铁；它也不能建在哥伦比亚特区，因为那里已经没有空地了。此外，它必须穿过弗吉尼亚州的波托马克河，建在不久前刚刚废弃的一个机场的旧址上。萨默维尔告诉他们，大楼的一半必须在6个月内完工并投入使用，整栋大楼则必须在一年内揭幕。萨默维尔最后的指示是，下星期一早上把计划书放在他的桌子上。

工作人员很快就发现，萨默维尔选定的地点是一片沼泽泛滥的平原，不适合建造大楼。于是，他们立即着手去寻找其他地点，最后在阿灵顿国家公墓（Arlington National Cemetery）和波托马克河之间的高地上游约1千米的地方找到了。这个新地点被称为“阿灵顿农场”（Arlington Farm），萨默维尔同意了改变地点的建议。

阿灵顿农场被5条公路包围，形状并不规则，而为了使建筑面积尽可能大，工作人员在设计时将农场内的大部分土地都覆盖了。最终的结果是，这栋大楼被设计成了一个“畸形”的五边形。一名绘图员后来回忆说，这个设计非常难看，但是与那里的地形很契合。[2]

星期一早上，计划书如期摆到了萨默维尔的桌子上。萨默维尔非常认可这份计划书，把它交给了陆军部部长，并说服部长在计划书上签了字。

然后，他又把这份计划书提交给国会小组委员会，进一步推荐它，争取到了委员会成员的一致支持。陆军部部长随后将这份计划书提交到内阁，罗斯福总统点头表示赞同，整个过程刚好花了一周的时间。

几十年后的今天，当你读到这本书时，你可能会认为自己已经知道这个故事的结局了。当然啦，五角大楼确实建成了，而且在第二次世界大战期间发挥了关键作用，并成了世界著名建筑。所以，这个故事可以作为一个大型项目如何快速计划、建设和交付的范例吗？并不能。请注意，我描述五角大楼用的是“畸形的”。现在我们当然知道，真正的五角大楼并不是畸形的，它是对称的，而且也不是萨默维尔最初计划的产物。萨默维尔的计划从未付诸实施，因为那个计划实在太糟糕了。

要搞清楚为什么说那个计划糟糕，你可能需要跟随游客的脚步走一趟。每年，数百万游客会穿过波托马克河去往阿灵顿国家公墓的中心。你会走到一个高高的悬崖上，在远处，你可以看到国会大厦的圆顶、华盛顿纪念碑，以及华盛顿特区其他宏伟的建筑和纪念碑。悬崖上的缓坡呈现出一片青葱的绿色，矗立着一排排笔直的墓碑，因为那里是在对外战争中或在内战中牺牲的美国人的最后安息之地，其中最著名的是约翰·F. 肯尼迪的墓地。

就在那里，在那美丽而肃穆的景致中间，在这块曾经被称为阿灵顿农场的土地上，萨默维尔想要建造一栋全世界最大却最丑陋的办公楼。请你想象一下，如果在埃菲尔铁塔周围建造一圈平平无奇的摩天大楼，那将是怎样一幅景象？萨默维尔的计划就是这么糟糕。1941 年，萨默维尔的计划公开之后，一位报纸评论员这样抱怨道：“从阿灵顿国家公墓的高地上俯瞰华盛顿，那无与伦比的景色将会被一片又一片丑陋的屋顶平台破坏。”这无疑“是一种故意破坏行为”。[3]萨默维尔辩称，美国正面临着全球性的紧急状况，所以必须先把审美和文化方面的考虑暂且放到一边，他的工作人员别无选择。

但幸运的是，更好的选择出现了。在阿灵顿农场以南不到 1.6 千米的地方，就在阿灵顿国家公墓壮观的景观带之外，有一处军需仓库，这个地点满足了所有的技术要求。萨默维尔的批评者确定了这个地点，并努力推动着将五角大楼项目搬到那里。最终，他们赢了，这就是今天五角大楼所在的位置。从阿灵顿国家公墓往下看，景色没有受到任何影响。不仅如此，由于选址变得更大了，建筑设计师可以将大楼的两侧设计得更加均衡，保证其对称性。这样一来，建筑的功能性更强了，建造成本更低了，而且也不那么丑陋了。

那么，为什么在工作人员制订最初的计划书并获得有关方面的批准之前，萨默维尔没有意识到还有更好的选择呢？为什么那些批准计划的人都没有发现其中的缺陷呢？这是因为萨默维尔的计划太仓促、太粗略了，以至于没有人去寻找其他地点，更不用说仔细考虑它们各自相对的优、缺点了。他们都把第一个看上去合适的地点认定为唯一合适的地点，并匆匆忙忙地打算尽快开工。这是一种视野严重受限的情况，而其根源在我们的内心深处，对此我们在后面还会讨论。但是对于大型项目来说，这样做显然并不明智。

当总统迅速批准了萨默维尔的计划时，在罗斯福政府长期任职的内政部长哈罗德·伊克斯（Harold Ickes）感到非常震惊。“这又是一个先行动后思考的例子。”他在日记中这样写道。这句话可以频繁地用到很多大型项目上，这实在令人沮丧。[4]

过早锁定，急于承诺

萨默维尔绝对不是一个愚蠢或无能的人，罗斯福和其他批准萨默维尔计划的人当然也不是，事实上，他们都是非常有成就的人。然而，在五角大楼项目中，他们的行事方式却都显得非常愚蠢和无能，这似乎很难理解，但是我们必须深究下去。尽管这个故事的某些细节，尤其是在速度方面，可能有些极端，但是它涉及了大型项目的各个方面，非常具有典型意义。在项目计划阶段，他们没有仔细地考虑过目的和目标，没有探索过可能的替代方案，没有仔细地考察过困难和风险，也没有找到解决方案。相反，在非常粗略地做了一番“研究”之后，他们就迅速做出了一个决策，将原本有可能采用的所有其他项目形式都抛到了一边，这似乎可以理解为“锁定”（lock-in）。如学者们所说，锁定指的是，尽管可能存在着其他选项，但是从大多数人和组织的行为来看，他们好像别无选择，只能继续推进，以致自己承担的成本或风险远远超出了他们一开始所能接受的程度。接下来，他们就会采取行动，而通常在之后的一段时间内，他们就会遇到麻烦，例如陷入在第 1 章中提到过的“中断-修复循环”等。

我把这种过早的锁定称为“承诺谬误”，这是一种行为偏差，与行为科学研究中所发现的其他偏差类似。

五角大楼项目中唯一真正不同寻常的是，一群有政治关系的批评者在萨默维尔的计划获得批准后，设法揭露了该计划的缺陷，并将项目转移到了另一个地点，也就是今天五角大楼所在的地方。项目在基于承诺谬误而仓促启动的情况下，却得到了一个完满的结局，这是极其罕见的。

仔细思考一个项目想要实现什么目标，以及如何实现它，肯定比仓促承诺带来的结果更积极、更好，这早已不是什么秘密。有一句古老的格言，“草率行事，后悔莫及”，说的就是这个道理。这句格言的一个变体版本是将“行事”替换为“结婚”。另外，在小说《无尽的玩笑》（*Infinite Jest*）中，大卫·福斯特·华莱士（David Foster Wallace）指出，这句古老的格言似乎是“为文身量身定制的”。文身、婚姻、大型项目……在这些情况下，我们都知道自己应该三思而后行，可是为什么却经常做不到呢？

对于文身和婚姻，我不能给出什么建议，但是对大型项目，我认为可以从以下几个方面来解释。

第一种解释是我所说的“策略性虚假陈述”（strategic misrepresentation），即出于策略性目的而有意地、系统地歪曲或错误陈述信息的倾向。[5] 如果你想赢得一份合同或让一个项目通过审批，提交一份粗略的计划书可能会给你带来很大的便利，因为这样做可以掩盖掉重大的困难和挑战，从而压低预期成本，缩短工期，最终帮你赢得合同或使项目获得批准。但是，就像万有引力定律一样，在计划阶段被故意忽略掉的困难和挑战，最终会在建设阶段以进度延误和预算超支的形式显现出来。而且到了那个时候，这个项目早就已经走得太远，无法回头了。当然，策略性虚假陈述的真正目的就是要使项目走上这种不归路，是政治因素导致了失败的不可避免。

第二种解释是心理因素。2003 年，我在《哈佛商业评论》上与诺贝尔奖得主丹尼尔·卡尼曼进行了一场激烈的辩论。卡尼曼可以说是当今最具影响力的一位心理学家，当时他与人合写了一篇文章，将糟糕的决策完全归咎于心理因素。当然，我同意心理因素确实会起作用，但问题是，与政治因素相比，心理因素到底有多重要。[6]

在一番纸上交锋之后，卡尼曼邀请我见面，进一步讨论相关问题。我也安排他拜访了一些大型项目的规划师，这样他就可以了解第一手经验。最终，我们都认同了对方的观点：我同意心理因素很重要，卡尼曼同意政治因素很重要，[7] 到底哪个因素最重要，则取决于决策和项目的性质。

在卡尼曼的实验中，决策涉及的利害关系很小。一般来说，在实验中存在职位的争夺，但不存在稀缺资源的竞争，不存在有权势的个人或组织，也不存在任何形式的政治关系。卡尼曼、阿莫斯·特沃斯基（Amos Tversky）① 和其他一些行为科学家发现，一个项目越接近他们在实验中所创造的那种决策情境，个体心理因素就越占主导地位。但是，随着项目规模越来越大，决策越来越重要，金钱和权力的影响也会越来越大。决策往往是由有权势的个人或组织做出的，利益相关者的数量也增加了，他们会为自己的特殊利益进行游说，这种游戏的名字就是政治。于是，影响决策的天平就从心理因素向策略性虚假陈述倾斜。[8]

也就是说，所有项目的共同点都是人在做决策，哪里有人，哪里就会有心理因素和政治因素在起作用。我们先讨论心理因素对项目的影响。

你希望空乘人员，而不是飞行员，是一位乐观主义者

我们人类非常乐观，但这也使我们变得过度自信。[9] 绝大多数汽车司机都以为自己的驾驶技术高于平均水平；[10] 大多数小企业主都坚信，即便大多

① 著名心理学家和行为科学家。他的作品《特沃斯基精要》包含了他一生的 14 篇精华之作，能够充分体现他的思想和研究的特点。该书中文简体字版已由湛庐引进，浙江教育出版社出版。——编者注

数小企业都会失败，自己的新企业也会成功；[11] 吸烟者都认为自己患肺癌的风险比其他吸烟者低。[12] 在心理学文献中，类似的例子不胜枚举。

这说明乐观主义和过度自信是普遍存在的，二者对个人和集体都是有用的，有大量的研究和经验支持这一结论。我们当然需要乐观精神和“我能行”的态度来激励自己开展大型项目并使其顺利完成。大到要不要结婚生子，小到要不要早起，在这些问题上，你不妨做一位乐观主义者。但是，如果你在登机时无意中听到飞行员说“我对燃料情况还是相当乐观的”，那就请立即下飞机吧，因为那实在不是应该乐观的时间和场合。在项目管理中，乐观主义带给我的最关键的一个启发是“你希望空乘人员，而不是飞行员，是一位乐观主义者”。在飞行员身上你所需要的，也是他必须做到的，是务实而细致的分析，尽可能看清现实。同样地，人们对大型项目的预算和工期不应保持这样的乐观态度，因为这些就像大型项目的“燃料读数”。不加控制的乐观主义会导致人们形成不切实际的预测，对目标定义不清，忽视更好的选项，不能及时发现和处理问题，甚至无法恰当地应对不可避免的意外。然而，正如我们将在后面的章节中看到的那样，在大型项目中，乐观主义通常会取代务实而细致的分析，就像人们在很多事情上所做的那样。

“乐观主义是普遍、执拗且代价高昂的。”卡尼曼如是说，他与特沃斯基的合作研究有助于解释其中的原因。[13]

有一个源于现代心理学的基本洞见，就是快速而直观的直觉判断（snap judgments）是由人类决策的默认操作系统，即系统 1 做出的。这个术语是由心理学家基思 · 斯坦诺维奇（Keith Stanovich）和理查德 · 韦斯特（Richard

West）首创的，因卡尼曼的著作而广泛传播。有意识的推理，即理性分析，则属于另一个不同的系统：系统 2。[14] 系统 1 和系统 2 的关键区别在于速度。系统 1 的速度很快，所以它总是最先做出决定；系统 2 则很慢，只有在系统 1 做出了决定之后，它才会参与进来。这两个系统的决策都有可能是对的，也有可能是错的。

为了快速做出判断，大脑不能对信息要求过高。相反，大脑是在卡尼曼所说的“所见即所是”（WYSIATI）谬误的基础上做出判断的。这一观点基于以下假设：我们所拥有的信息就是做出决策所需的所有信息。

在系统 1 给出直觉判断后，如果我们还有时间，我们可以利用系统 2，即有意识的大脑，慢慢地、仔细地思考问题，对系统 1 的直觉判断做出调整或完全推翻它。但是，心理学的另一个基本洞见是，当得出了一个强烈的直觉判断之后，我们很少会再去慢慢地、仔细地、批判性地审视它，我们会直接跟着它走，自发地接受系统 1 做出的任何决策。

我们还要将直觉判断与愤怒、恐惧、爱或悲伤等情感区分开。这一点很重要，因为这些情感也可能导致草率的判断。我们都知道，至少当我们冷静地思考时，我们知道强烈的情感不一定合乎逻辑，也不一定有证据支持，因此不是我们做出判断的可靠依据。任何一位理智的老板都知道，当他对一名员工勃然大怒时，他应该先等上一天，等冷静下来再决定是否将其解雇。但是，由系统 1 产生的直觉判断并不是一种情感体验，而是真实的感觉。所以系统 1 认为，既然已经掌握了真相，在此基础上采取行动就是完全合理的。正如卡尼曼所写的，系统 1 是“一台急于得出结论的机器”。

这正是乐观主义偏差如此强大的原因。对于那些确信自己能避免走向大多数小企业破产命运的小企业主，如果你告诉他们，与其说他们的信心是基于对信息的理性评估，不如说是一种心理认知偏差，他们一定会很生气。对他们来说，这种感觉不是真的，他们真实的感觉是自己的生意一定会成功。

尽管卡尼曼和特沃斯基的大部分研究都集中在由系统 1 主导的决策是如何失败的，但是我们一定要认识到，快速、直观的直觉判断通常是非常有效的，这一点非常重要。而且，正如德国心理学家格尔德·吉仁泽（Gerd Gigerenzer）指出的那样，这也是为什么系统 1 会成为我们人类进行决策的默认系统。[15] 几十年前，当心理学家加里·克莱因（Gary Klein）开始研究人们在工作和家庭生活中如何做出决策时，他很快就意识到，自己在大学里学到的经典决策理论与现实生活中的情况全然不同。经典决策理论认为，人们先识别出一个可用的选项集，对各个选项仔细地进行权衡，然后再从中选出最好的选项。实际上，即便是在决定是否要接受一份工作或做其他重大决策时，我们通常也不会进行如此仔细的分析。[16] 相反，克莱因的研究证明，人们通常会直接先采用自己想到的第一个选项，然后进行一场心理模拟来看看这一选项是不是行得通。如果看上去可行，他们就会选择这个选项；如果不可行，他们才会去寻找其他选项，然后重复心理模拟过程。这种决策方法往往在我们熟悉的情境中很有效，尤其是在时间紧迫的情况下，而且如果由专家来做直觉判断，效果可能会相当不错，稍后我们会看到相关案例。**但是在错误的情境下，采用直觉判断做出决策就是一个错误。**

不妨再来看看萨默维尔是如何决定在哪里建造五角大楼的。他想到的第一个地点是废弃的机场。乍一看，这似乎是可行的，所以他让工作人员制订出在这里建造办公大楼的计划。工作人员发现这个地点并不合适，并找到了另一个似乎可行的地点，即阿灵顿农场。萨默维尔认可了这个选址，同样没有考虑是不是还有更好的选择。因此，他是在错误的情境下使用了直觉判断。建造五角大楼并不是一个常见的项目，他本来应该花时间寻找和比较更多的地点。尽管他拥有丰富的项目管理经验，但是他从来没有规划和建造过大型办公楼，也从来没有在哥伦比亚特区或弗吉尼亚州工作过。在某种程度上，至少在五角大楼项目的计划阶段，他仍然是一个新手。

这种情况在大型项目的计划阶段是很典型的。我们人类与生俱来的快速而直观的直觉判断完全不适用于大型项目，但是我们仍然经常使用直觉判断，因为直觉判断是自然而然产生的。如果我们习惯性地倾向于快速做出判断，对项目持有不切实际的乐观，那么，当直觉判断的方法不能奏效时，我们就会蒙受损失。难道我们不应该从这些痛苦的经历中吸取教训吗？我们当然应该这样做，但是要做到这一点，就必须对经验多加注意和总结。可惜，我们经常做不到。

侯世达定律

40 多年前，卡尼曼和特沃斯基就证明了人们经常会低估完成某项任务所需的时间，即便有信息表明这种估计是不合理的，人们也一样会低估所需的时间。这种现象被称为“计划谬误”（planning fallacy），我和哈佛大学法学教授卡斯 ·R. 桑斯坦（Cass R. Sunstein）[①] 也用这个术语来形容对成本的

① 卡斯 · R. 桑斯坦将“计划谬误”视作一种偏差。作为偏差和启发式的提出者之一，他从行为科学入手，致力于探讨助推是如何改变社会和我们的生活的。其著作《助推 2.0》中文简体字版已由湛庐引进、四川人民出版社出版。——编者注

低估和对收益的高估。[17] 侯世达①则将其戏称为“侯世达定律”：“即便你已经考虑到了侯世达定律，你花费的时间也总是比预期的要长。”[18]

大量研究表明，计划谬误无处不在。不过我们并不需要阅读多少文献，只需看看自己和周围的人，你就可以理解这一点了。星期六晚上，你本来预计在 20 分钟内就可以到达市中心，但实际上花了 40 分钟，结果是你迟到了，就像上次和上上次一样。你以为给孩子讲 15 分钟的睡前故事就能让他睡着，但是像往常一样，你花了整整半小时。你确信这一次你可以提前几天提交学期论文，但你还是不得不像往常一样通宵达旦地赶工，才在最后期限前 1 分钟完成。

这些都不是有意为之的误算。在关于计划谬误的大量研究中，涉及的那些人并不需要赢得合同、获得项目融资或为自己建造一座纪念碑，所以他们没有理由低报自己的预估时间。但是他们的估计显然过于乐观。在一项研究中，研究人员先让学生们预估自己完成各种学术任务和个人任务需要多长时间，然后按照学生们不同的自信程度和他们的预估时间进行分类整理。比如，有人可能会说他有 50% 的信心在 1 周内完成、60% 的信心在 2 周内完成，以此类推，一直到有 99% 的信心，99% 几乎相当于完全肯定了。令人难以置信的是，当学生们说自己有 99% 的信心完成任务时，只有 45% 的人真正在那个时候完成了任务。[19]

我们总是出错，因为我们总是忽视过去的经验，无论出于何种原因，我们确实如此。当我们设想未来的宏图大计时，过去可能根本就不会出现

① 侯世达是闻名世界的认知科学家、普利策奖得主，致力于解开人类的认知之谜。其著作《表象与本质》中文简体字版已由湛庐引进、浙江科学技术出版社出版。——编者注

在我们的脑海中，我们可能根本就不会去挖掘它，因为我们感兴趣的是现在和未来。即便过去的经验真的浮出了水面，我们也可能会觉得“这次不一样”，然后忽视它。要知道，“这次不一样”是一个随时可用的选项，因为在某种意义上，生命中的每一刻都是独一无二的。或者，我们可能只是有点儿懒，宁愿不去“麻烦”过去。卡尼曼的研究充分证明了我们的这种倾向，我们确实是这样做的。想一想你在周末把工作带回家的经验吧，可以肯定的是，你最终完成的工作一般都会比计划的要少。这种情况不只发生一次，而是重复发生。究其原因，这一切都是你在做预估时忽视了自己的经验。

那么，到底是什么影响了你的预估呢？还是以周末回家工作为例，你首先会在脑海中形成一个在家工作的画面，在那个场景中，你会直观地感觉到周末能完成多少工作。这种感觉很真实，于是你就这么去做了，然而，你的判断很可能是错误的，因为在构建场景时，你只想象了自己工作时的情况。这种狭隘的关注将周围所有可能打扰你工作的人和事都排除在外了，换句话说，你只是在想象一种典型的“最佳情景”。当人们要描述最佳情景，即最有可能发生的情景时，他们通常无法区别自己所想到的情景与他们描述的最佳情景有什么不同。[20]

用最佳情景作为预估的基础，其实是非常糟糕的，因为最佳情景很少会成为未来最有可能出现的情况。事实上，最佳情景通常是不可能发生的。周末可能总是会有无数的事情突然发生，占用你的工作时间，像生病了、突发意外伤害、深夜失眠、老朋友打来电话、家庭紧急情况、水管坏了等。这意味着周末可能出现的未来情景非常多，但是只有在一种情景，也就是最佳情景下，才不会出现各种麻烦的事情占用你的工作时间。所以，当星期一早上你发现自己没有完成预期的工作任务时，其实不应该感到惊讶，但是你很可能会觉得惊讶。

你也许会说，这个例子只是一种随意的预测，与之相比，对大型项目的成本和工期进行预估不是很严谨的吗？两者相去甚远呀。如果你真的这样想的话，那你就得三思了。大型项目的成本和工期通常是这样进行预估的：先将项目分解为多个任务，预估完成每个任务所需的时间和成本，然后加起来得出一个总数。与你以为的正好相反，人们经常忽视以往类似项目的结果和经验，而且很少或根本不去仔细考虑和预测可能被打乱的各个方面。这些大型项目的预期成本和工期实际上都是基于最佳情景的预测，而且它们的准确程度，可能与你头脑中蹦出来的随意猜测的准确性一样低。

贵在思考，做计划本身就是在推进项目

许多人喜欢“做”而不是“说”，有时这也被提炼为另一个短语，即“贵在行动”（bias for action），这在商业活动中是常见且非常有必要的，因为浪费时间很可能是危险的。

“速度在商业中至关重要”，这是杰夫·贝佐斯（Jeff Bezos）所撰写的著名的亚马逊领导力准则之一。[21]“许多决策和行动都是可以逆转的，不需要深入研究，我们非常重视经过仔细计算的冒险行为。”然而，一定要注意，贝佐斯小心翼翼地将贵在行动的原则限制在了那些可逆的决策上。他建议，不要花太多时间反复思考这类决策，而是直接尝试，如果这类决策不起作用，就再尝试其他方法。这是完全合理的，但并不适用于许多大型项目的

决策，因为它们逆转的难度很大或花费高昂，可以说它们实际上是不可逆的：你不能先建好五角大楼，发现它破坏了景观后把它推倒，然后在其他地方重建。

问题是，当贵在行动的原则推广到一个组织的文化中时，可逆性警告通常就消失了，剩下的是一句口号——“放手去做吧！”（Just do it！），而且这句口号似乎适用于所有情况。“当我们对高管教育课程的参与者进行调查时，我们发现他们觉得执行项目比制订计划更高效，”商学院教授弗朗西斯卡·吉诺（Francesca Gino）和布拉德利·斯塔茨（Bradley Staats）观察到，“尤其是在时间紧迫的情况下，他们认为制订计划是在浪费时间和精力。”[22]用更普遍的行为学术语来说，当权者，包括大型项目的决策者，更喜欢采用可得性偏差（Availability bias）[23]驱动的快速决策，而不是需要真正意义上的努力思考的仔细计划。在世界各地，许多高管应该都会承认这就是他们的态度，但这并不是贝佐斯倡导的贵在行动的原则。事实上，它只是一种对思考的偏见。

话已至此，任何人都可以看出，不做计划显然不是个好主意。但是请记住，这其实是人们希望看到项目在推进、工作有人在做、有了切实进展的急切愿望。这些都很好，每个项目参与者都应该有这样的愿望。只有当我们轻视计划，认为计划是项目真正开始推进之前必须排除掉的烦人琐事时，这种愿望才会成为真正的麻烦。

制订计划本身就是在推进项目，计划的进展就是项目的进展，而且通常是在项目中你所能取得的成本效益最佳的一种进展。如果我们忽视了这个事实，后果将不堪设想。下面就让我们来看看为什么会是这样。

策略性虚假陈述，一切都是为了编一个好故事

法国建筑师让·努维尔（Jean Nouvel）曾荣获建筑界的诺贝尔奖——普利兹克建筑奖（Pritzker Architecture Prize），他在谈及很多标志性建筑的成本预估的目的时，直言不讳地指出："在法国，通常会给出一个理论上的预算，那是出于政治方面的考虑而公布的一个总数。在大约 3/4 的项目中，这个总数并不对应于任何技术意义上的东西。理论上的预算是因为政治需要，而真正的预期成本将在之后公布。政客们会在他们想要的时间和地点公开真实成本。"[24] 也就是说，政客们对预期成本的要求从来不是准确性，因为它们本来就是用来推销项目的。一言以蔽之，一切都是谎言，或者用更礼貌的话来说，一切都是为了编一个好故事。

2013 年，在一位美国政客为《旧金山纪事报》（*San Francisco Chronicle*）撰写的一篇专栏文章中，旧金山湾区的交通基础设施建设"桌底下的东西"被摆上了台面："有新闻报道称，跨湾码头超出预算 3 亿美元，但是这个消息应该不会让任何人感到震惊。"这位政客名叫威利·布朗（Willie Brown），曾担任过旧金山市长和加利福尼亚州议员，他在文中还写道："我们一直非常清楚，这个项目的预期成本远低于实际成本。就像我们也从来没有计算过旧金山中央地铁或旧金山海湾大桥以及其他大型建筑项目的实际成本一样，在市政项目的世界里，第一份预算实际上只是首付。如果人们从一开始就知道真正的实际成本，那么任何项目都不会获得批准。"[25] 不消多说，布朗写这篇文章时已经退休了。

一位高级交通顾问曾经向我透露，经常被吹捧的"可行性研究"，其实更多只是工程师的一个幌子，而不是公正、严谨的分析报告。"显而易见，

在几乎所有的案例中，工程师们的目的只是想证明项目的合理性，他们会利用对交通状况的预测来帮助他们达到目的。”是的，唯一的目的就是让项目继续下去。“我曾经问过一位工程师，为什么预期成本总是被低估，他直言不讳地回答说，‘如果我们给出了真实的预期成本，那么什么东西都不可能建成’。”[26]这位工程师的话与布朗的话惊人地相似，而这绝非巧合。

许多不同领域的企业高管都曾向我讲述过策略性虚假陈述的事例，但大多是在私下交谈中。美国一家专业建筑和设计杂志的编辑曾经拒绝了我写的一篇讨论策略性虚假陈述的文章，理由是当今在项目上撒谎的事情实在太常见了，读者甚至认为这是理所当然的，这样的文章没有新闻价值。“我们国家到处都是你所描述的大型项目。”他在给我的信中这样写道。[27]当然，那只是私下说的，在公共场合，很少会有人如此坦率地说出来。

如果只用于低报预期成本，那么草率而粗略的计划通常不会带来什么问题。事实上，在有些情况下，这可能对我们非常有利，但前提是，那些被忽略的问题和挑战都不会使预算增加。

表达对预期成本的坚定信心也有助于项目获得批准，就像蒙特利尔市长达坡所做的那样，他在承诺 1976 年奥运会的实际成本不会超过预算时说：“蒙特利尔奥运会不可能出现赤字，就像男人不可能生孩子一样。”[28]你今天这样夸夸其谈，以后可能会很尴尬，但那毕竟是在你得到了自己想要的东西之后或者退休之后的事了。

“马上开始挖一个洞出来”

合同签署后，下一步就是用铲子在地上挖洞。要赶快！威利 · 布朗这样总结道：

> 主要的思路就是马上开始行动。马上开始挖一个洞出来，要把它挖得很大很大，以确保除了拿钱来填补它，再也没有其他选择。[29]

有一个发生在好莱坞，几乎与好莱坞同龄的故事。已经退休的电影导演伊利亚·卡赞（Elia Kazan）这样解释他想找投资人投拍电影时采用的策略："我的策略对那些不走寻常路的导演来说应该很熟悉了。先让一切运转起来，和演员签约、搭建布景、准备道具和服装、曝光底片等，总之，要让电影公司深深地卷入其中。一旦投入了一大笔钱，哥伦比亚电影公司（Columbia Pictures）的总裁哈里·科恩（Harry Cohn）除了尖叫和怒吼，就什么也做不了了。他不会叫停一部已经拍摄了好几个星期的电影，如果他真的那么做了，他就会面临无法挽回的损失，不仅是金钱上的损失，还有脸面上的损失。所以，我们要做的就是马上开始拍摄电影。"[30] 卡赞用这样的策略在 20 世纪 40 年代末得到了哥伦比亚电影公司的资助。

大项目成败面面观

HOW BIG THINGS GET DONE

《天堂之门》的惨败

被称为好莱坞传奇的联美电影公司（United Artists）也发生了同样的故事。20 世纪 70 年代末，当时炙手可热的年轻导演迈克尔·西米诺（Michael Cimino）正在筹拍《天堂之门》（*Heaven's Gate*），他想拍一部史诗级西部片，就像以怀俄明州为背景的《阿拉伯的劳伦斯》（*Lawrence of Arabia*）那样。《天堂之门》的预期成本为 750 万美元，以那个时代拍摄电影的平均成本来衡量，这已属于大制作，但对于一部史诗级电影来说，其预期成本仍在合理的范围内。联美电影公司问西米诺能不能按预定的时间完成拍摄，他说可以按期完成。于是，联美电影公司与他签署了合同。

拍摄开始了。但是，在开拍仅仅 6 天之后，拍摄进度就已经比计划晚了 5 天。联美电影公司负责这部电影的制片人史蒂文·巴赫（Steven Bach）观察到，在这 6 天时间里，西米诺用掉了约 1.8 万米长的胶片，仅冲洗成本就达到了 90 万美元，但是他只制作出了“大约一分半钟的可用素材”。在他的著作《最终剪辑》（*Final Cut*）中，巴赫给出了有史以来对好莱坞电影的制作过程最详细和最令人震惊的描述。[31] 这种情况本来应该立即引起联美电影公司的警惕。电影在开拍仅一个星期就偏离计划如此之远，这无疑是一个非常强烈的信号，预示着最初的预算和计划根本只是一纸空文。

但是，联美电影公司显然没有在意这些，事情变得更糟了，进度一拖再拖，成本持续激增。联美电影公司的高管们不得不出面要求西米诺精简制作流程，西米诺却直接警告他们不要插手。他说，他会按照自己的方式拍完电影，请高管们闭上嘴巴，只要支付账单就行了。如果他们不愿意继续花钱，他们可以撕毁合同，他可以把这个项目交给另一家电影公司。高管们让步了，尽管他们感到非常愤怒，担心这部电影以票房惨败收场，但是他们已经陷得太深了，再也无法抽身。西米诺把他们困在了卡赞所描述的两难境地里。

如今,《天堂之门》这部电影在好莱坞非常有名，但并不是好名声。最终，它的实际成本达到了预期成本的 5 倍，上映时间则整整推迟了一年。上映之后，评论界的反应非常激烈，西米诺不得不撤回影片，重新剪辑，6 个月后再次上映。这部电影票房惨不忍睹，联美电影公司不得不宣告破产。

由于《天堂之门》惨败，西米诺的声望也一落千丈。但是项目失控的后果通常不会落在推动这些项目的人身上。当蒙特利尔奥运会的实际成本令人震惊地超出预算 720% 时，一位漫画家画了一幅漫画，上面是挺着大肚子的市长达坡。这当然是一幅充溢着辛辣嘲讽的漫画，但是那又怎样呢？达坡已经将属于他自己的那枚“奥运冠军奖牌”收入囊中了。蒙特利尔花了 30 多年的时间才还清了堆积如山的债务，而偿还债务的重担落在了蒙特利尔市和魁北克省的纳税人身上。达坡甚至没有在选举中被投票下台，他在 1986 年安然退休。[32]

门票价格越高，就越有可能冒着暴风雪去看比赛

然而，仍然有一个令人困扰的问题没有答案：为什么策略性虚假陈述会有效？威利·布朗写道，一旦挖了一个很大的洞，人们就“再也没有其他选择”，只能继续为这个项目买单。严格来说，这种观点并不正确。从理论上讲，这样的项目还可以取消，甚至建筑工地本身也可以拿来出售。是

的，理论上讲，联美电影公司可以停止拍摄《天堂之门》，并在支出失控时及时退出，但是在实际操作中，布朗说的是对的。这种现象有一个专门术语，学者们称之为“锁定”或“承诺升级”（escalation of commitment）。[33] 如果承诺升级出现在承诺谬误之后，那么就会出现过度承诺。而过度承诺通常意味着灾难，或者至少会导致一个更差的结果，远比用考虑更周详的方法所能达到的结果要差。

那么，为什么人们会陷入螺旋式的下沉旋涡之中无法自拔呢？这是一个非常重要的问题，心理学家、经济学家、政治学家和社会学家为此已经研究了几十年。2012 年的一项文献荟萃分析，引用了 120 篇研究文章，而且那还是在排除了许多非定量分析之后的文章数量。[34] 意料之中的是，我们无法对这个问题给出一个简单的解释，不过任何一种解释都包含了一个核心要素，那就是“沉没成本谬误”（sunk cost fallacy）。

为了推进一个项目，所花费的金钱、时间和精力全都付诸东流了，你不可能再把它们拿回来，也就是说，它们已经“沉没”了。从逻辑上讲，当你在决定是否要继续对一个项目投入更多资源时，你应该只考虑现在这样做是否有意义。沉没成本不应该成为你需要考虑的一个因素，但是它们确实可能会影响你的决策，因为大多数人都很难将它们从脑海中完全抹去。因此，用一句俗语来说，人们经常会“赔了夫人又折兵”。

请你思考下面这个例子。假设有两个朋友，他们拿到了一场职业篮球比赛的门票，但是比赛的球馆离他们住的地方很远，比赛那天还下起了暴风雪。他们买门票时支付的价格越高，即沉没成本越高，他们就越有可能冒着暴风雪开车去看比赛，也就是说，他们还会投入更多的时间和金钱，并冒更大的风险。相比之下，理性的做法是无视他们买票花掉的钱，留在家里。沉没成本谬误不仅适用于个人、群体，还适用于整个组织。[35]

“驶入暴风雪中”在政治领域尤其常见，有时候是因为政客们自己也信以为真了。但是，即便是了解真实情况的政客们也很清楚，公众很可能会被沉没成本左右，因此在政治上，坚持沉没成本谬论反而可能会比改弦易辙做出合乎逻辑的决策更加安全。无论如何，可以肯定的是，当加利福尼亚州州长加文·纽森（Gavin Newsom）决定不放弃加州高铁项目，而只是削减它的规模时，他和助手们必定非常仔细地考虑过沉没成本在公众心目中的分量，他们很清楚，放弃这个项目会被公众理解为扔掉那已经花出去的数十亿美元。其结果是，加利福尼亚州的纳税人被迫继续增加投入，在一个规模大为缩水的项目上又多花了数十亿美元。如果最开始时摆在他们眼前的就是这样一个项目，他们是绝不会同意的。

我猜想，加利福尼亚州这个“哪儿也去不了的子弹头列车”项目，终有一天会成为沉没成本谬误和承诺升级的教科书级别的例证。

“萨默维尔螺旋”

我们无法确定，到底是心理因素还是政治因素促使萨默维尔匆忙地推进五角大楼建造计划。但是，就像通常的大型项目一样，我们有理由认为这两方面因素都发挥了作用。与威利·布朗一样，萨默维尔在政治上也很精明，他经常调整计划，削减预期成本、楼层数或每一层的平方米数，以迎合当权者，让他们只听到想听到的声音，从而保证项目可以获得批准，进入下一阶段。当然，这种做法将不可避免地在说和做之间造成巨大的落差。不过，正如史蒂夫·沃格尔指出的那样，“萨默维尔很少关心预算超支问题”。[36] 与威利·布朗一样，萨默维尔决定“马上开始挖一个洞出来”，因为他知道，一旦有了一个足够大的洞，就能确保项目有未来。此外，萨默维尔还沉浸在一种“我能行”的军队工程文化中，这种文化认同系统 1 的果断性，并把完成任务放到了高于其他一切的位置。

我们应该非常小心，不要把心理因素和政治因素视为两种各自独立的力量。事实上，它们通常能够相互强化，在大型项目中也确实如此。[37] 当它们结成了“联合阵线”，一起支持草率而粗略的计划和快速启动的项目时，就很可能会产生一系列可预见的后果。

当萨默维尔计划的批评者坚决要求把项目实施地点转移到更合适的军需仓库原址时，萨默维尔进行了反击。他批评了批评者，并坚持认为只有阿灵顿农场才是合适的地点。当萨默维尔让工作人员更加努力地准备在阿灵顿农场“挖洞”时，批评者们敦促美国总统罗斯福出面干预。最终，罗斯福让萨默维尔换个地点，但令人难以置信的是，萨默维尔仍然不放弃。在与总统同乘一辆车前往军需仓库的途中，他仍坚持只有阿灵顿农场才是合适的，总统应该改变主意。“我亲爱的将军啊，”罗斯福最后不得不告诉他，“我仍然是陆军总司令。”如果说这句话的含义还不够清晰的话，那么罗斯福在视察结束后，用手指着军需仓库时所说的话，萨默维尔就不能不听了：“我们要把陆军部的大楼建在那里。”[38] 问题终于解决了，萨默维尔只能忍气吞声地接受了这个无法改变的事实。

公平地说，五角大楼项目最初计划失败的责任不能全部压到萨默维尔身上，或者说，萨默维尔不应该承担大部分责任。在非常匆忙的第一个星期里，萨默维尔分别向陆军部部长、国会小组委员会和包括总统在内的白宫内阁提交了他的计划，几乎每一次都没有人提出过一针见血的问题，几乎没有人发现那个计划中存在着非常明显的缺陷。每一次，计划很快都得到了批准，萨默维尔的上级根本也没有做好他们自己的工作。事实是，当缺陷最终暴露出来后，这个计划也就马上终止了。而之所以如此，部分原因是这个计划的坚定批评者之一恰好是罗斯福的叔叔。当然，这更加凸显了他们的失职和决策时的武断。

不幸的是，这样的决策缺陷并非五角大楼项目独有。草率而粗略的计划比比皆是，只有当那些有权监督和批准计划的人，包括政府项目中的公众对计划进行严肃质疑并正确行使权利时，项目中的缺陷才会暴露出来。但是很多时候，人们并没有这样做，反而更愿意直接相信一个巧言令色的故事，然后像萨默维尔那样“驶入暴风雪中”。因为这样做不但简单得多，而且可能更符合他们的个人利益。但结果不言自明，项目最终必定达不到原本可以实现的目标。

承诺“不承诺”

现在，让我们暂且把历史放在一边。对我们来说，教训就像萨默维尔最初所犯的错误一样简单：不要以为你知道所有该知道的事情。如果你是一个项目负责人，在团队中常常会有人做出这样的错误假设，那就狠狠地教育他们，或者直接把他们赶出你的团队。不要让你自己或他们得出一些看似显而易见的结论，这种不成熟的承诺不仅会让你无法发现一些明显的缺陷，还会让你错过很多机会，而这些机会可能会让你的项目变得比你现在所能想象的更好。

在第 3 章中，我们将从大型项目转向家庭项目，看看一个过早得出的结论是如何将一个简单的厨房装修项目变成一场灾难，并给那个家庭带来多年痛苦的。我们还将看到，全世界最著名、最成功的建筑之一是如何从开放的心态、好奇心和问题中“生长”出来的。

我将要描述的思考过程是反“萨默维尔螺旋”的，这种思考过程能发现计划中的缺陷和项目成功的机会。如果你有做出承诺的冲动，当然，你很可能会有这种冲动，那么请你务必在对自己的大型项目得出结论之前，先完成这个思考过程。[39] 记住，你首先要做的是保持开放的心态，也就是说，承诺不承诺。

做成大事的诀窍

HOW BIG THINGS GET DONE

痛点：在项目计划阶段，没有仔细考虑过目的和目标，没有探索过可能的替代方案，没有仔细考察过困难和风险，也没有找到解决方案。相反，在非常粗略地做了一番“研究”之后，就迅速“锁定”了某个决策，草草开始行动，然后很快陷入困境，这就是承诺谬误带来的失败结果。

分析：在很多情况下，我们都知道我们确实应该三思而后行，那么为什么我们经常做不到呢？第一种解释是策略性虚假陈述，即出于策略性目的而有意地、系统地扭曲或错误陈述信息的倾向；第二种解释是心理因素。从很多大型项目的教训来看，用一份草率而粗略的计划快速启动项目，只会陷入低估完成项目所需时间的“计划谬误”中，绝非良策。

解决方案：制订计划本身就是在推进项目，计划的进展就是项目的进展，而且通常是在项目中你所能取得的成本效益最佳的一种进展。但在制订计划时，千万不要以为你知道所有该知道的事情，注意避开“萨默维尔螺旋”的思考过程。如果你的团队中常常有人做出这样的错误假设，那就狠狠地教育他或者直接将他赶出团队，不要让你自己或其他人得出一些看似显而易见的结论。如果你有做出承诺的冲动，请你持开放的心态，做到承诺不承诺。

HOW BIG THINGS GET DONE

第 3 章

以终为始，从右向左思考

项目在启动时经常会直接跳到解决方案，甚至直接跳到特定的技术方案，但这个起点就是错的。项目应该从提出问题和考虑备选方案开始，在最开始的时候，一定要假设你还有很多东西要学习，而且要从最基本的问题“为什么”开始。

大卫和黛博拉决定要开始一项大工程：翻新厨房。乍一听，这应该是一项微不足道的小工程，尤其是他们的厨房比一般美国家庭的厨房更小。

大卫和黛博拉住在科布尔山一栋建于 19 世纪的 4 层砖砌联排别墅的底下 2 层。科布尔山社区位于纽约市布鲁克林区，景色非常迷人，看起来就像是在纽约拍摄的电影中的场景。科布尔山的联排别墅高而狭窄，楼梯很窄，房间也很狭小。大卫和黛博拉所居住的公寓总面积共有 112 平方米，但是厨房小得就像帆船的厨房一样。

翻新一个这么小的厨房，照理说不可能像建造帝国大厦那么具有挑战性。然而，与帝国大厦项目不同的是，大卫和黛博拉的这项不起眼儿的小工程进度严重超期，支出也超出了预算，实际情况与预期相差非常大：工期拖延了 18 个月，预算则超支 50 多万美元。

想翻新厨房，却翻新了整个公寓

出现这个令人吃惊的结果的根本原因并不是他们急于动工，事实上，大卫和黛博拉所做的与萨默维尔恰恰相反。从2011 年前后开始，他们已经花了好几年的时间考虑如何翻新厨房。当最终决定启动这个项目时，他们也没有急于挥舞大锤；相反，他们雇用了一位很有经验的设计师。设计师建议拆除厨房和小房间之间的一堵墙，这样可以将厨房的面积扩大 1 倍，他们同意了。然后，设计师花了几个月的时间准备了详细的图纸，最后才确定了翻新计划。“他准备了一大卷图纸，”大卫后来回忆道，“他煞费苦心地让我们看了 8 种可能的设计，详细地跟我们讲解了每一种设计，接着解释为什么这种设计不太合理，之后他会拿出下一张图纸，给我们看另一种不同的设计，然后又总结说：‘但是实际上，这也不是完美的解决方案，所以我再给你们看另一个版本。’”

这个精心设计的项目的预期成本为 17 万美元，这当然已经算得上相当昂贵了，但是纽约的特点就是一切都很贵，所以大卫和黛博拉决定继续进行下去。他们搬出了这栋别墅，打算 3 个月后再搬回来。

说到这里，大卫叹了口气，然后继续回忆道：“这个项目其实从一开始就变形和瓦解了。”一开始，工程承包商站在厨房里，上蹿下跳地测试地板。因为大卫不喜欢地板带给他的感觉，所以他决定把旧厨房的地板拆开。当他看到厨房下面是什么东西之后，他终于明白了原因：这栋别墅建于 19 世纪 40

年代，建筑质量本来就相当低劣，而且从来没有人维修过，根本没有足够强大的结构来支撑这座建筑。

于是，他们决定将整层楼的地板先拆下来，并且在地下室里安装钢梁和支架来支撑这座建筑。

拆开厨房的地板之后，大卫和黛博拉想到了现有的木地板又旧又丑，既然无论如何都必须先把旧地板拆下来，那么与其把它们再原样装回去，为什么不直接换掉呢？不管怎样，至少厨房的地板都得换掉。“你们打算怎么办？难道一半地板换新的，另一半仍然照旧？”于是，大卫和黛博拉同意更换所有的地板。大卫和黛博拉还考虑到了客厅里的砖砌壁炉，那是一个丑陋的现代作品：为什么不抓住这个机会把它也一起换掉呢？

壁炉还不是客厅里最糟糕的东西。客厅旁边的楼梯下方有一间小小的化妆间。大卫的母亲曾说过，它非常粗劣。大卫和黛博拉想，要是能一起改造就好了，在没铺地板的时候直接拆了也很容易。“所以设计师回去重新画了所有的图纸。”大卫回忆道。既然地下室要改造，为什么不趁机调整地下室楼梯的位置，腾出一个小房间来放洗衣机和烘干机呢？“所以，这样就有了更多的设计方案和更多的设计图纸，当然还有更长时间的延误。”关键是，每一个新计划都必须提交给因程序繁复而令人诟病的纽约市政府进行审批。

这些计划并没有任何过于奢侈或异想天开的地方。每一个都是合理的，只不过一个接一个，令人应接不暇。此外，附近的房地产价格已经飙升，所以他们在出售公寓时至少可以收回一部分装修投入。

到目前为止，这个项目以零敲碎打的方式，从厨房向外扩展，直到一楼被彻底拆除，只剩房屋骨架，然后重新设计，重新装修。

但是，这个项目并没有就此止步。二楼的主浴室很丑，而且到处是霉点。大卫的母亲说："既然你们已经搬出去了，并且工程承包商已经进场开工了，为什么不趁机把它修好呢？这样你们就不必在将来的某个时候再经历这种情况了。"这种说法当然也是合理的。于是，这个变化又带来了其他变化，又引出了更多的问题，直到二楼也被彻底拆除，只剩房屋骨架，然后重新设计，重新装修。

"最初的预期成本是 17 万美元，但很快就变成了 40 万美元，然后又变成了 60 万美元、70 万美元。"大卫估计，他们最终支付的总金额大约为 80 万美元。这是一笔很大的费用，大卫可能不得不推迟退休才能补上这个缺口，而且这个数字还不包括他们为生活陷入混乱所付出的代价。大卫和黛博拉在离开了整整一年半之后才搬回来，这与他们当初预期的 3 个月的工期实在相差太远了。

当项目最终完成时，所有人都认为翻新后的公寓非常棒，但这最多只能算是一个小小的安慰。如果这个项目从一开始就按照从下到上的改造思路精心规划，那么就会有一个完整的计划，也只需向市政府提交一份文件，工程承包商也可以最高效地完成各项工作。如果用金钱、时间和麻烦的多少来衡量的话，这样推进项目的成本必定会远远低于大卫和黛博拉所付出的一切。不管怎么看，这个项目都是一场不折不扣的灾难。

质疑就是探索："你为什么要进行这个项目"

毫无疑问，大卫的思考过程是缓慢的，设计师的工作也是非常细致的，但是这个项目的计划，我尽量说得客气一些，并不好。他们经历的这场灾难，凸显了我所建议的"慢思考"中至关重要的一点。

慢本身并不好。就像大卫和黛博拉那样，人们可能会花上几年时间做关于某个项目的白日梦。但是，白日梦除梦一场之外什么都不会留下，就像有些组织可能会花费大量时间召开完全漫无目的的讨论会一样。此外，大卫和黛博拉雇用的设计师所做的看似细致入微的分析，可能很费时费力，因为如果关注点过于狭隘，也就无法揭示计划中的根本缺陷或弱点，更不用说纠正了。由于其中的细节令人印象深刻，这种分析可能会让人们产生一种错觉，即这个整体计划比实际情况更可靠。但实际上，这就像一座只有美丽的外立面而没有任何支撑结构的建筑一样。政府和繁文缛节比较多的企业特别擅长编造这类分析，这也正是加州高铁项目要在开工前花十多年的时间进行规划的主要原因。规划产生了令人印象深刻的大量文件和数据，却未能提出一个名副其实的计划。

与此相反，好的计划应该经历探索、想象、分析、测试和迭代的过程。这些过程当然需要时间，因此，“慢”是正确地进行计划的结果，而不是原因。一个计划之所以好，关键在于它提出的问题广且深，以及它给出的答案充满想象力和严谨性。请注意，我在这里把问题放在了答案之前。不言而喻，问题先于答案，或者更确切地说，问题先于答案本就应该是不言而喻的。但现实情况并非如此，项目通常都是从答案，而不是从问题开始的。

大卫和黛博拉的项目开始于翻新厨房，但翻新厨房是一个答案，而不是一个问题。正如我们在各种项目上经常观察到的那样，项目的目标似乎是显而易见的，是给定的，唯一的问题似乎就是什么时候启动这个项目。一旦决定了项目启动的时间，就是制订详细计划的时候了，而没有对项目的目标提出问题，其实是项目最终失败的根本原因。

弗兰克·盖里（Frank Gehry）可以说是全世界最受赞誉的建筑师，他从来不从答案开始。“我是读着《塔木德》（*Talmud*）一书长大的，”2021 年我采访盖里时，他告诉我，“《塔木德》就是从一个问题开始的。”这是非常典型的犹太人做法，他说：“犹太人质疑一切。”[1]

盖里所说的“质疑”并不是指怀疑或批评，更不是指攻击或诋毁，他的意思是带着开放的求知欲提出问题。总之，质疑就是探索。“你必须保持好奇心。”他说。我们在第 2 章中讨论过“所见即所是”这个谬误，与之相反，盖里认为自己一定还有很多东西要学。正是因为做出了这样的假设，他才避免了“所见即所是”谬误设下的陷阱。

在这种心态下，盖里会见潜在客户时做的第一件事就是进行深入的长谈。这不是闲谈，不是盖里想要展示自己的风度，当然也不同于他的建筑理论讲座，也不涉及他想象中的愿景。相反，他会问很多很多的问题。盖里没有其他动机而只有好奇心，他探索客户的需求、愿望、担忧，以及其他一切能够让他明白客户思路的东西。每一次对话都是从一个简单的问题开始的："你为什么要进行这个项目？"

很少有项目是以这种方式开始的，但实际上，所有项目都应该以这种方式开始。

从一个答案开始

弗兰克·盖里设计的最著名的建筑是毕尔巴鄂古根海姆博物馆（Guggenheim Museum Bilbao）。凭借这座建筑，他完成了飞跃，从一颗冉冉升起的业内明星进入了全世界最顶尖建筑师的行列。古根海姆博物馆是西班牙毕尔巴鄂的一家当代艺术画廊。不同于人们以前见过的任何建筑，这座博物馆造型奇美、闪闪发光，正如它里面展示的那些艺术精品一样。

人们经常把毕尔巴鄂古根海姆博物馆描绘成建筑师的想象力和天才的产物，这种想法当然是可以理解的。还有一些愤世嫉俗的观察者将它视为"明星建筑师现象"的一个典型例子。"明星建筑师现象"是指建筑师们信马由缰，尽情展现他们过度膨胀的自我和强烈的个人风格。然而，这两种说法都是错误的。

20 世纪 90 年代，盖里应邀加入这个项目时，他第一时间飞到了毕尔巴鄂，会见了西班牙北部巴斯克地区的政府官员。当地政府制订了一个计划，将与所罗门·R. 古根海姆基金会（Solomon R. Guggenheim Foundation）合作，在巴斯克地区最大的城市毕尔巴鄂兴建并运营一座博物馆。官员们当时已经选定了一座建筑作为博物馆的馆址，它是一座始建于1909年的优雅建筑，原本是一处葡萄酒仓库，但已经废弃很长一段时间了。盖里会同意对旧建筑进行改造吗？

如果是其他建筑师，可能会直接留下一句“不，谢谢”，然后径自走开；也可能说“好的”，然后开始工作，就像大卫和黛博拉雇用的那位设计师一样。盖里没有这样做；相反，他提出了很多问题，而且是从最简单的一个问题开始的：“你们为什么要做这个项目呢？”

官员们告诉他，巴斯克地区是西班牙的重工业和航运中心，但那都是过去的事情了。“毕尔巴鄂虽然不像底特律那么糟糕，但是也差不多了，”盖里多年后回忆道，“它的钢铁业早就消失了，航运业也消失了，看起来像是一座沉浸在悲伤中的城市。”[2]毕尔巴鄂不但到处锈迹累累，而且地处偏远，几乎没有多少外国人听说过它，所以也无法从每年涌入西班牙南部和马德里的大量游客中受益。官员们希望，古根海姆博物馆能吸引游客来到毕尔巴鄂，振兴当地经济。官员们告诉盖里，他们想要一座能为毕尔巴鄂和巴斯克地区的发展做出贡献的建筑，就像悉尼歌剧院为悉尼和澳大利亚所做的那样：让毕尔巴鄂闻名于世，并让巴斯克地区的经济恢复增长。[3]

盖里察看了那座旧仓库。他很喜欢这座建筑，但是他认为，将它改造为博物馆并不能实现项目目标。他说，如果要在这里建造一座博物馆，那么这座旧仓库就必须拆除，而那将会是一种浪费，因为这座旧仓库可以在其他方面发挥很好的作用。

不过，盖里很快就有了另一个想法。他在河边发现了一处废弃的工业区，从很多方向都可以看到它。所以他说："忘了重新改造旧仓库这件事情吧，我们应该在河边建一座全新的、令人目眩神迷的博物馆。"[4]

巴斯克地区的政府官员们同意了，当然，这也是有原因的。他们雄心勃勃地立下了提振经济的目标，因此迫切需要发展旅游业。让全新的古根海姆博物馆坐落在一座翻新后的旧建筑中，理论上或许可以实现上述目标，但是这种可能性到底有多大呢？无论翻新后的建筑多么华丽，可是有哪项装修工程曾经在全球引起过轰动、吸引了来自世界各地的大批游客呢？实在很难想出一个例子。相比之下，在令人深刻印象的地点新建一座引人注目的建筑，确实更能吸引人们的注意力，其中有一些建筑甚至吸引了全球的大量游客，比如悉尼歌剧院。当然，这肯定是一个巨大的挑战，但是这似乎更有可能实现巴斯克人的愿望，至少盖里是这么认为的。

弗兰克·盖里的成功：毕尔巴鄂古根海姆博物馆

最终建成的建筑让建筑评论家和普通民众都兴奋不已，毕尔巴鄂古根海姆博物馆一夜成名，游客们涌入这座城市，同时也带来了金钱的洪流。仅仅在博物馆投入运营后的前 3 年里，就有将近 400 万人到访毕尔巴鄂这个曾经默默无闻的西班牙偏远城市，按 2021 年的物价计算，这座博物馆为巴斯克地区带来了接近 10 亿美元的收入。[5]

毫无疑问，盖里的想象力、天赋和个人风格是毕尔巴鄂古根海姆博物馆得以成功的重要因素，但是从根本上说，这座建筑的成功终究是由这个项目的目标所决定的。正如盖里本人记录的那样，他完全有能力设计出与现在看到的毕尔巴鄂古根海姆博物馆相比更朴素、更低调的建筑。事实上，就在几年后，他在费城完成了一个低调的博物馆翻新项目。[6]但是，因为想要通过毕尔巴鄂古根海姆博物馆实现的远不止这些，所以他才把这个博物馆设计成了现在的样子，因为这样才能最好地实现项目目标。

项目本身并不是目标，项目只是实现目标的途径。人们做各种事情，比如建造摩天大楼、召开会议、开发产品或撰写文稿等，都不是为了这些事情本身，而是为了完成其他事情。

这本来应该是一个简单的、不证自明的观点，但是，当本书第2章所说的“所见即所是”谬误驱使人们得出了某个非常明显，甚至不值得讨论的结论时，这一观点却很容易被人们遗忘。如果我在项目开始时问大卫和黛博拉他们的目标是什么，他们可能会耸耸肩，说“想要一个漂亮的厨房”之类的话。请注意，这就是人们混淆了手段与目标时会说的话。

在项目刚开始时，我们就必须厘清手段与目标，仔细思考我们到底想要完成什么，以避免受心理因素驱动而得出草率的结论。盖里要问“你们为什么要做这个项目”的原因就在这里。

不妨想象一下，一帮政客想要建造一座连接岛屿和大陆的大桥。建这座大桥需要多少钱？大桥的位置应该定在哪里？建造它需要多长时间？如果他们详细讨论了上述所有问题，他们可能就会觉得自己做了一个出色的计划，但是，他们其实是从“建造一座大桥是最好的解决方案”这个答案开始，然后再向前推进的。与此相反，如果他们认真探究为什么要把这座岛屿与大陆连接起来，比如说，可以减少通勤时间、增加旅游业收入，或提供更快捷的紧急医疗服务等，那么他们就能够做到首先关注目标，然后再转向讨论实现目标的方法了。这才是正确的制订计划的顺序，而这也正是新想法得以浮出水面的途径：建造一条隧道怎么样？渡轮可行吗？建直升机停机坪怎么样？很多方法都可以将岛屿与大陆连接起来并实现目标。根据目标的不同，这个项目甚至可能不需要物理上的连接，出色的宽带服务也可以满足人们的许多需求，而且成本很低。将这座岛屿连接到大陆上可能根本没有必要，也可能完全不可取。再比如，假设人们的需求是获得紧急医疗服务，那么最好的选择可能是在岛上提供医疗服务。但是，如果所有讨论都是从一个答案开始的，那么这些问题就都不会浮出水面。

在了解情况的基础上，要对“目标是什么”和“为什么要定下这样一个目标”有一个清晰的认识，并且从头到尾都不要忘记目标是一个成功的项目的基础。

在项目计划阶段，流程图是标准工具，即在从左到右的方框中列出需要做什么以及何时做，当到达右边的最后一个方框时，目标实现，整个项目就结束了。这个简单的流程图在最初的计划阶段是很有价值的，因为它可以帮我们将项目想象成手段，而不是目标本身，目标则是右边的方框。也就是说，项目的计划必须从弗兰克·盖里的那个简单问题开始，并深思熟虑应该在最右边的方框中填什么。一旦设定好了目标，你就可以转而考虑应该在左边的方框中填上什么，也就是最有可能让你实现目标的方法。

我把这种计划方法称为“从右向左思考”。事实上，在不同领域中探索的许多人都发现了类似的概念，并使用了不同的语言来描述本质上相同的概念。例如，在城市环境规划中，人们称之为“反推法”（backcasting）。其实，这种方法最早是由多伦多大学教授约翰·B. 罗宾逊（John B. Robinson）

为解决能源问题而研究出来的。你首先要尽可能详细地描述理想的未来状态，然后再向前反推出需要做些什么才能让那个想象中的未来成为现实。[7]以加利福尼亚州用水需求的反推实验为例，首先设想未来 25 年后加利福尼亚州的理想用水情况，然后再问必须做到什么——供水量、耗水量和水资源保护等，这样才能让理想的用水情况成为现实。[8]

在社会领域，这种方法被称为“变革理论”（theory of change），政府机构和非政府组织在寻求社会变革，例如提高识字率、改善卫生条件或更好地保护人权时，经常使用它。同样，它也要从确定目标开始，然后再考虑可能得到这种结果的行动方针。

虽然与上面提到的几个领域相去甚远，但是同样的基本理念也被广泛应用于科技圈。史蒂夫·乔布斯在 1997 年苹果全球开发者大会上强调：“你必须从用户体验开始，然后回溯到技术……你不能从技术开始，然后再试图搞清楚你怎样才能向用户推销它。我犯这个错误的次数可能比在座的任何人都多，我有无数伤疤可以证明这一点。”[9] 如今，“逆向工作”（work backwards）已经成了硅谷人士的一句口头禅。

不要忘却右边的目标

从右向左思考最常见的失败原因是忽略了右边的目标。就连乔布斯也曾经犯过这样的错误，因为他也曾持有相反的观点，违背了项目“必须从用户体验开始，然后回溯到技术”的原则。最“臭名昭著”的一个例子是苹果的 Power Mac G4 Cube 电脑。2000 年发布的 G4 电脑是一个半透明的立方体，即便在今天看上去也极具未来感。它没有电源开关，你只要挥挥手，它就会启动，这实在太酷了！乔布斯真了不起！然而这也是问题所在。G4 电脑在设计时并没有考虑过“苹果的用户是谁”以及“什么可以为用户提供最好的服务”等问题。尽管 G4 电脑集低成本、高性能和极致美学体验于一身，充分融入了乔布斯的激情，尽管这台机器令人印象深刻，但是对客户来说，它并不实用。G4 电脑失败了，苹果在一年后就放弃了它，付出了巨大的代价。[10]

但是，如果计划者没有明确流程图中右边最后一个方框中的项目目标，而只是被动地从右向左思考，逆向工作也会归于失败。如果不能明确项目的目标，我们就很容易被计划过程中出现的大量细节和困难所吞噬，同时最初对目标的模糊理解也会逐渐消失。项目可能就会转向完全不可预测的方向，就像大卫和黛博拉翻新厨房那样。

贝佐斯就非常清楚这种危险，他构思了一个很精妙的方法，保证亚马逊公司时刻保持对客户的关注，而且这是该公司最主要的信条。贝佐斯指出，当一个项目成功完成并准备公开发布时，传统项目的最后一步是让公司公关部提供两份文件。一份文件是一篇非常简短的新闻稿，总结新产品或新服务是什么，以及为什么它对客户是有价值的。另一份文件则是“常见问题解答”（FAQ）文档，它包含了更多关于成本、功能和其他值得关注的细节。贝佐斯的头脑风暴是，把传统项目的最后一步转变为亚马逊新项目的第一步。[11]

这就是说，要想在亚马逊公司启动一个新项目，你必须先撰写好新闻稿和常见问题解答，并且要在新闻稿的前几句中就把项目目标清晰地表述出来。随后发生的所有事情都是从这份新闻稿和常见问题解答反推展开的。重要的是，这两份文件的语言必须简单明了。亚马逊公司前高管伊恩·麦卡利斯特（Ian McAllister）曾经为贝佐斯撰写过多份新闻稿和常见问题解答，后来他回忆道:“我把它称为‘奥普拉式语言’。你知道的，奥普拉会在她的节目中先让嘉宾说某件事情，然后再向她的听众以任何人都能理解的非常简单的方式去解释它。”[12] 在使用了这样的语言之后，项目就无法隐藏在各种行话、口号或技术术语后面了，所有推理过程都将赤裸裸地呈现出来。如果一个想法是模糊的、考虑不周全的，或不合逻辑的，又或者是基于一些没有根据的假设的，那么任何一位细心的读者都能看得很清楚。

在亚马逊公司，项目是在时长 1 小时左右的高层管理人员会议上确定的。亚马逊禁止使用 PowerPoint 演示文稿和几乎所有公司通常都会使用的一些其他工具，新闻稿和常见问题解答都是以纸质副本的形式当场分发给与会者的。每个与会者都会安静、仔细地慢慢阅读，然后，他们会分享自己的想法，但是职位最高的人必须最后一个发言，以避免过早地影响他人。最后，新闻稿和常见问题解答的作者一行一行地详细解释这两份文件，任何人都可以在任何时候畅所欲言。“对细节的讨论是会议的关键部分，”亚马逊公司的两位前高管科林·布莱尔（Colin Bryar）和比尔·卡尔（Bill Carr）这样写道，“与会者会提出很多尖锐的问题，大家就关键思想及其表达方式进行激烈的辩论。”[13]

新闻稿和常见问题解答的作者在认真考虑了这些反馈之后，会重新撰写一份草稿，然后再次提交。同样的过程在高管会议上再次展开，然后不断重复。提案的所有内容都要经过多次迭代测试和强化，因为这是一个参与性的过程，相关人员从一开始就深度参与进来，确保了从项目提议者到首席执行官，每个人都能同样清晰地看到最终浮现出来的概念。这样，所有人从一开始就做到了步调一致。

当然，没有一种方法是万无一失的。

大项目成败面面观

HOW BIG THINGS GET DONE

贝佐斯价值数亿美元的失误

有一次，贝佐斯想到了 3D 手机显示屏的主意，他立刻就爱上了这个概念。这种显示屏可以通过空中手势进行控制。后来，贝佐斯亲自参与了亚马逊 Fire Phone 项目的新闻稿和常见问题解答的撰写工作。比尔 · 卡尔回忆，2012 年，当他第一次听说 Fire Phone 项目时，他很不理解为什么有人会希望自己的手机配置一个如此耗电的 3D 显示屏。[14] 但是，这项工作仍在继续，参与的员工达到了 1 000 多人。2014 年 6 月，Fire Phone 正式上市，价格为 200 美元，但是没有卖出去多少。接着，它的价格降了一半，再然后，就完全免费了。但是，亚马逊公司连白送都没能送出去几部 Fire Phone。一年后，这个项目被叫停，数亿美元打了水漂。一名软件工程师表示:“它失败的原因和我们说的一样，而这正是这个项目的疯狂之处。”这个例子告诉我们，多问“为什么”这个方法，只有在人们可以自由地表达自己的想法，同时决策者真正愿意倾听的时候才会奏效。“许多在 Fire Phone 项目工作的员工都对这个项目深表怀疑，”曾经写过有关亚马逊公司权威历史的记者兼作家布拉德 · 斯通（Brad Stone）这样总结，“但是似乎没有人足够勇敢或聪明，表明自己的立场，并在与固执的领袖的争论中获胜。”[15]

从右向左思考其实有非常高的要求，因为这样做是不自然的，“所见即所是”，专注于摆在你面前的东西，那才是自然的做法。当你痴迷于一个很酷的想法，或者一味专注于设计项目，又或者被成千上万的细节淹没时，右边的方框就会在你视野里消失。这时，麻烦就来了。

不过，罗伯特·卡罗（Robert Caro）的经验应该可以帮上忙。

卡罗是当今美国最伟大的传记作家，他为林登·B. 约翰逊（Lyndon B. Johnson）总统和纽约的城市规划者罗伯特·摩西（Robert Moses）撰写了卷帙浩繁、研究深入且极其复杂的传记，并因此而闻名。每一部传记，他都要花十几年甚至更长时间才能完成。他所有庞大的写作项目都是以同样的方式开始的：先填好最右边的方框。

“这本书是关于什么的？”“它的意义是什么？”卡罗会不断追问自己这些问题。他强迫自己“把整本书的内容先压缩为三段、两段甚至一段文字”，[16] 以极其简洁的方式表达叙事主题。

但是，请不要把简洁误认为简单。卡罗写好一份草稿，就会扔掉它，然后再写一份、又一份……一份份草稿近乎无穷无尽地迭代。他将自己写的摘要与完成的大量研究不断进行比较，这项工作可能会持续好几个星期。“在这期间，我都在对自己说：‘不，这不是你想要在这本书里表达的内容。’”他的情绪会变得很糟糕。“回到家的头几小时里，妻子甚至不想见到我。”但是，这样的挣扎是值得的。当终于写好了摘要后，卡罗会把它们钉在桌子后面的墙上，以此确保自己几乎不可能忘记目标。

在之后的漫长岁月里，卡罗在写作的过程中，必定需要不断地深入研究，这也意味着他将进入越来越幽深的研究丛林，在复杂性中迷失方向的风险也越来越大，于是，他会不断地回看摘要，并将自己正在写的内容与之进行比较。他会问自己：“现在写的这些内容与摘要相符吗？怎样写才能符合当初的目标呢？现在写的这些内容似乎很好，但是与摘要并不相符，所以必须放弃这些，重写或者想出办法让它符合摘要的内容。”

有了目标，就不会迷失方向，这才是从右向左思考。

重回科布尔山的厨房改造

假设现在是 2011 年，大卫和黛博拉坐在他们的小厨房里，边喝咖啡边讨论如何对厨房进行翻新。为了给这个项目奠定一个坚实的基础，他们这场对话应该如何进行？无疑，应该从盖里问过的那个问题开始：为什么要做这个项目？

他们可能会从最显而易见的事情开始，比如说，“花多一点时间在厨房做饭也是一种享受啊”。但这还只是浮于表面，他们还需要进行更深入的讨论：他们要为谁做饭？如果是为客人做饭，那么客人是近亲，是朋友，还是生意场上的熟人？为什么他们想要多做饭呢？

总之，最右边的方框中应该填些什么？如果不去详细了解大卫和黛博拉的生活、期望和他们心目中的优先事项，就无法做出决定。不过，有一种可能是，他们翻新厨房的目的是让家庭生活变得更加愉快，这一点应当加以详细说明。在厨房里做饭为什么会令人愉快？这个项目需要有一个清晰、明确的目标。项目目标不是随随便便就能确定的，它是整个项目的意义所在，因此，我们必须认真对待。

如果目标是让家庭生活变得更加愉快，那么大卫和黛博拉要怎样做才能更好地实现这个目标？如果不装修厨房，他们就达不到这个目标，但是仅仅翻新厨房就能让他们实现目标吗？招待客人不仅要用到厨房，还要用到客厅，但是客厅里现有的壁炉太丑了，还有那间化妆间也粗劣至极。如果想到这些就让他们心里暗暗吃了一惊，那么他们就会发现脏乱差的厨房并不是他们实现目标的唯一障碍，他们还需要改造化妆间，重新布置壁炉。

如果仔细研究了必须做哪些事才能达到他们的目标，那么，在施工过程中，那些承包商说服他们一再扩大翻新范围的原因，都会在他们讨论可能需要考虑哪些其他翻新工作时就浮出水面。如果主要的翻新工程一定要进行，而且他们无论如何都要先搬出去，那么考虑一下将来可能想做的其他翻新工作不是也很有意义吗？然后再一次性把所有工作都做完。此外，让装修工人只来一次就完成这些工作，肯定比让他们多次来回更加便宜。

如果项目在计划阶段的讨论过程中，而不是在现实的施工过程中就将翻新范围扩大了，那么肯定会引发关于资金问题的思考。他们能负担得起吗？这不仅取决于他们目前的财务状况，还取决于他们未来的计划。自从他们搬进来之后，当地的房地产价格一直在上涨，所以他们卖掉公寓的时候可以收回一部分装修投入。但是他们会把公寓卖了吗？他们打算在那里住到自己的职业生涯结束吗？他们打算退休后住在哪里呢？这些问题也许太遥远而不值得关注，但也可能成为非常重要的考虑因素。他们只有提出这些问题并多加讨论，才能知道答案。

也许，这样的讨论能让大卫和黛博拉把项目范围再扩大一点，或者扩大很多。或许，他们会认为，应该给这个项目确定一个更大的目标，比如说“让家里的方方面面都变得令我们更加愉快，同时还要尽可能提升公寓价值的全部市场潜力”。那么，他们就会得出这样一个结论：他们应该进行一次全面、彻底的装修。

当然，他们可能会考虑成本、财务状况和退休计划，然后决定缩减开支。他们也可能会认为翻新公寓实在太费钱了，哪怕是只改造一部分也根本不值得，那么他们就会取消这个项目。

也许，他们会认为夏天消暑时住的那幢乡下农屋才是应该花钱去改造的地方。或者，他们可能会认为应该把钱用于投资，而不是用于改造房屋。

但是无论如何，有两件事情是我们可以肯定的。第一，如果他们自己先提出了这些问题，那么就不会采用现在这种装修方案。第二，任何一种可选的方案都会产生比他们所采用的方案更好的结果。那样的话，计划就只需要做一次且提交一次了。同时，翻新工作将更有效、更快速地完成，而且只需要进行一次，这样一来，大卫和黛博拉在这个项目上花费的金钱和时间将会少得多，也不用有那么多的付出和牺牲。当然，更重要的是，这个项目不会失控，而将成为他们明智选择的结果。或者说，这个项目将不再是一件发生在他们身上的事情，而是他们创造的事情。

同一块石头，缘何绊倒两拨人

在撰写这一章时，我略去了大卫和黛博拉故事中的一个重要部分。请读者回想一下，这栋联排别墅是由 4 层楼外加一间地下室组成的，大卫和黛博拉只拥有底下 2 层和地下室，上面的 2 层是邻居的。在法律层面上，大卫和黛博拉有义务让邻居同意他们的厨房翻新计划，他们也确实这么做了。但是，他们并没有和邻居认真讨论过他们的计划，更没有讨论过是不是应该针对整栋联排别墅制订一个全面的翻新计划。

于是，在大卫和黛博拉经历了 18 个月的地狱般的生活后，邻居参观了完工后的公寓，非常喜欢它的样子，并且决定用同样的方式做同样的事情。就像大卫和黛博拉一样，他们没有仔细考虑过右边的方框中应该填些什么，也没有仔细考虑过实现目标的最佳方法，甚至直接雇用了大卫和黛博拉的工程承包商。

结果当然也是一样的，而且工期更长，邻居家的装修改造工程持续了两年多，这是任何人都无法忍受的。楼上的装修改造工程，使楼下落满了灰尘，偶尔还会给楼下造成损坏。黛博拉无法忍受，在邻居装修期间搬出去住了。而大卫不得不在黑暗中度过 3 个月，因为他必须用胶合板盖住他家的所有窗户。后来，他也终于受够了，到朋友家住了一年。而且，在第一次装修中已经完成的工作也必须拆掉，重新进行第二次装修。最令人沮丧的是，邻居发现整栋别墅用砖砌成的外立面有倒塌的危险，需要拆除所有的砖再重新铺设，大卫和黛博拉要承担的那部分账单是 18 万美元。

据大卫粗略估计，他们和邻居装修这栋联排别墅，每户各花费将近 100

万美元。他说，如果有人在一开始时就提出总共需要 200 万美元来做这件事，他们肯定会说这是一个疯狂的主意。但矛盾的是，这确实是最终结果。为什么会这样呢？用大卫的话来说，他们在项目开始后“就被困在了想要实现的狭隘愿景当中”。如果大卫和黛博拉在开始计划这个项目时，就提出一系列盖里式的问题，严格遵循从右向左思考的原则，同时让他们的邻居参与讨论，这种困境就不会出现。但是他们没有，他们当时想当然地认为，毕竟这只是对小厨房的翻新改造，难不成还会出什么问题？

做成大事的诀窍

HOW BIG THINGS GET DONE

痛点：在缓慢的思考过程中制订了计划，却仍以失败告终。计划并没有任何过于奢侈或异想天开的地方，建设阶段中的每一个变化都是合理的，只不过一个接一个，而一个变化又带来了其他变化，引出了更多的问题。

分析：“慢”是正确地进行计划的结果，而不是原因。缓慢思考得出的充满细节的计划，让人们容易产生这个计划比实际情况更可靠的错觉。但好的计划应该经历探索、想象、分析、测试和迭代的过程，好在它提出的问题广且深，以及它给出的答案充满想象力和严谨性。问题先于答案，每个项目开始之前都应该从“你为什么要进行这个项目”的问题开始，而非从“要开始一个项目”的答案开始。

解决方案：“从右向左思考”。在项目计划阶段，流程图是标准工具，即在从左到右的方框中列出需要做什么以及何时做，当到达右边的最后一个方框时，目标实现，整个项目就结束了。项目是手段，目标就是右边的方框。在了解情况的基础上，对“目标是什么”和“为什么要定下这样一个目标”有一个清晰的认识，并且从头到尾都不要忘记你的目标是什么。一旦设定好了目标，你就可以转而考虑最有可能让你实现目标的方法。

HOW BIG THINGS GET DONE

第 4 章

像皮克斯一样思考与计划

我们并不擅长第一次就把事情做好，但擅长查漏补缺。明智的计划者能够充分利用这种对人性的基本洞察，他们会尝试、学习，然后再做一次。

我们先讲一下“建筑双绝记”的故事。

第一座建筑杰作是悉尼歌剧院，它屹立在澳大利亚海岸边悉尼港的岩石上。从外表上看，悉尼歌剧院像是一幅优雅的白色曲线拼贴画，让人们联想到翻滚的帆、流动的云或鸟的翅膀。且不说这座建筑的质量和规模，光是看它一眼就能令你振奋。它给人的感觉是轻盈而欢快的，就好像它时刻都会随风飘上天空似的。20 世纪中后期，当悉尼歌剧院刚刚完工时，它的建筑风格就令世人震惊和叹服了，因为人们以前从未见过这样的建筑。悉尼歌剧院不仅成了令澳大利亚人自豪的国家象征，还成了无可争辩的建筑瑰宝。联合国教科文组织委托的一份专家评估报告称：“它本身就是人类创造力无可争议的杰作之一。”2007 年，联合国教科文组织认定悉尼歌剧院为世界文化遗产，与泰姬陵和中国长城齐名，从而成了第一个建筑师仍然在世的世界文化遗产。[1]

第二座建筑杰作我们在前面已经谈过了，那就是毕尔巴鄂古根海姆博物馆。美国著名雕塑家理查德·塞拉（Richard Serra）将它称为“20 世纪建筑界最伟大的成就之一”。[2] 2010 年，一项邀请世界顶级建筑师和建筑专家选出 1980 年以来最重要的建筑的调查结果显示，毕尔巴鄂古根海姆博物馆遥遥领先。[3]

许多人都认为，悉尼歌剧院和毕尔巴鄂古根海姆博物馆是 20 世纪最伟大的两座建筑，我对此完全同意。

悉尼歌剧院的设计出自天才之手。建筑师约恩·乌松（Jørn Utzon）在当年赢得全球设计竞赛时，在建筑界还默默无闻。毕尔巴鄂古根海姆博物馆也是天才的产物，它由盖里设计，可以说是这位建筑师最伟大的作品。盖里的设计原创性太强了，所以他唯一能被归入的类别只有他自己。

但是这两座建筑有一个不同之处，而且是一个差别非常大的不同之处。

悉尼歌剧院本身是杰作，但是它的建造过程彻底失败了。问题接踵而至，导致成本不断激增。原计划 5 年时间建造完成，结果却花了 14 年，最终的造价是预期的 1 400%，成了历史上最大的预算超支案例之一。更加糟糕的是，悉尼歌剧院毁了乌松的事业。

不同的是，毕尔巴鄂古根海姆博物馆是按时按预算交付的。确切地说，它的实际成本比预期还低了 3%。[4] 而且，正如我们在第 3 章中看到的，它还产生了非常可观的实际收益，甚至大幅超出了预期收益。这是非常不容易的，因为在我们分析的所有大型项目中，只有 0.5% 的项目能够兑现所有的承诺。毕尔巴鄂古根海姆博物馆的成功使得盖里跃升为世界顶级建筑师，为他带来了来自世界各地的源源不断的订单，使他有机会创造更多杰出的建筑作品。

我们可以从这个鲜明的对比中学到很多东西。

伟大的计划都源于试验积累的经验

“计划”是一个带有很多“包袱”的概念。对于许多人来说，计划会让人想到一种相当被动的活动：一个人坐在那里苦思冥想，一动不动地盯着一片空寂，抽象地思考将要做的工作。而就其更加制度化的形式而言，计划有很多的繁文缛节：计划者要撰写很多很多报告，在形形色色的地图和图表上画来画去，对各种需要完成的活动进行安排，在流程图的各个方框中填入内容……以这种方式制订出来的计划通常看起来像一份火车时刻表，甚至比时刻表更加无趣。

确实，很多项目的计划都是这样的，而这样的计划肯定会带来很多问题，因为将计划视为抽象的、繁文缛节式的思考和计算就是一个严重的错误。要制订一个好的计划，需要的是与其他计划完全不同的东西。对此，我们可以用拉丁语动词 experiri 来概括这些东西。experiri 一词的含义很丰富，包含了“尝试”“检验”以及“证明”等。英语中两个非常重要的单词 experiment（试验）和 experience（经验）都源于这个拉丁语动词。

不妨想一想人们通常是怎样进行学习的，是不是不停地查漏补缺？我们先试一下这个，再试一下那个，然后看看什么是可行的，什么是不可行的。我们会重复迭代，还会不断学习，这是一个通过不停地试验来获得经验的过程。或者，用哲学家的术语来说，这就是“从实践经验中学习”（experiential learning）。我们善于通过不停地查漏补缺来学习，这是人类之大幸，因为我们并不擅长第一次就把事情做好。

查漏补缺有时需要坚韧的毅力，而且总是需要从失败中吸取教训的强烈意愿。还是托马斯·爱迪生说得好："我并没有失败一万次；相反，我成功地找到了一万个行不通的方法。"这并不夸张。为了弄清楚怎样才能制造出低成本且持久耐用的电灯泡灯丝，爱迪生就用不同的物质进行了数百次试验，最后才找到了一种有效的物质——碳化竹丝。[5]

在计划阶段进行试验，指的是对即将实施的项目进行模拟。这样一来，你就可以在模拟中做出改动，同时观察会发生什么，其中有效的、能够让你到达右边方框的改动将会保留下来，不符合要求的改动则会被放弃。经过多次迭代和严格测试后，这种模拟就可以发展成为一个具有创造性、严格且详细的计划，或者说，一个可靠的计划。

而且，我们人类的天才之处就在于，我们不仅可以从自己的经验中学习，还可以从别人的经验中学习。在爱迪生之前，许多科学家和发明家都试图发明低成本且持久耐用的灯泡，爱迪生就是以研究这些科学家和发明家的成果为起点，来开始自己的灯泡灯丝试验的。而且，一旦爱迪生解决了这个问题，后来者就可以直接跳过这个环节的试验了，他们只需要搞清楚爱迪生是怎么做的，就可以制造出一个可以持续使用的灯泡了。

不过，即便知道爱迪生在灯泡问题上的解决方案，我第一次尝试制造一个可以使用的灯泡肯定也是一场艰难的搏斗。制造过程会很慢，而且我制造出来的灯泡可能不太好用，但是，我可以重做一遍，这样我的技术会变得好一点。当我一遍又一遍地尝试时，我的技术会变得越来越好，这就是所谓的"正向学习曲线"（positive learning curve）：每一次迭代，事情都会变得更容易、成本更低、更有效。[6]这也是经验，而且是无价的经验。正如一句古老的拉丁语所说："重复是学习之母（*Repetitio est mater studiorum*）。"

一个好的计划必定一丝不苟地利用了试验或经验；一个伟大的计划必须同时严格地利用了试验和经验。在本章中，我将重点讨论如何在计划过程中利用试验；而在第 5 章中，则重点讨论经验。

不过是一幅华丽的涂鸦

糟糕的计划既没有利用试验，也没有利用经验。举例来说，悉尼歌剧院的建造计划就非常糟糕。

澳大利亚艺术评论家罗伯特·休斯（Robert Hughes）形容乌松参加设计比赛的作品“不过是一幅华丽的涂鸦”。[7] 这种说法当然有点夸张，但是并没有过分夸张。乌松的参赛作品确实非常粗略，甚至没有达到主办方设定的所有技术要求，不过他提交的简单的草图非常出色。也许正是草图太出色了，迷惑了评审委员会，才使他们把反对意见撇到一边，同时留下了许多悬而未决的问题。

主要的难题出在那些弯曲的贝壳上，而它们正是乌松设计方案的核心所在。它们呈现在二维的纸张上时显得很漂亮，但是，采用什么样的三维结构才能使它们稳稳地屹立在天际？要用什么材料、什么方法才能把它们建造出来？所有这些问题都没有得到解决，乌松甚至没有咨询过任何一位工程师。

如果在设计比赛的时候，组织者在赞扬乌松所描述的宏大愿景的同时，也要求他先对自己的想法进行试验，并借鉴他人的经验制订出一个严谨的计划，在有了这些之后再对成本和工期进行估算，然后批准预算并开始施工，那样就可以符合“慢思考，快行动”的要求。但是事实并非如此，情况完全相反，悉尼歌剧院成了“快思考，慢行动”的一个典型。

大项目成败面面观

悉尼歌剧院的建成与无人提及的乌松

悉尼歌剧院项目背后的关键推动力量来自澳大利亚新南威尔士州州长乔·卡希尔（Joe Cahill）。卡希尔当时已经任职多年，且身患癌症，像在他之前和之后的许多其他政治家一样，他把任职期间的关注重点转向了自己能够留下什么遗产。尽管他推动出台了一些公共政策，但是与许多其他政治家一样，他认为仅仅让这些政策继续执行下去还不够，他的遗产还应该以有形的宏伟建筑的形式呈现出来。但是，卡希尔的澳大利亚工党同僚们并不认同他的梦想。新南威尔士州当时正面临着严重的住房和学校短缺问题，这些政客认为，将公共资金用于建设造价昂贵的悉尼歌剧院非常不明智。

面对这样一个政治困境，卡希尔选择了一个典型的政治策略：他低报了成本，这在一定程度上也得到了设计比赛的评委们的帮助。评委们在估算预期成本时，也直接用乐观的假设去填补计划中的巨大空白。因此，他们得出的结论是，乌松的设计方案在所有方案中是成本最低的。

卡希尔还努力推进了这个过程。他下令，不管计划如何，悉尼歌剧院的建造工程都必须在 1959 年 2 月开工。而 1959 年 3 月将举行选举，二者绝非巧合。他甚至指示他的官员立即开工建设，并要求他们“尽快推进这个项目，使进展大到足以保证任何人在接替他的职位后都无法停止它”。[8] 这就是我们在第 2 章中讨论的“马上开始挖洞”策略，卡希尔得心应手地运用了这个策略。1959 年 10 月，卡希尔去世了，但是歌剧院仍然在建造当中。然而，没有人确切地知道他们在建造什么，因为最终的设计图还没有确定和绘制出来。

在设计过程中，乌松越来越心惊。他发现，前路上挑战很多，而且全都令人生畏。如果这个项目仅仅存在于他的制图桌上，那当然不会有什么问题。但是，随着施工的进行，无数悬而未决的问题和棘手的意外情况都浮出水面，导致项目陷入越来越严重的工期延误和赤字泥潭，所有这些问题的加重都只是时间问题。乌松付出了巨大的努力，最终用一个比他最初的草图垂直度更高的巧妙设计，解决了如何建造弯曲的贝壳形建筑的难题，[9] 但是在那个时候，灾难已经发生了。

由于项目开工过于匆忙，成本迅速上涨。根据乌松调整后的设计，项目甚至必须将以前已经建成的部分完全炸毁，并清理干净才能重新开始，这个项目不可避免地成了一桩政治丑闻。新来的主管部长瞧不起乌松，欺负他，骚扰他，甚至克扣了他的设计费。到了 1966 年，乌松实际上已经被完全排挤出了整个施工过程。乌松被替换掉的时候，悉尼歌剧院的外壳还没有完全竖起来，内部工程也没有完成。[10] 为了避开媒体，他和家人不得不在舱门关闭前几分钟偷偷登上一架飞机，秘密离开了澳大利亚。

1973 年 10 月，英国女王伊丽莎白二世终于宣布悉尼歌剧院落成揭幕。由于建造过程中出现的一系列混乱事件，特别是设计者中途被解雇，悉尼歌剧院在声学上不适合歌剧演出，在其他方面也存在着许多内部缺陷。作为这座高耸入云的别致建筑的设计者，乌松甚至没有出现在揭幕仪式上，他的名字也没有在仪式上被提及。[11]

乌松再也没有回过澳大利亚，他在 2008 年去世，从未亲眼见过自己设计的杰作。这无疑是一出悲剧，非常适合改编成歌剧。

重新定义建筑的一个凸块

相比之下，毕尔巴鄂古根海姆博物馆的故事远远没有那么戏剧性，也无疑更令人愉快。虽然盖里已经说服了毕尔巴鄂当局在滨河地段上建造一座全新的博物馆，但是他仍然必须从设计比赛中胜出。为了设计这个作品，盖里不断尝试各种想法，这个时期被他自己称为“密集游戏”。最简单的游戏形式是，盖里在纸上用潦草的线条勾勒出自己的想法，当然，对任何不知道他在做什么的人来说，那些线条看上去似乎只是一团乱麻。不过，盖里最主要的工作是利用模型进行的。他找来了大小不一的各种木制积木，先以一种方式将它们搭建起来，然后以另一种方式搭建，不断重复这个过程，试图找到一些看起来既实用又美观的模型。盖里与他公司的建筑师埃德温·陈（Edwin Chan）合作，从一个初步的积木模型开始，然后加入扭曲成各种形状的白纸片。他专注地研究每一种变化，并讨论这种变化是应该保留下来还是放弃。然后，他让助手们用木头和纸板做出一个新的模型，这个过程不断重复着。盖里传记的作者保罗·戈德伯格（Paul Goldberger）这样写道："盖里经常会在一天内做出多个模型，因为他会连续不断地测试和否决各种各样的想法。"[12] 经过两个星期的无数次迭代，盖里终于完成了他的设计图并最终在设计比赛中胜出。然后，这个过程仍然在继续着：**尝试，学习，再来一次。**

盖里的整个职业生涯都在与模型打交道，他的工作室里到处都是模型，事实上，他的仓库里一直保存着几十年来他所制作的各种模型。他会先从某个尺寸的模型开始尝试，然后，为了保证能够从不同的视角看这个项目，他通常会尝试再制作一个模型，然后继续尝试下一个，以此类推。他在这一个模型中专注于项目的某个方面，然后在另一个模型中则统揽整个项目。他不断地放大和缩小模型，直到他认为自己完全理解了从每个视角看到的建筑的外观和效果为止。他总是在尝试新的想法，与他的团队和客户讨论不同的方案及其结果，决定哪些可行、哪些不可行，而这一切只是他设计工作的开始。

在签订了毕尔巴鄂古根海姆博物馆的设计合同后，盖里和埃德温花了两年的时间进行了一次又一次的迭代尝试，他们使用的工具则从积木和硬纸板搭就的模型，进化成了一款可以完成复杂数字模拟的软件。这款软件名为 CATIA，[13] 是由法国航空巨头达索公司（Dassault）于 1977 年开发出来的，原先用于设计喷气式飞机，经过升级改造后，盖里可以用它来设计所有复杂的三维建筑。CATIA 软件能够实现的细节和精度非常惊人，它为盖里的创作和想象力赋予了前所未有的力量。

在职业生涯的早期，盖里设计的作品主要采用直线和盒子的形状，但是到了后期，当他的思路越来越多地转向曲线之后，他发现想象的东西一旦真的建成，就会让他觉得尴尬。他给我看了他最早设计的一栋曲线形建筑的照片，那是 1989 年完工的维特拉设计博物馆（Vitra Design Museum），位于德国莱茵河畔的魏尔镇。这是一座非常漂亮的建筑，但是在建筑主体后部的螺旋楼梯上方屋顶处有一个凸块，看上去有些突兀，似乎不是故意设计的。[14] 确实如此，那个凸块确实不是盖里设计的。当时，建筑施工人员无法清楚理解盖里的二维图纸，也就无法将他脑海中的东西百分之百地建造成实物。建筑施工人员没能做到这一点，当然不是他们的过错，当时盖里的愿景根本无法完全转化为现实。但是 CATIA 软件的开发就是为了处理像飞机机身线条那样的微妙曲线和超声速空气动力学里的复杂物理问题的。有了这个软件，盖里和他的团队就可以尝试设计各种形状，并且很有把握地确定哪些形状可以建造出来了，这是有史以来第一次。

在建造了德国那个笨拙的屋顶 3 年后，盖里又在巴塞罗那为 1992 年的夏季奥运会设计了“奥林匹克鱼”（Olympic Fish）。这是他的第一个完全用 CATIA 软件设计完成的作品，而且这个作品只有用 CATIA 软件才能实现。现在，曲线可以尽情流动了。又过了 5 年，也就是 1997 年，毕尔巴鄂古根海姆博物馆对外开放。从德国维特拉设计博物馆屋顶那个突兀的凸块，到毕尔巴鄂古根海姆博物馆的优雅曲线，这个转变仅仅花了 8 年。无论是从技术上看，还是从美学上看，这个转变都是非同凡响的。在建筑史上，这是建筑风格的一次彻底的转变，也是一次畅快的转变。

事实证明，CATIA 软件为建筑师提供了无穷无尽的可能性。盖里和他的团队可以在这里改变一条曲线，在那里改变一个形状，然后计算机在瞬息之间就能计算出这种变化对建筑的所有影响，从结构完整性到电气和管道系统的功能和预算无一例外都能得知。迭代尝试的速度大大提高了，盖里充分利用了软件的功能，尝试了更多的想法。说实在的，毕尔巴鄂古根海姆博物馆最早就是在计算机中“建造”起来的。直到这个“数字双胞胎”顺利地建成之后，现实世界中的毕尔巴鄂古根海姆博物馆才正式开始建造。“数字双胞胎”这个词也是盖里本人在几年后首创的。

数字双胞胎不仅带来了艺术上的大胆创新，也带来了惊人的效率，盖里和他的团队后来在设计纽约云杉街 8 号一栋 76 层高的公寓楼时，也充分证明了这一点。盖里提出了一个绝妙的想法，让不锈钢外立面凸出和凹进，营造出布料在风中飘扬的视觉效果。但是要想实现这个效果，组成外立面的每一块不锈钢钢板必须在工厂制造时就做成不同的形状，然后在施工现场组装到一起。所有的一切都必须天衣无缝地组合在一起，在实现通常的外立面必须实现的所有功能的同时，创造出布料随风飘扬的华丽视觉。而且，造价也不能比普通的外立面高太多。要达到以上要求，需要不断进行测试。盖里公司的一位建筑师式森天正（Tensho Takemori）说：“如果你用手工来做这项工作，在允许的设计期限内，你最多只能尝试两到三次。”[15] 但是幸亏有了数字模拟软件，“我们可以进行成千上万次迭代尝试。也正因为有了它，我们才能如此高效地把这个东西打磨出来，以至于我们基本上可以把成本降低到几乎和平面幕墙同样低的水平。我们没有更改过一个订单，这对于一座高达 76 层的大楼来说是一个闻所未闻的结果，也是最好的证明”。

在毕尔巴鄂古根海姆博物馆让盖里成为世界著名建筑师的几年后，他在《辛普森一家》的一集里客串亮相。在剧中，马吉给这位著名的建筑师写了一封信，请他为斯普林菲尔德设计一个音乐厅，盖里把那封信揉成一团扔到了地上，但是当他看清楚了纸团的形状时，他倒抽了一口气，然后大喊了一声：“弗兰克 · 盖里，你真是个天才！”接着镜头切换到了盖里展示斯普林菲尔德新音乐厅的模型，它看上去非常像毕尔巴鄂古根海姆博物馆。[16] 事后，盖里对客串这件事感到有些后悔，因为他只是开了一个玩笑，许多人却当真了。“这件事一直困扰着我，”他在接受一家电视台的采访时解释道，“看过这集《辛普森一家》的人都信以为真了。”[17] 盖里的确是个天才，但是这集《辛普森一家》对他的工作方式的描述都是错误的。当然，我们已经知道了，事实恰恰相反。

盖里在设计毕尔巴鄂古根海姆博物馆时所表现出来的耐心、细致和精确程度，无论在建筑界还是在其他领域都是极不寻常的。这些年来，在他的设计室里，在牛津大学邀请他演讲的时候，在旅途中，我和盖里交谈过好几次，他一直坚定地认为精确的计划是必不可少的。盖里告诉我：“在实际工作中，在确信我们打算建造的建筑能符合客户的预算并且满足他们的需求之前，我们绝对不允许客户开始施工。我们会利用所有可用的技术，以最精确的方式对建筑的所有元素进行量化分析，所以根本不会存在多少猜测的空间。”[18] 还有一次，他说：“我想保证我们能够实现这个愿景，我要保证我们以客户能负担得起的价格建成它。”[19]

对比毕尔巴鄂古根海姆博物馆与悉尼歌剧院的项目计划非常重要，这个重要性怎么强调都不为过。前者是“慢思考，快行动”的完美诠释，它是如何做成一个项目的正确示范。后者则是“快思考，慢行动”的痛苦例子，也就是说，它是如何破坏一个项目的典型例子。从这个意义上说，这两个大师级作品的故事的启迪意义，绝不仅仅只对建筑业有益。

皮克斯动画工作室计划迭代法

到今天，导演皮特·多克特（Pete Docter）已经三度获得奥斯卡奖了。他是动画电影《飞屋环游记》、《头脑特工队》和《心灵奇旅》的导演，还是皮克斯动画工作室的创意总监。从 1995 年全世界第一部用电脑制作的动画片《玩具总动员》开始，这家著名的动画工作室已经制作了一系列具有划时代意义的动画电影。但是，在多克特 1990 年加入皮克斯动画工作室的时候，它还只是一家非常小的工作室。当时，数字动画还处于起步阶段，多克特则显得既年轻又天真。

“当时，在我的想象中，华特·迪士尼工作的时候应该是这样的：躺在床上苦思冥想一阵，然后突然大喊一声‘小飞象！’，就有了一个绝佳的构思。”多克特后来笑着说道，“我以为整个故事都已经在他们的脑海里了，他们可以从头到尾告诉你。”[20] 随着经验的不断积累，他才发现电影制作人讲述的那些故事并非如此容易得来。“可以说整个故事是从一个灰色的斑点开始的。”他这样说道。

在一次长时间的交谈中，多克特详细地介绍了皮克斯动画工作室将一个“灰色的斑点”变成一部奥斯卡获奖影片的完整过程。我事先已经有了充分的心理准备，以为皮克斯动画工作室所用的方法将会与盖里设计毕尔巴鄂古根海姆博物馆时所用的方法截然不同，毕竟，动画电影与艺术博物馆的区别就像歌剧院与风电场的区别一样大。然而，就其基本元素而言，多克特所描述的过程与盖里的设计过程其实极为相似。

首先要考虑的是时间。皮克斯动画工作室会给导演们几个月的时间来探索各种创意，以便对将要拍摄的电影形成一个基本概念。在最开始的时候，这只是一个非常小的想法，这个小小的想法与后来拍成的电影相比，就像种子与长成的大树一样。例如，“有一只法国老鼠，它喜欢做饭”“有一个爱发牢骚的小老头”“一个女孩的脑袋里，发生了些什么”等，仅此而已。“我想要的只是一些吸引人的、有趣的想法。”多克特说。[21]

其次是起草大纲。有了这些想法之后，这位导演接下来要完成的是一份大约 12 页的大纲，解释如何将一个想法扩展成一个故事。“它主要是对发生的事情的描述。我们在哪里？那里有什么？故事里发生了什么？”多克特说。这份大纲要提交给皮克斯动画工作室，包括导演、编剧、艺术家和高管在内的一组员工。“他们会认真阅读这份大纲，然后提出批评、问题和其他值得考虑的东西，然后，这位导演通常会回去重新起草一份大纲。”之后，可能会有新一轮的评论以及重新起草大纲。

“一旦看清楚了这份大纲可以走多远，”多克特说，“一旦知道了事情的发展方向，我们就可以启动编写剧本的工作了。”剧本的初稿一般要有 120 页，它也将经历相同的过程，可能要进行好几次迭代。多克特强调，在这个阶段以及之后，皮克斯动画工作室都不会强制要求导演对任何人的意见做出回应。“这只是一个意见，嘿，一个免费的意见，你可以采用，也可以不采用。我们唯一需要做的就是让你的剧本变得更好。”

任何写过剧本的人都对皮克斯动画工作室的这一部分流程相当熟悉。但关键是，一旦有了一个不错的剧本，皮克斯动画工作室就会做一些不同寻常的事情。导演和一个由 5 ～ 8 名艺术家组成的团队，会将整个剧本制作成详细的故事板，并一一拍照，然后串成一个基本上可以把未来要上映的整部影片模拟出来的视频。每张故事板覆盖大约 2 秒的电影时长，因此一部 90 分钟的电影需要大约 2 700 张故事板。此外，模拟视频里还要加入由员工朗读的对白和简单的音效。

这样一来，整部电影实际上已经出来了，不过是以一种非常粗糙的形式。从导演的想法到模拟视频完成，整个过程大约需要三四个月。“这其实已经是一项相当大的投资了。”多克特告诉我。但是与电影制作的实际成本相比，它仍然非常低。

接下来，皮克斯动画工作室的员工，包括许多没有参与过这个项目的人，都会来观看这个模拟视频。“你能真切地感受到，什么情况下电影会有观众，什么情况下会没有观众。”多克特告诉我，“在很多时候，几乎不需要任何人说什么，我就已经知道我需要做出什么改变了。”项目导演还会与一小群皮克斯动画工作室的电影制作人见面讨论，这些人被称为“智囊团”，他们会对这部电影进行评论。“他们可能会说，有些事情我不太明白，我不理解你对影片主角的处理，你让我产生了兴趣，然后你又把我弄糊涂了之类。总之，他们会挑刺，会提出很多问题。”多克特说。

一般来说，在模拟视频第一次放映之后，电影中的很大一部分都会被抛弃，剧本中的很大一部分都要重写。导演和团队再绘制新的故事板，拍成照片，剪辑成视频，重新录制对话并加入音效，然后将这部电影的第二个迭代版本展示给观众，包括智囊团。导演则可以获得很多新的反馈，然后重复整个过程。

然后再做一次，再一次，又再一次。

皮克斯动画工作室的任何一部电影，通常都要经历从剧本到观众反馈的 8 次循环。多克特说，版本 1 与版本 2 之间的变化“通常会巨大，版本 2 与版本 3 之间的变化也会相当大。然后，随着时间的推移，很多的因素都会起作用，邻近版本之间的变化会越来越小”。

在多克特的奥斯卡获奖影片《头脑特工队》公开上映的最终版本中，故事主要发生在一个女孩的内心世界里，出场的角色分别是乐乐、忧忧、怒怒和其他代表了女孩经历的情绪小人。但是，在这部电影更早期的版本中，演员阵容要大得多。多克特在与心理学家和神经科学家讨论时了解到的各种情绪都有相应的角色，甚至连幸灾乐祸和倦怠也成了其中的两个角色，这些角色都拥有人类的名字。多克特希望观众能够记得各个角色分别代表哪种情绪，但是他们显然做不到。“事实证明，这让观众非常困惑。”多克特笑着说。于是，他去掉了其中几个角色，并对剩下来的角色名字做了简化处理。这是一个很大的“手术”，但是非常有效。

在后来的一轮迭代中，多克特需要处理一些更细致的问题。当时的剧本让乐乐迷失在了大脑的深层区域，远离做出决策的控制室，她说了一些诸如“我必须回到控制室去！”的话，而且说了好几次。台词是很重要的，它们能够告诉观众角色的目标是什么，并强调其紧迫性。但是皮克斯动画工作室的观众告诉多克特，这些台词听起来让人感到乐乐自以为是，并不讨人喜欢。多克特的解决方案是什么呢？让其他角色来说这些台词。“因此在影片中，忧忧说‘乐乐，你一定要上去！’。”多克特说，“这只是一个小小的调整，但是最终会使观众对角色的感觉产生相当大的影响。”

经过前后 8 轮这种令人疲惫不堪且面面俱到的迭代过程，导演就完成了一个非常详细且通过了严格测试的“概念证明”。也就是说，皮克斯动画工作室的电影在计划阶段要先进行充分的模拟，就像盖里要先用实物模型和 CATIA 软件模拟建筑一样。然后，真正的动画制作才会开始，而且使用的是皮克斯动画工作室最先进的电脑。场景是一帧一帧地创建出来的，并由著名演员配音，配乐是专业级的，音效也加进来了。当导演把所有元素整合到一起之后，一部将在全世界上映、供人们在影院和电视上欣赏的真正的电影终于诞生了。“当你看到这部电影的时候，”多克特说，“它其实已经是我们推出的第 9 版了。”

为什么这种迭代法是有效的

多克特承认，电影项目的整个过程需要完成大量的工作。但是，像皮克斯动画工作室所采取的这种多次迭代过程，非常值得我们付出艰苦卓绝的努力，原因有如下 4 个。

第一，迭代可以让人们自由地进行尝试，就像爱迪生当年所做的那样，而且他取得了巨大的成功。“我需要自由地进行大量尝试，尽管有时得到的只是一堆垃圾，完全没有什么用。”多克特告诉我。在迭代过程中，出现这种情况完全没关系。他可以再试一次，然后再一次，又一次，直到他得到像爱迪生的灯泡一样闪亮而清晰的结果为止。“如果我知道我只需要做一次，并且一定要把它做好，我可能不得不坚持我以前知道的有效的方法。”对于一家以创造力为基础的电影工作室来说，这样做将导致创造力僵化，并使工作室走向缓慢死亡。

第二，这个过程能够确保计划的每一个组成部分，从最宽泛的轮廓到最细微的环节，都经过仔细的审查和测试。这样，当项目真正进入执行阶段时，就不会剩下什么需要解决的问题了，这也正是好计划与糟糕的计划之间的基本区别。在糟糕的计划中，把问题、挑战和未知留待日后解决成了一种惯例，这就是悉尼歌剧院的建设陷入困境的原因。虽然乌松最终解决了问题，但是为时已晚。成本激增，施工进度落后于计划整整数年之久，乌松本人也遭到了排挤，名声扫地。更加糟糕的是，在许多项目中，问题始终都没有得到解决。

这样的失败案例在硅谷非常普遍，甚至有了专门的名称。在硅谷，人们把那种一再被公开吹捧但从未正式发布的软件称为“雾件”，这种情况发生的根本原因是开发人员不知道如何把炒作变成现实。雾件通常不是欺诈，或者至少在最开始时不是这样，因为当时的乐观情绪是有目共睹的，而且开发人员确实想完成软件。但是，如果超过了一定程度，就会变成欺诈。《华尔街日报》记者兼作家约翰·卡雷鲁（John Carreyrou）认为，这正是 Theranos 公司欺诈案成为硅谷历史上最严重的丑闻之一背后的深层原因。Theranos 公司是一家初创企业，它的创办人是非常有个人魅力的、年仅 19 岁的伊丽莎白·霍尔姆斯（Elizabeth Holmes），而且美国前国务卿乔治·舒尔茨（George Shultz）和亨利·基辛格（Henry Kissinger）都是该公司的董事会成员。因为声称开发出了一种非常引人注目的、全新的血液检测技术，这家公司在投资者那里筹集到了 13 亿美元。[22] 但那项技术是一个海市蜃楼，Theranos 公司在遭到欺诈指控并被起诉后，很快就倒闭了。[23]

第三，皮克斯动画工作室采用的迭代过程能够纠正一种基本的认知偏差，即心理学家所说的“解释性深度错觉”（illusion of explanatory depth）。

举例来说，你知道自行车是怎么工作的吗？大多数人都认为自己知道，但无法用一幅简单的图来说明自行车究竟是如何工作的。即便先帮他们画出大部分自行车组成部件，他们也做不到。对此，研究人员总结道：“人们以为自己能理解复杂现象，但是理解的精确度、连贯性和深度都与实际情况相差很远。”对于项目计划者来说，解释性深度错觉显然是非常危险的。不过，研究人员同时也发现，与其他偏差不同的是，解释性深度错觉有一个相对简单的解决方法。当人们试图对自己误以为理解的东西给出明确的解释时，这种错觉就会消失。因此，皮克斯动画工作室要求电影导演模拟影片的每一个情节，并准确地说明他们将会做些什么。影片的迭代过程迫使他们对一切都要给出明确的解释。因此，解释性深度错觉早在真正的电影制作过程开始之前就消失了，而制作过程才是解释性深度错觉会变得很危险并可能使人付出高昂代价的时候。[24]

这也就引出了**迭代过程有效的第四个原因，事实上，我在本书第 1 章中已经提到过了：相对来说，计划是便宜的，尽管从绝对数额上看不一定如此。**皮克斯动画工作室制作的模拟视频需要一位导演带领由剧作家和艺术家组成的小团队才能完成。让这样一个团队工作几年无疑意味着一笔数额巨大的开支。但是与用于影院放映的数字动画的制作成本相比，这笔开支仍然是微不足道的，哪怕是在需要反复制作模拟视频的情况下，也相对便宜。制作数字动画则需要数百名技术人员使用全世界最先进的技术，请电影明星配音，由著名作曲家创作配乐，成本自然更高。

这种成本差异非常重要，原因也很简单。在一个大型项目中，出一些问题是不可避免的，唯一的疑问是，问题会在什么时候出现？上述迭代过程极大地增加了问题出现在计划阶段的可能性，这一点有极其重大的意义。

如果在一部动画电影的第 5 个版本的模拟视频中发现了一个严重的问题，导致全部场景都不得不放弃并重新制作，那么损失的时间和金钱相对来说还是适度可控的。如果在电影制作过程中发现了同样的问题，那么就会造成可怕的损失，导致成本飙升和上映推迟，这是非常危险的，可能使整个项目陷入困境。

有无迭代过程的区别很明显，且这种区别适用于大多数项目。计划阶段能做的事情就应该在计划阶段做完，而且计划应该是基于经验的，通过缓慢而严格的迭代来制订的。当然，皮克斯动画工作室的成功不仅仅是这种非凡的开发流程的结果，但是毫无疑问，这个流程为皮克斯动画工作室取得好莱坞历史上罕见的成功做出了主要贡献。皮克斯动画工作室的电影不仅赢得了评论界的赞誉，获得了极高的票房收入，变成了文化试金石，而且更重要的是，皮克斯动画工作室是以前所未有的一致性做到这些的。当皮克斯动画工作室在 1995 年发行第一部故事动画片《玩具总动员》时，它还只是一个鲜为人知的后起之秀。仅仅 10 年后，娱乐巨头迪士尼公司就以相当于 2021 年的 97 亿美元的高价收购了这家企业。更能说明问题的是，迪士尼要求当时担任皮克斯动画工作室首席执行官的卡特穆尔同时掌管皮克斯动画工作室和迪士尼动画工作室，而后者也是一家具有传奇色彩的动画工作室，但长期在亏损的边缘苦苦挣扎。

事实证明，这是一个非常明智的举措，卡特穆尔一举扭转了迪士尼动画的颓势，同时延续了皮克斯动画工作室的一贯成功。卡特穆尔现在已经从皮克斯和迪士尼动画工作室退休了，在他退休之前，皮克斯动画工作室成功地完成了由他启动的 22 个项目中的 21 个，而迪士尼动画工作室则完成了 11 个项目中的 10 个。在好莱坞 100 多年的历史中，没有一家电影公司取得过如此高的成功率。

因此，皮克斯动画工作室的流程是一个极其高效的流程。

测试，测试，再测试

熟悉硅谷企业运行方式的人，可能从本书的第 1 章就开始酝酿反对意见了。作为美国的信息技术之都，硅谷可以说是人类有史以来最成功和最具影响力的商业中心，这里的企业家和风险资本家显然没有缓慢而细致地制订项目计划的习惯。事实上，他们往往从心底就鄙视“计划”和“制订计划”这两个词语。

在硅谷，创业公司的标准做法是，哪怕产品远非完美也要迅速发布产品，然后根据消费者的反馈继续进行开发。这就是企业家埃里克·里斯（Eric Ries）在 2011 年出版的同名著作中提出的非常著名的“精益创业”（lean startup）模式。[25] 乍听起来，“精益创业”似乎是还没有经过缓慢而精心的计划就急于启动项目，这正是我从本书第 1 页开始就大加谴责的导致项目失败的关键原因。有人据此认为，硅谷的成功似乎是对我强调的“慢思考，快行动”方法的否定。

事实恰恰相反，精益创业模式完全符合我的建议。只有当你过于狭隘地看待计划的本质时，上述矛盾才会出现。

在我看来，计划不仅是坐下来思考，更不是拘泥于规则的、繁文缛节式的、纸面上的规划，而是一个积极的过程。计划就是去做，去尝试一些事情，看看它们是否有效，然后根据你得到的经验，再去尝试一些其他事情。计划是项目进入全面建设阶段之前的迭代和学习，我们要通过仔细、严格、密集的测试制订一个计划，增加项目顺利实施和迅速推进的概率。

盖里为毕尔巴鄂古根海姆博物馆所做的，以及在那之后为他所有的项目所做的就是这样的计划。皮克斯动画工作室在拍摄每一部里程碑式的电影时，也都是这么做的。正如我们将在后面看到的，这也正是快速发展的风能和太阳能发电场试图在全球范围内超越化石燃料发电时所做的事情，这才是“精益创业”模式的核心。

里斯写道，创业公司在一个极度不确定的环境中运营，创业者在事前不可能知道他们开发出来的产品能不能得到消费者的青睐。他建议说：“我们必须了解消费者真正想要得到的是什么，而不是他们说的想要什么，或者我们认为他们应该想要什么。”而要做到这一点，唯一的方法就是进行试验，即开发出一个最小可行产品，[①]把它放在消费者面前，看看会发生什么，然后吸取教训，改进产品，再次发布，并重复这个过程。

里斯将这些归纳为构建阶段（building phase），即通过多次迭代逐步构建出最终产品。我则将之称为计划阶段，因为产品设计必须遵循“尝试，学习，再来一次”的原则。抛开表面上的语义区别不谈，唯一真正的区别就在于测试的方法。

如果不考虑如金钱、安全和时间之类的其他因素，那么理想的测试方法就是直接在现实世界中与真实存在的人一起做任何想做的事情，然后看

① 最小可行产品由埃里克·里斯提出，指以最低成本尽可能展现核心概念的产品策略。——编者注

看会发生什么。在阿波罗计划中，NASA 就是这样做的。为了测试到达月球和返回地球所需的每个步骤，NASA 执行了一系列单个任务：进入轨道，操控航天器移动到另一个航天器边上，对接等。NASA 的原则是，在完全掌握了一个步骤之后，才可以进入下一个步骤，只有在掌握了所有可以测试的步骤之后它才会将阿波罗 11 号送上月球。但是，NASA 采用的测试方法对于当今的大型项目来说几乎是不可能的，因为它实在太昂贵了。按 2021 年的物价计算，阿波罗计划总共耗费了大约 1 800 亿美元。[26] 而更加糟糕的是，这种测试方法可能是非常危险的，参与阿波罗计划的所有宇航员都非常清楚，自己是在拿生命冒险，而且确实有 3 名宇航员不幸牺牲。

最小可行产品模型的问题是，它非常接近于一个不太可能实现的理想状态，即在将产品发布到现实世界之前先进行足够多的测试，使产品达到最小可行标准，以保证可以获得有价值的反馈。但是，这最多在有限的项目范围内可行。你不可能先建好一座摩天大楼，看看人们喜欢不喜欢，然后把它拆掉再建另一座。你也不可能先让一架客机投入使用，看它是不是会坠毁。

正如卡雷鲁观察到的，Theranos 公司陷入困境的一个原因是，它采用了一种源于硅谷、通常应用于软件领域的测试模式。这种测试模式可以在软件开发中承受最初的故障和失败，在医学检验领域却做不到这一点。而且，即便那些以软件开发为主业的公司，“精益创业”模式也很容易失控，比如产品缺陷会导致企业声誉严重受损，包括会导致破坏性后果的产品故障、安全风险和侵犯隐私等，像剑桥数据分析公司（Cambridge Analytica）非法使用个人数据这样的丑闻，或发生像 Instagram 导致女性青少年对自我形象产生错误认知这样的事件，又或者出现了像 Facebook 和 Twitter 在 2021 年导致的极端人士袭击美国国会大厦这样的事件。在袭击事件中，Facebook“快速行动，打破陈规”（Move fast and break things）的公司信条就显得近乎不负责任了。因此，消费者和政策制定者表示反对是可以理解的，他们坚持要求硅谷各企业在产品正式发布之前，先搞清楚产品可能存在的问题并将其修复好。

从“最小可行产品”到“最大虚拟产品”

当最小可行产品方法不可能实施时，我们可以尝试“最大虚拟产品”（maximum virtual product），即制造一个超逼真的、细节极其精细的模型，就像盖里为毕尔巴鄂古根海姆博物馆和其他建筑制作的模型那样，就像皮克斯动画工作室在正式拍摄前为每一部动画片制作的模拟视频那样。

然而，制作最大虚拟产品需要使用各种必要的技术。如果无法获得各种技术，那么请尽力寻找不那么复杂的工具，有时甚至可以尝试一下简单、常见的技术。请记住，盖里是利用草图、积木和纸板模型，完成了毕尔巴鄂古根海姆博物馆和其他建筑的基本设计，所有这些材料在任何一家普通的幼儿园教室里都能找到。皮克斯动画工作室的模拟视频可能使用了比这更先进的技术，但是用作图软件绘图、录制声音并将它们合成为一个粗糙的视频，是一个 12 岁的孩子用一台手机就可以完成的事情。

事实上，各种各样的项目，如应对突发事件、开发产品、出版书籍、装修房屋等，只要你能想到的项目，都可以由业余爱好者在家里模拟、测试和迭代。缺乏技术手段并不是制订计划的真正障碍，将计划视为一种静态的、抽象的、繁文缛节式的活动，才是真正的障碍。一旦你完成了这一观念转变，将计划视为一个积极的反复迭代的尝试、学习和再尝试的过程，那么各种各样玩出新创意的方法，都会自动浮出水面，就像盖里和皮克斯动画工作室证明的那样。

这就是多克特对皮克斯动画工作室的计划流程始终保持清醒和谦逊的根本原因。皮克斯动画工作室在每个项目上投入的资金平均超过 1 亿美元，它拥有全世界第一流的员工和多种令人眼花缭乱的最新技术。但是多克特说，从本质上讲，皮克斯动画工作室的计划过程与你在地下室设计胡萝卜削皮器没有什么不同。“你有了一个想法，把它做成了一些东西，给一个朋友去尝试，你的朋友却割伤了他自己。‘好吧，把它还给我，我来改进它。好了，现在给你再试一下。’这样确实好多了！”[27]

尝试，学习，再来一次。无论什么类型的项目，无论其涉及什么技术，这都是制订能够顺利实施的计划最有效的途径。

做成大事的诀窍

HOW BIG THINGS GET DONE

痛点：乌松提交的悉尼歌剧院的草图非常出色，却“不过是一幅华丽的涂鸦”，建设阶段的实际问题没有得到解决，无数悬而未决的问题和棘手的意外情况随着施工的进行而浮出水面，导致项目陷入越来越深的工期延误和赤字泥潭。即使悉尼歌剧院本身是杰作，但它已然成为历史上最大的预算超支案例之一，也毁了乌松的职业生涯。

分析：我们并不擅长第一次就把事情做好，而是需要通过试验来获得经验，从失败中吸取教训，不断查漏补缺，才能把事情做好，或者从别人的经验中学习。乌松没有从实践中学习，也就谈不上通过试验积累经验，制订的糟糕的计划难免失败。

解决方案：尝试，学习，再来一次，这就是弗兰克·盖里和皮克斯动画工作室成功的原因。计划是项目进入全面建设阶段之前的迭代和学习，将计划视为一个积极的反复迭代的尝试、学习和再尝试的过程，我们就可以利用“最小可行产品”或者“最大虚拟产品”对即将实施的项目进行模拟。经过多次迭代和严格测试后，我们就可以发展出一个具有创造性的、严格的和详细的计划，或者说，一个可靠的能够顺利实施的计划。

HOW BIG THINGS GET DONE

第 5 章

你拥有多少经验

经验是无价之宝，但是由于某些原因，经验往往会被忽视，或者遭到误解并被边缘化。

在对比悉尼歌剧院和毕尔巴鄂古根海姆博物馆的计划和建造过程时，有一个小小的事实我没有提到：当他们赢得设计比赛，可以建造自己梦想中的建筑时，1918 年出生的乌松 38 岁，而 1929 年出生的盖里 62 岁。

在其他领域，这种年龄差异可能微不足道，但是在建筑领域，年龄差异非常重要。这是因为年龄反映了时间，而时间凝练了经验。这两位建筑师当然都胸怀大志、卓尔不群，但是他们在设计作品，特别是这件作品还将影响他们各自的生活且成为他们的遗产时，年龄差距告诉我们，他们的经验存在着巨大差距。

实际上，年龄差距还不能充分体现经验差距。乌松是丹麦人，在第二次世界大战期间从建筑学院毕业，当时丹麦还处于纳粹德国的铁蹄之下。由于在战争期间和战后一段时间都没有什么工作可做，所以乌松在设计悉尼歌剧院之前，还没有完成过多少特别值得关注的项目。

相比之下，盖里是在第二次世界大战之后日益繁荣的洛杉矶度过了他的早期职业生涯，在那里他承接了一系列虽然规模不太大但能施展勃勃雄心的项目。当他开始设计毕尔巴鄂古根海姆博物馆时，他的经验已经比大多数建筑师退休的时候还要丰富。这两位建筑师之间的经验差距，或者说经验鸿沟，是悉尼歌剧院在建造过程中惨遭挫折，而毕尔巴鄂古根海姆博物馆一帆风顺成为典范的另一个主要原因。

我们都知道，经验非常宝贵。在其他条件相同的情况下，有经验的木匠肯定比没有经验的木匠好。因此在大型项目的计划阶段和建设阶段，我们都应该尽可能充分地利用经验，例如雇用有经验的木匠。这一点似乎无须多说。

但是，我认为有必要大声而坚定地把这一点说出来，因为正如我们看到的，大型项目的计划与建设往往没有最大限度地利用经验。事实上，经验常常被严重地边缘化。当优先考虑其他因素时，这种情况就会发生，其中一个很大的因素就是政治因素，而要成为第一、最大、最高或其他什么"最"的野心是另一个影响较大的因素。

不过，我们之所以没有充分利用经验，更根本的原因在于，我们没有认识到经验对做出充分判断、改进项目计划和提高领导力的作用有多大。亚里士多德说，经验是"岁月的果实"，是他所说的"实践智慧"的来源。实践智慧能够让我们看清楚什么对我们有益并使之发生，因此亚里士多德认为它是最高的"理智德性"（intellectual virtue）。[1] 现代科学研究的结果已经表明，亚里士多德是完全正确的，我们应该更多、更好地利用这个古老的洞见。

我们所有人都忘掉经验

请回忆一下第 1 章中我父亲抱怨过的那个故事——丹麦政府将一份钻探海底隧道的合同签给了一家没有经验的承包商。后来的事实证明，我父亲是有先见之明的。而过于巧合的是，那家公司由丹麦人领导。世界各国的政治家都知道，将合同签给本国企业是结交有影响力的朋友的好门路，也是通过承诺增加就业来赢得民众支持的好方法，哪怕国内企业由于经验不足，业绩表现不如其他外国竞争对手。当这种情况发生时，应该说这种情况确实经常发生，那些负责人就把其他利益放在实现项目目标之前了。这种做法至少在经济上是可疑的，很多时候在道德上也是不可信的，甚至是非常危险的。糟糕的是，不是只有民选官员这样做，因为任何一个大型项目都会涉及大笔资金和巨大的个人利益。既然“谁得到什么”永远是政治的核心，那么，政治因素就会存在于每个大型项目中，无论是公共项目还是私人项目。

这个事实也有助于解释为什么加州高铁项目会演变成一团糟的局面。美国当时并不存在真正的高速铁路，这意味着美国本土公司没有多少建设经验。当加利福尼亚州政府开始认真考虑要不要建设高速铁路时，一些具有丰富经验的外国公司，尤其是法国国营铁路公司（SNCF）就在加利福尼亚州设立了办事处，希望获得独家合同，或者至少可以成为项目开发建设的主要合作伙伴。但是加利福尼亚州政府没有这么做，恰恰相反，他们雇用了大量没有什么高铁建设经验的承包商，其中大部分是美国承包商，并且让一些同样有很少或根本没有高铁建设经验的管理人员做监督工作。[2] 毫无疑问，这是一种极其糟糕的项目管理方式，但是普遍存在，只因为它在政治上是好的。

大项目成败面面观

HOW BIG THINGS GET DONE

加拿大的“国家政治”与购船成本的飙升

加拿大有一个类似的更加令人震惊的例子。有一次，加拿大政府决定购买两艘破冰船。尽管外国制造商在建造破冰船方面更有经验，但是加拿大政府没有从外国制造商那里购买，而是决定将合同交给本国的公司，这就是国家政治。而且，加拿大政府并不是只把合同交给了一家公司，如果那样的话，这家公司至少还可以在建造第一艘船的过程中获得经验，并从中学习，从而更顺利地交付第二艘船。加拿大政府分成了两份合同，把两艘船分别交给两家公司去建造。加拿大议会预算官伊夫·吉鲁（Yves Giroux）在一份报告中指出，分割合同“无法带来自然的学习和改进”，破冰船的成本也从预期的 26 亿加元飙升到了 72.5 亿加元。那么，为什么加拿大政府要这么做呢？原因很简单，第一家公司位于魁北克省的一处政治要地，第二家公司则位于不列颠哥伦比亚省的一处政治要地。拆分合同意味着 2 倍的政治回报，当然，代价是失败的经验和数十亿加元。[3]

慎当第一

一心想成为某个领域的“第一”是经验被边缘化的另一个原因，我在很多年前就目睹过这种过于盲目的野心带来的后果。丹麦法院管理局（Danish Court Administration）是丹麦城市法院、地区法院和最高法院的管理机构，它打算创建两个新的大型信息管理系统，其中一个系统将把该国所有的房地产记录数字化，另一个系统将使包括所有法律文件的管理在内的法院管理完全数字化。

我是负责做出决策的法院理事会的成员之一。[4] 当时，我研究大型项目已经有 10 年了，尽管我还没有研究过信息管理系统，但是这个计划让我很紧张，因为我们不知道在丹麦谁有过此类经验。如果说我的研究只证明了一个结论的话，那就是争当第一往往是危险的，所以我建议丹麦法院管理局派一个考察小组先去其他国家做些调查研究。如果别人已经做了同样的事情，我们就可以向他们学习；如果没有，我们可以先等一下。

后来发生的事情完全南辕北辙。这个小组在考察了几个国家之后，在理事会会议上提交了报告。其他人做过这样的事情吗？“没有！”报告者非常兴奋地回答道，“我们将成为全世界第一个！”我错了，我原以为理事会的同事们会把“争当第一”视为反对快速推进项目的有力理由，但是实际上，他们把这当成了向前冲刺的号角。当然，想要做以前从未有人做过的事情，这一愿望本身是令人钦佩的，但是它也可能会产生严重的问题。

这两个造价非常高昂的 IT 项目得到了批准，但很快就演变成了史诗般的灾难：完工期限一再推迟，预算严重超支，而且投入使用后，新系统漏洞百出，几乎无法正常运行。这个项目最后成了一桩政治丑闻，多年来一直占据着报纸的头版。好几名员工精神崩溃，不得不以病休的名义退出。

这一不幸事件的唯一好处是，第 2 个、第 3 个和第 4 个类似项目的管理者，也许可以从我们的经验中学到很多并做得更好。但是他们真的能做到吸取经验吗？很可能不能。许多类似的大型 IT 项目仍然步履维艰。这些项目的计划者之所以不重视我们的失败经验，是因为他们往往受困于一种行为偏差，即独特性偏差，或被称为唯一性偏差（uniqueness bias）。这就是说，他们往往倾向于将自己的项目视为独一无二的、史无前例的风险项目，能够从以前的项目中学到的东西极少，或者根本无法从以前的项目中学到任何东西。[5] 因此，他们通常不会去学习别人的失败经验。

上面所列举的例子都来自公共部门，所以，来自私人部门的人士也许会有不同的看法。他们可能会说，是的，经验是好的，成为第一个将管理记录数字化的法院系统没有任何好处，但开发出历史上从来没有出现过的产品并将它最早推向市场的企业，可以获得巨大优势，这就是著名的“先发优势”，[6] 而先发优势足以弥补无法从别人的经验中学习这一缺点。

但是，先发优势往往被过分夸大了。在一项具有划时代意义的研究中，研究人员比较了率先开拓市场的开拓者公司与跟随开拓者进入市场的追随者公司的命运。他们利用来自 50 个产品类别的 500 个品牌的数据，发现几乎一半的开拓者都失败了，而只有 8% 的追随者以失败告终。幸存下来的开拓者平均占有 10% 的市场份额，而追随者则平均占有 28% 的市场份额。研究人员指出，“早期的市场领导者获得了更显著的长期成功”，这确实说明尽早进入市场很重要，但是这些早期市场领导者不一定是市场开拓者，反而“平均比开拓者晚了 13 年才进入市场”。[7] 现如今，研究人员的共识是，在某些特定情况下，率先进入市场的确能带来优势，但它的代价就是无法从别人的经验中学习。最好是像苹果追随黑莓进军智能手机市场那样，做一个快速的追随者，并虚心向开拓者学习。[8]

最大，最高，最长，最快……

雄心壮志不仅能促使我们奋勇争先，还会驱使我们追求最大、最高、最长、最快……这种追求与争当第一的壮志同样危险，而且原因也类似。

以西雅图 99 号国道隧道为例。10 年前，西雅图政府宣布将在滨水地区挖一条隧道，以取代地面上的一条高速公路。任何现代隧道项目都不可能是有史以来第一个，因此有很多相关经验可以借鉴。但是西雅图政府决定，这条隧道将会是全世界同类隧道中最大的一条，它被设计为双层隧道，每层隧道都是双向两车道，有足够大的空间。政客们对此夸夸其谈，因为“最大”听起来和“第一”一样令人兴奋。是的，“最大”也能上新闻头条，而大多数政客都觉得上新闻头条对他们很有益。

但是，要钻出全世界最大的隧道，就需要全世界最大的隧道掘进机。根据定义，这样一台机器必定是以前从未制造出来和使用过的，将成为有史以来第一台。西雅图政府专门下了一个定制订单，这台隧道掘进机就按照规定设计、制造和交付了。这台机器耗资 8 000 万美元，是一台标准隧道掘进机价格的 2 倍多。在刚刚钻了约 300 米长的隧道后，这台掘进机就出毛病了，变成了全世界最大的“瓶子里的软木塞”。工人们把它从隧道中挖出来，修好，然后再重新开始施工，花费了两年时间，共耗资 1.43 亿美元。不用多说，西雅图这条新隧道的竣工时间严重超期了，同时也大大超出了预算。此外，悬而未决的诉讼可能会导致进一步预算超支。如果西雅图政府当初决定挖掘两条标准尺寸的隧道，那么就可以利用现成的隧道掘进机了，这种机器早就得到了广泛使用，因此更加可靠。同时，西雅图政府还可以雇用在操作这些机器方面更有经验的团队，但是那样的话，政客们就无法吹嘘这是一条最大的隧道了。

西雅图99号国道隧道出现这样的糟糕结果，除了各种常见的政治因素，还在于人们往往误以为，只有人有经验而技术没有，因而使用新技术不等同于雇用没有经验的木匠。这是一个很大的误区，事实上，使用新技术与雇用没有经验的木匠是一样的。

还记得我在第4章结束时引用的多克特的一段话吗？在解释皮克斯动画工作室的项目流程时，他举例说，他做了一个胡萝卜削皮器，一个朋友试了一下，结果割伤了自己。于是他改进了设计，朋友又试了一次。就这样，利用不断尝试和学习的迭代过程，他可以持续改进削皮器的设计。因此，胡萝卜削皮器本身就包含了经验，而且正是这些经验创造了它。多克特想要的是利用了最好的经验而改进得来的胡萝卜削皮器，就像他在皮克斯动画工作室拍摄的那些电影一样。

而且，在正式的设计过程结束之后，这种迭代过程也不会结束。如果多克特的胡萝卜削皮器成了热门产品，卖出了数百万个，并被几代厨师使用，而且设计从未改变过，因为它是如此“给力”，那么就可以说，所有后续的经验都包含在了这件物品上，成了对它的验证，这是最可靠的技术。

凝固的经验

德国著名哲学家弗里德里希·冯谢林（Friedrich von Schelling）把建筑称为“凝固的音乐”。[9] 这是一个非常可爱又令人印象深刻的词语，所以我要在这里借用一下，将技术称为“凝固的经验”。

如果我们以这种方式看待技术，那么很明显，在其他条件相同的情况下，项目计划者应该更喜欢经验丰富的技术，就像房屋建筑商更喜欢经验丰富的木匠一样。但遗憾的是，我们通常不会这样看待技术。很多时候，我们认为技术越新越好。更糟糕的是，我们对很多定制的东西也是这样看的，我们称赞它们是“独一无二的”、“全定制的”或“原创的”。如果决策者能够正确地认识经验并重视经验的价值，他们就会对一项新技术持谨慎的态度，因为它必定是一项缺乏经验的技术，而任何真正独一无二的东西都应该令人们敲响警钟。但是通常情况下，“新的”或“独特的”都会被视为卖点，而不是要避免的东西。在项目管理上，使用缺乏经验的新技术是一个巨大的错误。但是，很多计划者和决策者一直在犯这个错误，这是很多项目表现不佳的一个主要原因。

奥运大崩盘，集万千错误于一身

奥运会堪称集前文所述的所有错误于一身。自 1960 年以来，举办奥运会的总成本一直在急剧增长，目前已经达到了数百亿美元。包括每 4 年举办一次的残奥会在内，奥运会的比赛一般要进行 6 个星期，而自 1960 年以来的每一届奥运会，无论是夏季奥运会还是冬季奥运会，全都超出了预算，实际成本的平均超支率达到了 157%。在我们团队研究过的 20 多类项目中，平均成本超支率比奥运会更高的只有核废料储存项目。更可怕的是，超支现象遵循幂律分布，这就意味着真正极端的超支现象出乎意料地普遍。目前，奥运会超支纪录的保持者是 1976 年的蒙特利尔奥运会，成本超支率达到了 720%。相信没有人想成为这项纪录的保持者，但既然超支现象遵循幂律分布，那么某座不幸的城市成为新的奥运会超支冠军应该只是时间问题。[10]

奥运会预算超支的纪录实在太糟糕了，造成这一状况的原因有很多，但是大部分都可以归结为奥运会举办方对经验的过分边缘化。

奥运会没有一个永久主办国；相反，国际奥委会呼吁全球的城市都来申办奥运会。是的，国际奥委会更喜欢将奥运会从一个地区转移到另一个地区，从一个大陆转移到另一个大陆，因为这是推广奥林匹克品牌的极好方式，符合国际奥委会自身的利益，也就是说，这是极好的政治手段。但这也意味着，当一座城市及其所在国家赢得了奥运会举办权时，这座城市和国家很可能都没有任何举办奥运会的经验。或者，即便它们以前举办过奥运会，那通常也是很久以前的事情了，负责这项工作的人很有可能已经退休或去世了。例如，伦敦举办过两届奥运会，间隔时间为 64 年；东京举办过两届奥运会，间隔时间为 57 年；洛杉矶将在 2028 年再次举办奥运会，与上一次的间隔时间为 44 年。当然，还有一个解决方案，奥运会主办城市可以雇用 4 年前或 8 年前从事这项工作的人和企业，这在一定程度上是可行的。但举办奥运会的费用特别高昂，当地政府只有通过向当地人承诺利润丰厚的报酬和相当数量的就业机会，才能赢得人们对申办奥运会的支持。出于上述原因，无论是由当地人还是专业的奥运会"游牧民"来完成这些工作，主办国都没有领导这样一支队伍的经验。

因此，即便奥运会每 4 年举办一次，主办者的表现也不可能呈现为一条经验驱动的正向学习曲线。奥运会永远是由初学者来策划和举办的，我把这个严重的缺陷称为"永远的初学者综合征"（Eternal Beginner Syndrome）。[11]

对国家荣誉和金牌的追求是奥运会主办方无视经验的另一个诱因。奥运会的口号是“更快、更高、更强”，主办城市也都希望在体育设施建设上达到自己的极致。通常，他们不愿意使用现有的设计，也不想重复其他地方的、已被经验证明的、有效的设计，而是去寻求建造第一个、最大、最高、最不寻常、最美丽、最独特的体育设施。这些病态追求都可以在奥运会超支纪录保持者——1976 年蒙特利尔奥运会上看到。2013 年，一份由工程师撰写的案例研究指出，在蒙特利尔奥运会设施的设计中，“所有体育场馆的建筑结构都是极其花哨的、现代的、复杂的……至于主体育场，那就更不用说了”。[12]

大项目成败面面观

HOW BIG THINGS GET DONE

蒙特利尔奥运会的失败

蒙特利尔奥运会主体育场的建筑师是罗歇 · 塔伊贝尔（Roger Taillibert），他是当时的蒙特利尔市市长达坡个人最喜欢的建筑师。塔伊贝尔设想的主体育场是顶棚上有一个大洞的翻盖式建筑，建筑的上面有一座倾斜的高塔，用 10 根巨大的钢缆把高塔与体育场连接起来，并控制一个可伸缩的顶棚在洞的上方升降。以前从来没有人做过这样的事情，而这似乎就是最让达坡和塔伊贝尔兴奋的一点，尽管这样的事情本来应该为他们敲响警钟。

塔伊贝尔的计划几乎没有考虑过实用性。“主体育场的设计完全没有考虑到施工中的可操作性，也没有为内部放置脚手架留下空间。”工程师在案例研究中这样写道。这种设计让建

> 筑工人们别无选择，只能任由几十台起重机密集地挤成一团，除相互干扰之外什么也做不了。[13]
>
> 由于成本激增，建造进度远远落后于计划，魁北克政府炒了达坡和塔伊贝尔的鱿鱼，然后砸了更多的钱，勉强让奥运会如期开幕了。但是，体育场仍然没有屋顶，本该成为焦点的倾斜高塔则依然只是一个丑陋的桩基。[14]

奥运会结束后，工程师们意识到这座倾斜的高塔肯定无法按照塔伊贝尔的计划建成了，而成本还在不断飙升。终于，有人提出了另一种设计方案，然后又过了10年，主体育场终于被安装上了屋顶。但麻烦还没有结束，随之而来的是一连串的事故、故障、维修、更换，以及成本的进一步飙升。当塔伊贝尔于2019年去世时，《蒙特利尔公报》(*Montreal Gazette*) 刊登的讣告一开始就言辞激烈地指出，蒙特利尔奥林匹克体育场耗资巨大，魁北克省花了30年才还清了欠债。“而且，40多年过去了，主体育场仍然被一个完全坏掉的屋顶所困扰。”[15]

在奥运会举办前的几年里，这座体育场曾经因为它的形状而被称为“大O”(the big O)，但是很快就变成了“大欠”(the big Owe)。从这个意义上说，我们应该把蒙特利尔奥林匹克体育场视为现代奥运会的非官方吉祥物，但是它绝非个例。只要在互联网上搜索“废弃的奥运场馆”，我们马上会发现更多类似的东西，或者还要更糟，而它们都是奥运会愚蠢行为的“纪念碑”。

帝国大厦：充分利用经验

与“大欠”的蒙特利尔奥林匹克体育场截然相反的是帝国大厦。

正如我在本书开头描述过的，帝国大厦这座传奇的建筑是以令人惊叹的、极快的速度完工的。它的成功，在很大程度上要归功于建筑师威廉·兰姆，因为他倾尽全力制订了计划，并对计划进行了全面、细致的测试，从而保证了这座建筑的顺利施工和迅速建成交付。但另一个原因也非常重要，那就是兰姆坚持帝国大厦必须使用现有的、已经经过验证的技术，“以避免刚出现的新方法带来的不确定性”。[16] 兰姆要求尽可能避免手工操作，而使用设计好的部件，“这样它们就可以以近乎完美的精度大批量地生产出来，然后它们被运到建筑工地上，像装配线上的汽车零部件一样被组装起来”。[17] 兰姆尽量减少了多样性和复杂性，包括地板设计也尽可能全部保持相同的样式，因此，施工人员可以通过重复工作来学习和总结经验。换句话说，工人们建造的不是一栋 102 层的大楼，而是 102 栋只有一层的建筑。因此，整个项目能够加快工人们的学习曲线，施工的速度当然也就可以大幅提升了。[18]

不过，如果帝国大厦这个项目交给一些新手来承建，那么兰姆的计划就有可能无法实现。幸运的是，建造这座巨型建筑的总承包商是斯塔雷特兄弟 & 伊肯公司（Starrett Brothers and Eken），正如历史学家卡罗尔·威利斯（Carol Willis）所说：“这是一家在摩天大楼建造方面向来以高效和快速著称的公司。”[19]

还有一点也很重要：兰姆并不是第一次设计这类建筑。兰姆于 1927 年设计的雷诺兹大厦位于北卡罗来纳州的温斯顿-塞勒姆，它曾经是雷诺兹烟草公司（R. J. Reynolds Tobacco Company）的总部，采用了优雅的装饰艺术设计风格，看起来非常像一座更小、更矮一些的帝国大厦。雷诺兹大厦在1929年开业，也就是帝国大厦开始建造的前一年，而且获得了当年美国国家建筑协会的年度建筑奖。[20]因此，在设计和建造帝国大厦的过程中，兰姆已经拥有了一名建筑师所能期望的最好的经验，从而能够让自己的项目比先前的项目更成功。

帝国大厦的核心设计元素已经在一个更早的项目中使用过了，这一事实会不会削弱它的价值？帝国大厦的设计会不会过于简单？我不能理解为什么会有人提出这样的疑问。帝国大厦无疑是一座标志性的建筑，它甚至在没有过度冒险的情况下就获得了人们梦寐以求的“世界最高”称号。

任何一个想要完成大型项目的人肯定都希望自己的项目能够像帝国大厦这样成功。最大限度地利用经验，无疑是增加成功机会的好方法。

我们知道的比我们能说清楚的多

想要项目获得成功，与“凝固的经验”同样重要的还有“未凝固的经验”，即凝结在人身上的经验。这是因为经验是让像盖里和多克特这样最好的项目领导者脱颖而出的关键。对于一个大型项目来说，无论是在计划阶段还是在建设阶段，都不可能还有比一名经验丰富的领导者和一支经验丰富的团队更好的资产了。

那么，经验到底是怎样帮助人们更好地完成自己的工作的？你很可能会听到这样一个答案：有经验的人知道得更多。在大多数情况下，这是对的，正如使用工具的人知道如何使用工具，因为他们拥有诸如“在工具启动之前必须关闭安全锁”之类的知识。

当然，你不一定需要实际经验才能获得相关的知识。别人可以直接告诉你，或者你可以在手册上找到相关知识，也就是通常所说的“显性知识”（explicit knowledge）。但正如科学家、哲学家迈克尔·波兰尼（Michael Polanyi）所阐明的，我们能够拥有和使用的最有价值的知识，很多都不是显性知识，而是他所称的“隐性知识”或“默会知识”（tacit knowledge）。我们可以感觉到隐性知识，但当我们试图用语言表达隐性知识时，却发现语言永远无法完全表达它们，这就是波兰尼当年所写的：“我们知道的比我们能说清楚的多。”[21]

在教孩子学自行车的时候，成年人通常会把自己认为的关于如何骑自行车的知识完整地告诉孩子。例如：“把你的左脚放到踏板上，蹬下去，然后再用右脚压下另一个踏板。”但是孩子在第一次尝试时一般都会摔倒。这是因为这些知识并不完整，而且，也不可能是完整的。成年人所知道的关于如何骑自行车的知识，例如如何在转弯时以一定的速度保持平衡等，大部分都是成年人自己感觉到的知识，不管用了多少词语，都无法完全用语言表达出来。所以，尽管这样的指导可能很有帮助，但是想要让孩子学会骑自行车，唯一的方法就是让他们去尝试，失败了就再尝试。这也就是说，孩子需要自己去积累经验，去获得隐性知识。

这个道理在骑自行车或打高尔夫球等体育活动中无疑是显而易见的，但是它其实适用于更多领域。事实上，波兰尼本人就是在探索科学家应该如何进行科学研究的过程中提出隐性知识这个概念的。

像盖里和多克特这样经验丰富的项目领导者，对自己监督的各个大型项目的许多方面都了如指掌，这大大提高了他们的判断力。在很多情况下，他们会觉得有些地方不太对劲，或者可能还有更好的办法，但是说不清原因。大量研究表明，在适当的条件下，这些专家的直觉是高度可靠的，而且，甚至可能是惊人的准确。例如，在一个著名的鉴宝故事中，鉴宝专家们在刚刚看到一尊所谓的古希腊雕像时，就立即非常准确地感觉到那是一个骗局，尽管这尊雕像已经通过了各种各样的科学测试，而且这些专家也说不出为什么他们会有这样的感觉。[22]这就是通常所说的“熟练的直觉”（skilled intuition），而不是那种不可靠的普通直觉。**熟练的直觉是一种强大的工具，但是只有在自己的专业领域有长期工作经验的真正的专家才可能有这样的直觉。**[23]

当一个经验丰富的项目领导人采用一种高度迭代的方法制订计划，即使用“皮克斯迭代法”时，好的事情往往就会发生。多克特说，在撰写剧本或构思画面的时候，“我只是全身心地投入进去，完全凭直觉去做会让我感觉更准确、更有兴趣，我的故事也会更加真实可信”。而且，多克特随后会将他的直觉判断付诸实践，将他的剧本和画面制作成模拟视频，并观察观众的反应。他会分析哪些内容是有效的，哪些内容是无效的，并在此基础上进行调整。然后，通过一遍又一遍地从上一个模拟视频迭代到下一个模拟视频，多克特就可以从直觉判断和仔细思考中获得最大的收获。

而且，基于丰富的经验进行判断，其价值并不局限于计划阶段。当乌松在悉尼歌剧院设计比赛中胜出之后，他就陷入了一个复杂而艰难的政治情境当中，远离了他熟悉的专业领域。由于极度缺乏在政治环境中推进项目的相关经验，乌松等于是一个闯入危险密林的婴儿，然后很快，恶狼就抓住了他。

相比之下，盖里很早以来就一直在大型项目的经验阶梯上奋勇攀登，他在大型项目的政治生态中所接受的教育也在不断升级。在设计毕尔巴鄂古根海姆博物馆之前，盖里最大的经验教训来自洛杉矶的华特・迪士尼音乐厅（Walt Disney Concert Hall），那也是他当时遇到的最大、最艰难的一个委托项目。就像悉尼歌剧院一样，迪士尼音乐厅是在一个艰难的政治环境中构想出来的，有权有势的人物和相互对立的观点导致了与项目伴随始终的无数冲突。迪士尼音乐厅的启动非常仓促，而建设过程则一再拖延，同时成本超支就像掉入了无底洞一样。[24] 盖里的声誉也受到了严重影响，一如当年的乌松。如果没有支持者的有力干预，盖里最终可能会落得与乌松一样的命运。最初，迪士尼家族捐赠的 5 000 万美元让这个项目得以启动；在盖里的批评者试图将他从项目中排挤出去时，他们又给了盖里强大的支持，因为他们继续资助这个项目的条件就是必须让盖里继续担任建筑师。当然，最后完工时，这座音乐厅简直成了一个建筑奇迹。但是它的进度已经延误了，而且严重超支，让盖里惊出了一身冷汗。

尽管这段经历很残酷，但是设计和建造迪士尼音乐厅的过程给了盖里很多经验，他在建造毕尔巴鄂古根海姆博物馆时充分利用了这些经验，并且在此后的项目中，他也一直谨记于心。谁拥有权力，谁没有权力？会对项目产生影响的相关利益方和议程有哪些？如何让你需要的人参与进来，并保证他们会留下来？如何保持对设计的控制权？一个项目能否成功，这些问题与美学、工程学一样重要。然而，这些问题的答案在课堂上学不到，在课本上读不到，因为它们不是简单的事实，无法完全用语言表达出来。它们需要人们像孩子学习骑自行车一样去学习：尝试、失败，再次尝试。盖里正是这么做的，但是乌松没有。盖里积累了大量经验，乌松却没有这种机会。

早在 2 300 多年前，亚里士多德就讨论过这些了。在谈到智慧的本质时，亚里士多德并没有轻视我们可以从课堂和课本上获得的知识。他说，这些都是必要的；但是他强调，实践智慧，即那种能让人知道什么是正确的并使之发生的智慧，需要的不仅仅是显性知识，还需要通过长期经验积累才能获得的隐性知识。亚里士多德的观点得到了波兰尼的支持，也得到了大量的心理学研究的支持。如前所述，亚里士多德把实践智慧视为一种比其他任何美德都要高的美德，“因为只要拥有了实践智慧这种美德，就能够拥有所有相关的美德”，这是他一贯强调的。[25]

简言之，如果你拥有了实践智慧，你也就拥有了一切美德，因此，一名实践经验丰富的项目领导者是一个项目所拥有的最大资产。如果你要完成一个项目，请马上雇用一名这样的领导者。

回到“通过试验积累经验”原则

现在再回头看看我在第 4 章开头强调的东西：在制订项目计划的时候，一定要记住一个拉丁单词 experiri，它是 experiment 和 experience 这两个英语单词的共同词源。在可能的情况下，计划都应该最大限度地充分利用经验，包括凝固的经验和未凝固的经验。

大多数大型项目都不是有史以来第一个、最高、最大或在其他某个方面最引人注目的项目，通常只是一些相对普通的项目，如建设高速公路和铁路、建造办公楼、开发软件和硬件、制作电视节目、建设基础设施、建造房屋、开发产品、拍摄电影、举办活动、出版书籍或装修房屋等。人们并不期望它们成为伟大的文化地标和珍贵遗产，通常也不会要求它们是非常有创意的或者完全与众不同的。但是人们确实希望它们是优秀的，希望它们可以在预定的时间内完工，不超出预算，并且能够发挥它们应该发挥的作用。人们希望把项目做好，让它们可靠地、长期地带来收益。要想完成这样的项目，经验会有很大的帮助。如果有一种设计方案或者一种系统、流程或技术，以前已经成功交付过很多次了，那么就直接使用它，或者进行适当的调整，或者将它与类似的经过验证的设计搭配使用。请使用现成的技术，雇用有经验的人，依靠可靠的人。如果可以避免，就不要去赌运气，不要去做第一个，从你的词汇表中删掉“定制”和“量身定做”这两个词。如果你能负担得起，定制和量身定做是你请意大利裁缝做衣服的理想选择，但不是大型项目的好选择。

同样地，只要有可能，请使用高度迭代的皮克斯迭代法来最大限度地进行试验、试错。无论测试的相关机制是什么，从简单的试错到草图、木头和纸板模型、粗糙的模拟视频、最小可行产品和最大虚拟产品，请对从大思路到小细节的所有东西都进行测试。利用良好的测试机制，我们可以让失败变得相对安全，然后在此基础上大胆承担可预测的风险并尝试新想法。但是一定要认识到，一件事越无法证明，就越需要测试。

当发现某个事物有用时，就保留它，如果没有用，就抛弃它。尝试、学习，然后再尝试、学习，一次又一次，让计划不断演变。

对于那些极其罕见的大型项目，比如说寻找气候危机的解决方案、把人类送上火星或者永久性储存核废料等，测试就更加重要了，因为这类项目意味着必须做许多以前从未做过的事情，而这是这类项目的核心特点。人们对于这类项目从一开始就严重缺乏经验。为了按期、按预算实现项目愿景，人们就必须通过坚持不懈地应用“通过试验积累经验”的原则，让经验赤字变成经验盈余。

正如我在前面强调过的，一个好的计划必定能够最大限度地利用经验或进行试验，而一个伟大的计划必定两者兼备。那么最好的计划又是什么样的？它应该是一个能够将经验和试验都最大化利用的计划，由拥有实践智慧的项目负责人和团队负责起草并执行。

但是，即便有了这些，你仍然需要回答所有项目中最棘手的两个问题：成本是多少？需要多长时间？即便是由优秀的领导者和团队完成得极好的计划，如果对成本和时间的预测不准确，也可能会使之前的努力付之东流。而且，由于普遍存在的认知偏差，人们在这两方面的预测通常都是不准确的。

下面，就让我们来讨论一种认知偏差，以及了解如何克服它。

做成大事的诀窍

HOW BIG THINGS GET DONE

痛点：其他人做过这样的事情吗？没有！我们将成为全世界第一个！“争当第一”成了向前冲刺的号角。于是，造价非常高昂的 IT 项目得到了批准，但很快就演变成了史诗般的灾难，完工期限一再推迟，预算严重超支，而且投入使用后，新系统漏洞百出，几乎无法正常运行。

分析：大型项目的计划与建设往往没有最大限度地利用经验，事实上，经验常常被严重边缘化。究其原因，一方面是政治因素被优先考虑，另一方面是要成为第一、最大、最高或其他什么“最”的野心，让项目计划者受困于“唯一性偏差”。

解决方案：凝结在技术上的“凝固的经验”和凝结在人身上的“未凝固的经验”同样重要，正确地认识并最大限度地利用经验，是增加项目成功机会的好方法。如果有一种设计方案或者一种系统、过程或技术，以前已经成功地交付过很多次了，那么就直接使用它，或者进行适当的调整，或者将它与类似的、经过验证的设计搭配使用。请使用现成的技术、雇用有经验的人以及依靠可靠的人，慎当第一个，慎用新技术，慎用初学者。

HOW
BIG
THINGS
GET
DONE

第 6 章

你真认为你的项目是独一无二的吗

认识到你的项目只是“其中之一”，是
正确预测和管理风险的关键。

2010 年，正当中国台湾地区启动了一个又一个规模巨大的基础设施项目之际，中国香港立法会也批准了一个雄心勃勃的大型项目：国内首座全地下高速铁路系统。这个项目的正式名称是“广深港高铁香港段”（XRL）项目，其中包括一座全世界规模最大的地下高铁站，它深达 4 层，要炸开香港中心区域的地下基岩才能开建。按计划建成后，这条长达 26 千米的高速铁路将使香港和内地城市广州之间的旅行时间缩短一半，从而进一步将世界上最重要的港口和金融中心之一的香港与包括珠江三角洲在内的世界上最大的城市群紧密结合起来。

广深港高铁香港段是由香港铁路有限公司（MTR，以下简称港铁公司）负责建造的，这家公司也负责运营香港庞大的铁路网络。港铁公司在过往的日常运营和交付大型项目方面都有非常出色的表现，但在广深港高铁香港段项目上很快就遇到了大麻烦。项目于 2010 年开始施工，原本计划于 2015 年完工，但是到了 2015 年，工作量只完成了不到一半，而预算却花了一半以上。一条正在施工的隧道被水淹没了，隧道内还有一台昂贵的隧道掘进机，项目进展真是一团糟。

当港铁公司的首席执行官和项目总监因广深港高铁香港段项目延误而不得不辞职时，这个项目就接近崩溃了。也正是在那个时候，我接到了港铁公司的电话，邀请我前往香港助他们一臂之力。

在港铁公司33楼的会议室里，我和我的团队与他们的董事会成员坐下来一起讨论项目进展。[1] 那里可以俯瞰香港的摩天大楼和海港，景色很好，但是气氛很紧张：我们还有机会把这一大团乱麻厘清吗？

我让董事会放心，因为我见过比这还要糟糕的情况，但是确实没有再犯错的余地了。董事会对香港特别行政区政府提出过警告，项目还需要更多的资金和时间，现在，董事会又得回去解释到底还需要多少钱。我们必须确保绝对不会再有第三次了，而这就意味着要为项目接下来的工作制订精确的时间表和预算，并一丝不苟地执行，每个人都同意这一点。

但是，真要做到这一点，我们首先需要了解当前的混乱是如何产生的。所以我们像往常一样先对这个项目做了“全面体检”。当然，这个过程不可能是赏心悦目的。

当我们问港铁公司，到底是哪些方面出了什么问题时，我们得到了一张常见的“病例单”：社区抗议导致项目动工时间推迟了，巨型隧道掘进机出了问题，劳动力短缺，隧道掘进过程中遇到了意想不到的状况，建筑工地被水淹没了，各种解决问题的措施一直未能见效，管理层发现自己对很多情况都不了解，等等。所有这些状况加在一起，造成了一连串的延误，延误之后追赶进度又以失败告终，因此紧接着的又是更多的延误、更多的追赶和更多的失败。员工士气变得非常低落，又进一步拖累了业绩，情况不断恶化。

虽然具体细节有所不同，但是从总体上说，我对这种冗长的诉苦早就非常熟悉了。原因到底是什么？是计划太糟糕吗？还是实施太不得力呢？我们应该责怪管理者、员工，还是两者都有责任？为什么这家以前表现很成功的公司在这个特定的项目上却如此糟糕？

当项目建设遇到了挫折时，想要找出失败原因，人们往往只集中考虑项目建设阶段的问题。虽然可以理解，但这是一种错误的做法，因为项目建设失败的根本原因往往出现在建设阶段之外，通常可能出现在计划阶段，甚至可能出现在建设阶段开始之前很久。

港铁公司怎么知道项目建设失败了？因为他们发现工期延误了，预算超支了。但是，延误和超支都是根据港铁公司对项目各个阶段的预计工期和预期成本来衡量的，如果计划阶段的这些预测从一开始就是不现实的，那么无论团队做什么，他们都不可能成功。如果那样的话，项目还没开始建设就注定会失败了。这一点本来应该是显而易见的，但是在项目出了问题之后，当人们变得绝望时，往往会忽视这个显而易见的事实。人们可能会想当然地认为，既然项目是在建设阶段失败的，那么问题就一定出在建设阶段，实际上问题出在计划阶段的预测上。

完成一个项目需要多长时间？需要多少钱？准确的预测对任何项目而言都至关重要。在本章中，**我将解释如何运用一种虽然简单但适用性极强的预测技巧，来对项目的工期和成本做出准确的预测。**然而，即便对项目有了准确的预测，人们也无法应对极端罕见的灾难性事件，比如说香港遭遇的洪水。针对这类“黑天鹅事件”，人们需要的是降低风险，而不是准确预测。在本章中，我将告诉大家怎样做才能降低这类风险，这样，我们就能让广深港高铁香港段项目重回正轨。这项工作要从一个简单的问题开始："你们是如何做出预测的？"

这些只是估计，笨蛋！

我们在本书第 3 章中谈到过广受赞誉的传记作家罗伯特·卡罗，他在开始写一本新书之前，总是会花很多时间和精力先填好右边的方框。但是许多人不知道的是，在写出那些为他赢得了普利策奖的传记之前，卡罗已经在长岛的《新闻日报》(*Newsday*)报社当了 6 年的调查记者了。他曾为罗伯特·摩西（Robent Moses）支持的桥梁提案写过一组系列故事，在此之后，卡罗开始意识到摩西是一个非常伟大的人物，并决定为他撰写传记。卡罗很清楚，这是一个雄心勃勃的项目。40 多年来，摩西一直在塑造着纽约，他建造的大型项目比历史上任何人都要多。摩西的另一个特点是，他行事隐秘，喜欢远离公众视野。尽管如此，卡罗还是非常有信心，他认为自己应该可以在 9 个月内完成全书，就算有所推迟，他也确信自己能在 1 年的时间内完成全书。[2]

这个预测对卡罗的家庭来说确实至关重要。当时，卡罗和妻子艾娜要养育一个年幼的儿子，而他们没有什么积蓄。这本书的预付款只有 2 500 美元，倘若这个项目拖延，他是承担不起后果的。

但是，这本书确实拖延了很久。1 年过去了，卡罗没有完稿；2 年后，还是没有；3 年了，仍然没有。"年复一年，我一直没有完成写作，我终于确信自己已经陷入了困境。"卡罗在几十年后这样回忆道。在与他人来往的过程中，人们不可避免地会问他写这本书多长时间了。“当我说已经写了 3 年、4 年或 5 年的时候，他们都会露出不可置信的表情，不过很快就会加以掩饰，但是又无法快到让我看不出来他们在掩饰，我开始害怕有人提出这个问题。”[3]

“我眼睁睁地看着我们的积蓄用光了。为了维持生计，我们卖掉了房子，但卖房子的钱很快也花光了。”卡罗和妻子继续挣扎着，想方设法苦苦坚持了下来。[4]卡罗最终花了整整 7 年的时间才完成这本书。但是幸运女神眷顾了他，这个似乎注定要成为悲剧的故事是以胜利告终的。《权力掮客：罗伯特 · 摩西与纽约的衰落》（*The Power Broker-Robert Moses and the Fall of New York*）一书最终在 1974 年正式出版，很快就获得了普利策奖，并出人意料地成了一本畅销书，直到今天还在不断重印。不仅如此，它还是公认的迄今为止最伟大的剖析政治权力的著作之一。

不过，就我们写本书的目的而言，重要的是理解为什么卡罗的预期完稿时间与实际完成时间之间存在着如此巨大、如此危险的差距。人们提出了两种可能的解释。

有人把责任归咎于卡罗本人的工作效率。根据这种解释，当初对完稿所需时间的预测是合理的。如果由更有经验的人来写的话，这本书只需要 1 年或更短的时间就能完成，但是卡罗把调查研究和写作搞得一团糟，结果花费的时间相当于必要时间的 7 倍。多年来，卡罗本人一直怀疑情况就是这样，但是他不知道自己究竟做错了什么，这种想法一度令他深感挫败。

另一种可能的解释是，卡罗当初对工作进度的预测本身就是错的，他严重低估了写完传记需要花费的时间，因为没有人能在 1 年之内完成他想要写出的这样一本传记。当这个项目进行了5年之后，那时这本书看起来似乎永远也不可能写完了，卡罗后来发现，这才是正确的解释。

卡罗的发现是偶然的。在了解到纽约公共图书馆可以为入选作家提供一间专门的办公室用于写作之后，卡罗提出了申请，并获得了一个名额。那是他第一次置身于一群作家中间，而且其中有两位作家碰巧也是历史传记作者。卡罗很喜欢他们写的传记，并将其作为自己的写作模板。卡罗做了自我介绍，与他们聊了起来。不可避免地，他们向卡罗提出了一个他已经开始害怕的问题："你写这本书多长时间了？"他不情愿地回答道："已经5年了。"但是，那两位作家并没有觉得震惊。事实上，他们甚至根本不觉得这个时间很长。"哦，那不算很久，"其中一位作家说道，"我现在写的有关华盛顿的传记已经花了9年时间了。"另一位作家则说，他写的关于埃莉诺和富兰克林·罗斯福的传记作品花了7年时间才完稿。卡罗闻言欣喜若狂："短短几句话，这两位作家就把我5年来的疑虑一扫而空了，他们是我的偶像。"[5]所以，应该受到责备的不是卡罗的工作，而是他对写作进度的错误预测。

那么，卡罗当初是如何说服自己，一本需要7年时间才能写完的书他肯定可以在1年之内完成的呢？作为一名调查记者，他习惯于花一两个星期的时间进行调查并写出一篇报道，按照新闻编辑部的标准来说，用1年的时间写出一本传记是相当充裕的。他可能会花3个星期的时间写一篇特别长的文章或一组系列文章，总的字数大体上相当于一本书的一章，而一本书可能有12章。所以卡罗对进度的预测很简单，一章3个星期，12章就是36个星期，即9个月。在最开始的时候，他并不清楚这本书会有多少章，但是他以为，即便有17章，这本书仍然可以在不到1年的时间内完成。对一名报社记者来说，把整整 1 年的时间花在一篇文章上几乎是难以想象的，这也难怪卡罗当初会如此自信了。

在心理学中，研究人员把卡罗用来做出预测的心理过程称为“锚定和调整”。[6] 你的预测是从某个参照点开始的，在卡罗的例子中，全书 12 章，每章需要 3 个星期，共 36 个星期，这就是“锚”。然后在锚的基础上，你再根据具体情况上下浮动，使这个数字显得更合理一些，对卡罗来说，浮动后的结果为 1 年，这就是“调整”。卡罗后来说过，自己的想法“是天真的，但是也许很自然”。他的总结完全正确，因为大量研究表明，锚定和调整，尤其是以自己的直接经验为锚是一种非常自然的思考方式。也许，当处在类似于卡罗的位置上时，大多数人都会根据自己的经验，以同样的方式做出预测，并得出类似的结果，这种可能性确实非常大。

但是，基于锚定和调整做出的预测也可能带来麻烦。正如心理学家通过无数实验所证明的，以这种方式做出的最终预测都会偏向于锚，所以基于较低的锚定点得到的预测可能比高锚定点的要低得多。而这就意味着，锚的选择至关重要：用对了锚，做出正确预测的机会就会大大增加；反之预测就会很不准确。

事实上，我们经常把锚固定在错误的位置上。卡尼曼和特沃斯基在 1974 年的一篇著名论文中率先研究了这一现象，其中包括在心理学史上非常著名的一个实验。他们制作了一个幸运转盘，转盘上面标示出了从 1 到 100 的数字。他们站在被试面前，转动转盘，再等待转盘停在某个数字上。然后，他们要求被试预测一下联合国成员国中非洲国家所占的百分比是多少。尽管幸运转盘选中的数字明显与这个问题的答案不相关，却对被试的最终预测结果产生了很大的影响。例如，当幸运转盘停在数字 10 上时，被试猜测的中值是 25%；当它停在数字 65 上时，被试猜测的中值则为 45%。而当年进行这个实验时，正确答案为 29%。[7] 一系列后续研究表明，人们在做出预测的时候，会锚定他们在预测之前碰巧接触到的任何数字。营销人员也经常利用这种倾向。你走进一家杂货店，看到了一个牌子，上面写着“每位顾客限购 6 件”，这个牌子很有可能会让你关注到数字 6，从而使数字 6 成为你决定购买多少件商品时的锚。

从这个角度来看，卡罗的思考过程似乎并没有什么不同寻常之处。说到底，卡罗只是错误地使用了自己当报社记者时的经验作为锚，然后做出了一个糟糕的预测。尽管他的预测差点儿毁了他和他的家庭，但这个预测从表面上来看是有道理的。

再回到港铁公司的案例中来。我发现，正是类似的预测让港铁公司陷入了困境。港铁公司在规划广深港高铁香港段项目时，已经拥有丰富的大型交通基础设施项目的计划和建设经验，但是它并没有建设高速铁路的经验。高速铁路系统即便不涉及跨境和地下系统，也是非常复杂的，而且要求极高。从这个意义上说，港铁公司当时所处的情境与年轻的卡罗着手撰写他的第一本书时类似。而且，港铁公司做出预测的方法也与卡罗大致相同，他们都是以自己之前的经验为锚来进行预测的。当然，结果也是类似的：港铁公司对广深港高铁香港段项目的预测以过往项目的交付时间表和成本预算为基础，严重低估了如此复杂的一个项目成功交付所需的时间。

我碰巧认识一些香港特别行政区政府的内部人士，他们是我以前在香港地区工作时结识的，这一次我为港铁公司解决广深港高铁香港段项目的问题时也遇到了他们。我从他们口中得到的小道消息是，香港特别行政区政府有一些高级官员曾在私下质疑过港铁公司为广深港高铁香港段项目所做的预测，并建议向上调整工期和成本。事实上，在大型组织中，几乎总会存在这样的现实主义者，但是他们的声音往往都比较微弱。其他人对项目持乐观态度，保持对工期和成本的较低预测，此时，现实主义者往往会被视为悲观主义者，他们的声音往往会遭到忽视。对现实主义者的忽视与错误的锚定一样普遍存在，而且会加剧锚定的错误。

事实是，无论广深港高铁香港段项目的管理者和工人们多么努力工作，他们都无法按既定的工期完成整个项目，而且，几乎不可能有人能做到。因此从一开始，他们就注定要落后于既定工期。当这种情况发生时，港铁公司的反应就像卡罗一样，将原因归咎于工作不够努力，而不是预测不够准确，并要求管理者和工人们做出不可能实现的改进。港铁公司提出了更多的要求，但是全都无济于事，项目拖延得越来越严重，最终崩溃了。

广深港高铁香港段的项目计划者所犯的是一个常见的基本错误：当我们遇到工期延误和预算超支时，我们自然会去寻找导致项目进度减慢和成本增加的各种因素。但是，工期延误和预算超支肯定是根据特定的基准来衡量的。那么，衡量基准是否合理呢？从逻辑上讲，这应该是我们追问的第一个问题，但是现实世界中很少有人会提出这个问题。一旦把问题框定为时间和金钱上的超支，我们可能就不会想到问题的真正根源不是超支，而是低估。广深港高铁香港段项目就是因严重的低估而停滞的，而这种对工期和成本的低估是由一个错误的锚引发的。

总之，**要想对项目做出成功的预测，你必须先找到一个正确的锚。**

“其中之一”

2003 年的某一天，我接到了英国政府的电话。时任负责国家预算的财政大臣，后来成为首相的戈登·布朗（Gordon Brown）在大型项目的预算上遇到了一些难题。因为大型项目的预算超支和进度超时一再发生，英国政府对自己的预测已经失去了信心。而且，由于大型项目在英国政府的财政预算中占据了很大一部分，英国政府对自己能否坚守预算底线已经失去了信心。在那种情况下，做出诊断相对容易，通常就是认知偏差加上策略性虚假陈述，不过找到解决方法则需要做更多的工作。

在卡尼曼和特沃斯基于 1979 年发表的一篇论文中，我发现了一个晦涩的术语。这篇论文不是卡尼曼获得 2002 年诺贝尔经济学奖的那篇著名的关于“前景理论”的论文，而是这个多产的双人组合在同一年发表的另一篇论文，这个术语就是“参考类别”（reference class）。[8]

要理解什么是参考类别，请先记住一点：我们有两种完全不同的视角来看待一个项目。第一种视角是，把一个项目视为特殊事业，即所有项目在某种程度上都是特殊的。即便这个项目不像皮克斯动画工作室拍摄电影、将人类送上火星或抗击新冠病毒感染疫情那样极具创造性，即便它像重新装修郊区房屋那么平常，或者像建造一座小桥、开发一个软件程序或主持一次会议一样普通，这个项目也至少会在某些方面是独一无二的。也许，是做这项工作的人或者他们做这件事的方式独特，也许是它所处的地点或者当时的经济环境独特，也许是上面这些因素所形成的某种组合独特。总而言之，总会有一些因素让这个项目不同于其他项目。

项目的这种独特性不难理解。事实上，根据我的经验和行为科学研究的结果，人们不仅自然而然地倾向于以这种方式看待他们的项目，还倾向于夸大项目的不同寻常之处，这也就是我们在上一章中讨论过的“唯一性偏差”。[9] 我们每个人都有唯一性偏差，它让我们爱自己的孩子。但是在某些情况下，唯一性偏差也会带来不好的结果，因为它会让我们无法用另一种视角看待我们的项目。

据说，文化人类学家玛格丽特・米德（Margaret Mead）曾经这样告诉她的学生：“你们绝对是独特的，就像每一个其他人一样。”项目也是如此，无论是什么因素使得一个项目与众不同，它都与同类项目有许多共同特征。一座歌剧院在设计和位置上可能是独特的，但是它与其他歌剧院仍有许多共同之处，我们可以通过观察普通的歌剧院，并将我们的歌剧院视为“其中之一”，来了解如何建造一座特定的歌剧院。这一类普通的歌剧院就是“参考类别”。

卡尼曼和特沃斯基将上面两种视角分别称为“内部视角”和“外部视角”，内部视角是以其独特性来看待一个项目，外部视角则将一个项目作为一类项目的一部分，即作为其中之一。两种视角都有价值，但也有很大的不同。项目计划者忽视内部视角可能造成的危险一般很小，忽视外部视角却可能会造成致命的错误，更关键的是，忽视外部视角是常有的事。为了做出可靠的预测，你需要利用外部视角来审视自己的项目。

从外部视角入手

请先设想一个简单又常见的场景：虽然你读了本书第 3 章，了解了大卫和黛博拉噩梦般的经历，但是你仍想翻新自己家的厨房，你想估算一下翻新厨房所需的成本。再假设这是一项只需要自己动手就可以完成的工作，不需要将人工成本计算进来，那么，你会怎么进行成本预测呢？

如果你与包括承包商在内的许多人一样，那么你会先从仔细测量尺寸开始。地面面积有多大？墙面呢？天花板呢？你想要多大的橱柜和操作台面？然后你要决定，选择什么样的地板、墙壁、天花板、橱柜、抽屉、台面、水槽、水龙头、冰箱、烤箱、灯具等，也就是厨房里所有的东西。你要知道这些东西每一件的价格是多少，根据各自的数量和单位价格，计算出你必须为每件东西花多少钱，然后把这些数字都加起来，你就得到了预期成本。是不是很简单易行呢？由于你对每件东西都仔细地进行了测量和计算，精确到了最小的细节，并获得了准确的价格，所以你的预期成本一定也是可靠的。或者说，至少你是这么认为的。

于是，你从拆除现有的地板开始启动自己的翻新项目，就在这时候，你却在地板上发现了霉菌。接着，你把石膏墙板拆掉了，却发现原有的线路与当前的建筑规范不相符。再然后，你珍爱的花岗岩台面送到家门口了，但是你在搬台面的时候滑倒了，把它摔成了两半。就这样，你前面所做的一切预算都付之东流了。接下来，你很快就会发现，你的项目出现了严重的成本超支。

也许你会认为我所用的这个例子并不合理。毕竟，我想象的每一件令人不快的意外事件都不太可能发生。但是，即便是像厨房装修这样简单的项目，可能出现的意外也会非常多，即使每一个意外似乎看上去都不太可能发生。许多小的概率加到一起，就等于一个大概率了，至少其中一些相当令人讨厌的意外真的会发生。但是你的预算没有考虑到这一点，这就意味着，你的预算看起来是完全合理、完全可靠的，实际上只是一个非常不现实的、“所有的一切都会按照计划进行下去”的“最好的情况”，就像我在第 2 章中描述的那种最佳情景一样。但是，事情几乎从不按计划进行，在大型项目中，很多事情甚至根本无法做到接近计划。

你可能会像大多数人一样，认为解决办法就是更加仔细地检查厨房装修项目里所涉及的一切事项，找出所有可能出错的地方，并把它们纳入你的预算中，但事实上，这并不能解决问题。发现事情可能以什么方式出错确实很重要，因为这样可以减少或消除风险，正如我将在下面讨论的那样。但是，这样做并不能为你提供你想要的万无一失的预算，原因很简单，无论你能识别出多少风险，总有更多的风险是你无法识别的。用美国国防部前部长唐纳德·拉姆斯菲尔德（Donald Rumsfeld）的话来说，它们是“未知的未知”。[10]

但是，你仍然有办法绕过它们。你只需要从一个不同的视角重新开始：把你的项目看作是已经完成的一类相似项目中的一个，也就是视为这类项目的其中之一；把来自这类项目的数据，包括成本、时间、收益或其他任何你想预测的数据作为锚。然后，如果有必要，再往上或向下调整，以反映你的项目与同类项目平均水平之间的差异。解决办法就是这样，实在是再简单不过了。

你想装修厨房？这个项目所属的类别是“厨房装修”。先拿到厨房装修的平均实际成本，这就是你的锚。如果你有充分的理由认为自己的项目会高于或低于平均水平，例如，你想使用更高端的台面和厨房家具，其成本是标准项目成本的 3 倍，那么你就把锚相应地往上调整。有了这些，你就有了一个可靠的预算。

经验告诉我，很多人在很多时候都不愿意这样做，不是因为这种预算方法太复杂，而是因为它太简单。是的，这实在太简单了。毕竟，他们的项目是独特的，或者至少他们是这么认为的，而这种预算方法并没有突出这一点，所以他们就把预算过程复杂化了。他们认为，如果他们正在进行厨房装修，就不应该简单地说这是“厨房装修”类项目的其中之一，那太简单了。相反，他们试图从头给这个类别创建一个更严密和复杂的定义，这个定义必须完全匹配他们的项目。他们不把这个类别看作是“厨房装修”，而是称之为“在我家附近的高层公寓里，配备花岗岩台面和德国电器的厨房装修”。这种做法是错误的，因为它其实忽略了很多有用的信息，会使收集必要的数据变得更加困难，我将在下面讨论这些困难。

在调整锚的时候，也会发生同样的情况，只有当你有明确的、令人信服的理由认为自己的项目将远远高于或低于平均水平时，你才需要调整自己的锚。但是，需要注意的是，你调整得越多，你的项目就越不同于一般项目，那会使你的项目变得很特别！因此，你可能认为要调整、调整、再调整，即便这些调整只是基于非常模糊的感觉，但这样做是错误的。

这都是唯一性偏差在作怪。即使在你试图消除唯一性偏差的时候，你可能也会想要把它重新引入自己的决策中。不要听信它，一定要保证预算过程尽量简单，尽量宽泛地定义类别，包容各种可能出现的意外。除非有令人信服的理由，否则不要调整平均值，而这意味着，只有相关数据支持调整时才能进行调整。如果有疑问，就直接跳过调整这一步。类别的均值就是锚点，锚点就是你的预算，这种非常简单的预算方法能消除唯一性偏差。

在我为布朗研究出了参考类别预测法之后，[11] 英国政府用它来预测大型项目所需的工期和成本，得到了非常满意的结果，因此出台规定，要求必须采用这个方法进行项目预测。[12] 丹麦政府也这样做了。[13] 现在，参考类别预测法已经广泛用于美国、澳大利亚、南非、爱尔兰、瑞士和荷兰等国家的公共部门和私人部门。[14] 所有这些经验使参考类别预测法有机会经过严格的测试，而且大量的独立研究也已经证实了其有效性，“参考类别预测法确实是表现最好的”。[15]

是的，它不仅表现最好，而且比其他方法好出一大截。使用传统预测方法与参考类别预测法之间的差距因项目类型而异，但是就我们数据库中一半以上的项目类型而言，参考类别预测法比传统预测方法的预测准确率提高了至少 30%，而且这还只是平均水平。在实际预测中，准确率提高 50% 是很常见的，超过 100% 的情况也并不罕见。最令人欣慰的是，参考类别预测法的知识根源也得到了印证，卡尼曼在《思考，快与慢》一书中这样写道，使用参考类别预测法是“通过改进方法提高预测准确性的唯一的、最重要的建议”。[16]

为什么参考类别预测法很有用

参考类别预测法的核心是锚定 — 调整的过程，它类似于卡罗和港铁公司所采用的预测方法，只不过使用了正确的锚。

参考类别之所以能够成为正确的锚，源于我在上一章中强调的一点：

来自现实世界的相关经验。一个人用最基本的家具和电器装修了厨房，在没有发生意外事件、顺利按期完工的情况下，一共花了2万美元，用了2个星期的时间。另一个人则使用了花岗岩台面和大量不锈钢材料，后来又发现厨房原来的布线不符合规范，最终花了4万美元，用了2个月的时间才完成，而这还要多亏他碰到了一位特别用心的电工。在收集到大量的类似数据之后，你可能会发现，厨房装修的平均费用是3万美元，一般需要4个星期才能完成。这些都是基于经验的、来自现实世界的结果，而不是估算，所以它们不会被心理因素和策略性虚假陈述所扭曲。用它们来锚定你的预期，你就可以不受行为偏差的干扰，得到一个基于现实的预测结果。

这同时也解释了必须谨慎地、尽可能少地做出调整的原因，因为做出调整时，正是唯一性偏差卷土重来的好机会。如果调整的幅度太大，你的无偏差锚定点的价值就可能丧失殆尽。

利用参考类别预测法，你还可以解决拉姆斯菲尔德所说的“未知的未知”这一看似非常棘手的问题。大多数人认为“未知的未知”是无法预测的，这个结论听起来很合理。但是，参考类别中各个项目的相关数据反映了曾经发生过的与此类项目有关的一切事件，包括所有“未知的未知”带给人们的“惊喜”。我们可能无法确切地知道这些事件是什么，它们的规模有多大、破坏力有多大，但是我们其实不需要知道这些，我们需要知道的是，参考类别的相关数据确实反映了这些项目中“未知的未知”出现得有多普遍、影响有多大，而这意味着我们的预测也能够反映这些事实。[17]

还记得大卫和黛博拉在布鲁克林科布尔山社区进行的那个装修项目吗？当一名进场施工的工人拆除了厨房地板，发现这栋建造于19世纪40

年代的建筑非常粗制滥造时，项目就沿着斜坡一路滑下去了。整个地板都要拆下来，地下室的支架也要重新安装，这就是“未知的未知”，这些在装修工作真正开始之前是很难发现的。但是，如果在预测这个项目的工期和成本时，大卫和黛博拉所依据的是“纽约老房子装修”这一参考类别的相关数据，那么这种令人讨厌的意外事件发生的频率和严重程度就已经预先编码到数据中了。此时，预期成本和工期也就包括了无法预测的“未知的未知”因素。

因此，参考类别预测法在克服偏差方面可以取得很好的效果，在化解“未知的未知”难题方面也可以取得很好的结果，而且这个方法很简单，很容易实施，在为人们提供更准确的预测方面有着非常不错的记录。现在，世界各地许多不同类型的组织都在采用这种方法，其应用范围比我为布朗研究这种方法时所能想象的还要广泛得多。对此我非常高兴，同时我也不会奇怪有人可能会提出这样一个问题：既然它有这么多的优点，为什么没有得到更广泛的应用呢？

我认为，这有 3 个原因。**第一，对于很多人和组织来说，参考类别预测法能够消除偏差这个事实并不是优势，反而是一个缺陷。**正如我在本书第 2 章中指出的，粗略而肤浅的预测是无数企业赖以生存的根基，他们并不希望批准项目和支付账单的人和组织对项目的成本和工期有更准确的了解。他们将继续维持现状，直到他们被迫做出改变之前一定会这样。例如，立法规定那些公然做出有明显偏颇预测的企业必须承担法律责任，这样的规定已经越来越多了。[18]

第二，我们需要战胜强大的唯一性偏差。卡尼曼在著作中讲述了他和一些同事一起着手编写教科书的经历。他们绝大多数人都认为这个项目只需要大约 2 年的时间就可以完成，而当时团队中只有一位成员在编写教科书方面有丰富的经验。卡尼曼问他，完成这个项目通常需要多长时间。这位专家却说，他不记得有哪个项目耗时不到 7 年，而且，更加糟糕的是，大约 40% 的此类项目从未完成过。卡尼曼和同事们觉得很震惊，但是他们也只是短暂地惊讶了一会儿，然后就继续进行下去了，好像从未听说过这些不受欢迎的事情一样，因为他们认为，自己的项目肯定是不一样的。确实总是会这样，“这次不一样”正是唯一性偏差的座右铭。事实上，这本教科书是在 8 年之后才完成的。[19] 既然卡尼曼这位研究认知偏差的伟大学者都会被唯一性偏差所愚弄，那么其他人更容易受到它的伤害也就不足为奇了。或者换种说法，我们想要避免唯一性偏差的陷阱，肯定需要清晰的意识和持续的努力。

第三，很多数据并不容易获得。计算平均值虽然很简单，但前提是你手上得先有数据，这是最难的。

如何找到相关数据

在前面提到的厨房装修的例子中，我直接假设你拥有厨房装修的有关数据，因此你可以计算出平均成本，但是你很可能没有这些数据，因为你很难把它们找齐。这种可能性很大，因为我曾经去找过可靠的厨房装修数据，却没有找到。一位经济学家告诉我，据他所知，这些数据迄今仍然没有被收集起来，而他研究的正是与家庭装修有关的经济问题。没错，如果在互联网上搜索“厨房装修的平均成本”，你会发现许多装修公司给出了各种各样的数据，而且覆盖的范围通常很广。但是这些数据究竟是从哪里来的？是基于多个真实的装修项目的结果，还是只是一种推销手段？你不可能知道。然而，如果想做出可靠的预测，你就必须掌握相关数据。

这是一个很常见的问题，很少有人会将旧的项目数据视为有价值的资源并收集起来。在某种程度上，这是因为项目计划人员和管理者都有一种专注于未来而不是过去的心态。一旦一个项目结束了，他们的注意力就会转而集中到新项目上，很少有人会去考虑收集旧项目的数据。当然，另一个原因是，那些真正看到了数据价值的人往往会为了自身利益而选择对数据保密。例如，有多少大型装修公司会希望业主掌握关于房屋装修成本的准确数据呢？这也有助于解释，为什么我构建的这个横跨不同项目类型的大型项目数据库，要花几十年的时间去开发，并且至今仍然是全世界唯一的同类数据库。

但是，所有这些原因都不是不可逾越的障碍。政府和企业可以回顾他们的旧项目并创建自己的数据库，事实上，我已经在帮助很多人做这件事情了。小企业协会和行业协会如果能说服他们的成员参与进来的话，也可以这样做。经验丰富的专业人士自然会从过去的项目中学习。例如，一位做过几十次厨房装修的承包商肯定会对厨房装修的平均成本有准确的判断，但是，如果直接从旧项目中收集数据建立数据库，并在完成每一个项目时导入更多新数据，他们的判断也可以得到提高和完善。

对于那些无法访问各种数据库，或者不能创建自己的数据库的人来说，参考类别预测法也仍然有用。你所需要做的，无非是找到某种简单易行的方法来实施它。

例如，不妨把自己想象为年轻时的卡罗，他正在考虑怎样写自己的第一本书。他可以运用参考类别预测法来轻松地预测这个项目需要多长时间才能完成：先把他认为与他计划要写的内容类似的书列一个清单，然后分别打电话给作者，询问他们写这些书花了多长的时间。假设有 20 位作者回答了这个问题，那么只需把他们的时间累加起来，再除以 20，他就可以得到一个锚了。尽管这个平均值是从只有 20 位作者的样本中提取出来的，他也会发现这个平均值包含了大量的现实经验。然后他会问自己，是否有充分的理由预期自己会比平均水平快得多或慢得多。如果是，他可以相应地做出调整；如果不是，那么他就可以直接得出一个预测结果了。虽然这个预测结果并不完美，但是肯定比卡罗当年的预测结果要好得多，因为它是以过去多个项目的现实经验为锚的，而且这些项目与他打算启动的项目类似，而不是以他过去为报纸写一篇长篇文章的经验为锚。

事实上，卡罗本人后来也做过类似的事情，不过是不自觉做的，当时他在纽约公共图书馆的办公室里遇到了他的作家同行，当他听说他们每个人至少都要花 7 年的时间才能写出一本书时，他终于松了一口气。但是，这件事发生在他的项目启动很久之后，当时他已经把自己的家庭拖到了经济崩溃的边缘，还因为没有在一年内按计划写出那本书而折磨自己数年之久。

这种方法同样适用于你的厨房装修项目。先观察一下，周围有没有人在过去 5 到 10 年里装修过厨房，你也可以问一问朋友、家人和同事。厨房装修是很常见的项目，所以不妨假设你了解了 15 个类似的项目，找出每一个项目的总成本，把数字加起来，再除以 15，得到的结果就是你的锚。

还有一个更简单、更准确的方法，那就是，你可以收集每个厨房装修项目的成本超支百分比，并计算出实际成本的平均超支率。百分比数字更容易记住，而且用百分比数字来进行比较比用总数更好。然后，你就可以用通常的方法进行估算了，首先仔细测算你的装修项目，然后在实际成本的平均超支率的基础上做增减的调整。通过这个方法，你可以将内部视角与外部视角很好地结合起来，既照顾了项目的细节，又增加了项目预算的准确性，这就是对所有项目进行预测的诀窍。

当然，就外部视角而言，数据肯定越多越好，因此来自 30 个项目的数据胜过来自 15 个项目的数据，来自 100 个项目的数据胜过来自 30 个项目的数据。但是，重要的是，我们要认识到，即便在可得数据比我们想要的少得多的情况下，参考类别预测法也是非常有价值的。只要有一点点逻辑推理能力和想象力，并理解参考类别预测法的工作原理，即使我们只拥有很少的数据，也有可能从参考类别预测法中“压榨”出一些价值。

而且，即便只有一个已经完成的类似项目的数据，那也是有价值的。显然，在这种情况下，我们再称其为“参考类别”是不准确的。但是，这个项目的数据同样是来自现实世界的经验，因此我们不妨称之为“参考点”。然后，请将参考点与我们计划启动的项目进行比较，并问一问：“我们的项目可能比这个参考点执行得更好还是更差？”我从自己的经验中得知，这种思考可能会出乎意料的实用。

一个真正独一无二的项目

最小的自然数是零。在某些极其罕见的情况下，将某个项目描述为真正独一无二的项目是准确的，因为在它所属的类别中，它是唯一一个。然而，即便如此，参考类别预测法仍然可能是有用的。

2004 年的一天，我接到了瑞典官员安德斯·伯根达尔（Anders Bergendahl）的电话。他负责关停核电站的相关事务，需要有人为项目进行可靠的预测：关停瑞典的核电站需要几十年的时间才能完成，需要多少成本？核废料需要安全储存好几个世纪，储存成本又将会是多少？为此，瑞典成立了专项基金，由核工业部门通过专项基金支付这些费用，所以瑞典政府需要知道核工业部门应该支付多少钱。

“你能帮我这个忙吗？”他问道。

我被难住了。当时，我还没有收集到核电站关停项目的相关数据，而且我认为，我可能什么数据都找不到。当然，我现在已经有这类数据了，但在当时，全世界很少有核电站被关停，而且仅有的被关停的核电站都是在非常特殊的情况下被关停的，请想一想切尔诺贝利核电站和三里岛核电站。瑞典将成为第一个按照计划让一批核反应堆“退役”的国家。“我帮不上忙，”我只能对他说，“真的很抱歉。”

伯根达尔已经看到了一些我没有看到的东西。他说，顾问们给过他一份评估成本和成本风险的报告，其中的成本风险指的是成本高于预期的风险。但是，当他将报告与我们的一本学术著作进行比较时，他注意到了一件很奇怪的事情。[20]我们的书里讨论的是道路、桥梁和铁路等交通基础设施的成本风险。根据书中的数据，这类普通的交通基础设施项目的成本风险，比顾问们在报告里所说的关停核电站、核废料储存的成本风险还要高。“这毫无道理。”伯根达尔说。完成一个交通基础设施项目一般需要 5 到 10 年的时间，而且人们好几个世纪以来一直在建造这类设施。相比之下，关停一座核电站可能需要花费几十年的时间，而且我们几乎没有任何经验，这种情况下的风险怎么可能会更低呢？我同意他的看法，因为这种预测确实毫无道理。在这一点上，他的顾问和报告没有提供什么有价值的东西。

但是，伯根达尔想到了一个替代方案。为什么不将我们关于交通基础设施项目的成本的数据作为下限，即成本的最低值，并假设关停核电站和储存核废料的实际成本将高于这一数据呢？尽管这远远不是一个完美的预测，但是肯定比顾问们的建议更有意义。而且关停核电站的工作并不会马上就开始，如果瑞典政府现在就让核工业部门根据这一下限开始向专项基金付款，那么日后，当瑞典和其他国家有越来越多的核电站要关停，当我们获得了更多经验之后，政府还可以调整预期成本。伯根达尔的想法打动了我，这无疑也是一种常识性的做法，充分体现了实践智慧。我和伯根达尔努力完善了这个方法，现在它已经成了瑞典的官方政策。[21]

令人不安的是，我自己也陷入了唯一性偏差，认为像关停核电站这样前所未有的项目没有办法从其他项目中学习到相关经验。这种想法是不正确的，而且就像伯根达尔所做的那样，只需要一点点逻辑推理能力和想象力，我们依然可以从其他项目中找到相关经验。

向尾部回归

关于上面所说的这些，我还要提出一个大大的肥尾警告。想象一下，你手头上有一张图表，上面列出了 1 000 个厨房装修项目的成本数据，其分布呈经典的钟形曲线，也就是说大多数项目都集中在中间的平均值附近，只有很少几个项目出现在最右边或最左边，而且即便是最极端的数据点也离平均值不太远。正如我在本书第 1 章中讨论过的，这就是统计学家所说的正态分布。

在正态分布中，存在着向均值回归的趋势，这意味着样本中的观测值会随着更多观测值的加入而趋向于朝着总体的均值移动。举例来说，如果一个承包商完成了一个异常昂贵的厨房装修项目，那么在其他条件相同的情况下，下一个装修项目很可能会更接近于该类项目的平均水平，也就是说，其成本会更便宜。

如果面对的是一个正态分布图，在利用参考类别预测法时，使用平均成本是非常好的选择，就像我在前面描述的那样，这很完美。但是，正如我在第 1 章中提到过的，分析表明，在我的数据库中，只有少数类型的项目是符合正态分布的。无论是奥运会、信息技术项目，还是核电站和大坝的建造，其他项目在其分布的尾部空间有更多极端的结果。对于这种肥尾分布，平均值并不能代表分布水平，因而也不是预测时可以使用的一个很好的预估值。事实上，大多数肥尾分布甚至根本不存在一个稳定的平均值，尽管你的预期是这些结果会聚集到平均值的周围来，但是可能会出现更极端的结果将平均值推到更远的地方，直至无穷远的尾部。因此，你得到的结果不是传统的向均值回归，而是我所说的“向尾部回归”（regression to the tail）。[22] 在这种情况下，依赖平均值并假设你的结果会接近平均值，将是一个非常危险的错误。[23]

理论解释到此为止，那么，这在实践中意味着什么？

在理想情况下，你肯定想知道自己面对的是不是一个肥尾分布。如果你正在装修厨房，或者拥有一家做小项目的小企业，你很可能不知道。即使你是一名高级公务员，管理着一个大型国家项目，可以随意使用全国统计机构的资源，就像伯根达尔那样，你很可能也不知道。在这种情况下，你不妨利用平均值，这总好过什么都不用，或者像伯根达尔那样利用想象力，因为他甚至不知道平均值是什么。

但是根据预防风险原则，你也应该谨慎行事，并假设你的项目是肥尾分布的一部分，因为这种情况发生的可能性更高。这意味着你应该假设自己的项目至少会有一些风险，而不仅仅是稍微晚一点完工或稍微超出一点预算；而且项目也可能会失控，带来非常糟糕的结果。为了保护自己不受肥尾分布的影响，你需要降低风险，具体方法我将在下文叙述。

当然，如果你是一家大型组织的专业人士，你理应做得比这种粗略而现成的方法更好一些。你需要认真地收集足够的数据，并对数据进行统计分析，以确定它是正态分布还是肥尾分布。如果它是正态分布或接近于正态分布，那么，你就以平均值为锚，用参考类别预测法进行估算。但是，这仍然可能给你带来大约 50% 的成本超支风险。如果想进一步降低这种风险，那么你需要增加 10% ～ 15% 的准备金，这样你就安全了。[24]

如果你面对的是一个肥尾分布，那么就要把你的思维模式从预测单一的结果转变为预测风险，如从预测“这个项目将花费 X 元”转变为“这个项目有 X% 的概率成本支出会超过 Y”，同时考虑到整个分布范围。在项目管理可能遇到的典型的肥尾分布中，大约 80% 的结果构成了分布的主体，这很正常，没有什么可怕的。对于这部分分布，你可以用通常会使用的方法，即预留一笔你能负担得起的准备金，并将它纳入预算之内，保护自己免受突发事件的损害。但是，位于尾部的结果，或者说“黑天鹅事件”覆盖了其余大约 20% 的分布，这意味着你的项目也有 20% 的机会最终落在尾部，对大多数组织来说，这种风险都太大了。尾部突发事件的成本，可能要比平均成本高出 300%、400%、500%，甚至 700%，就像我们在第 2 章中看到的蒙特利尔奥运会那样。这是必须杜绝的，为这种突发事件提供准备金就不属于预算了，它只会让预算破产。那么，你能对尾部事件做什么呢？把它剪掉！

你可以通过风险消解法（risk mitigation）来做到这一点，我自己更喜欢称之为“黑天鹅管理”（black swan management）。

把“黑天鹅”关在窗外

有些尾部事件是很容易剪掉的。海啸就是位于尾部的突发事件，但是如果你的建筑位于内陆且建造标准很高，或者你构筑了足够高的防护堤，你就消除了海啸的威胁。地震也是位于尾部的突发事件，但是只要按照抗震标准建造房屋，就像我们在尼泊尔建造的学校那样，你也就有保障了。对于其他的尾部事件，我们需要采取综合措施。例如，对于新冠病毒感染疫情，我们要同时采用戴口罩、加强检验、注射疫苗、隔离风险源乃至封锁部分社区等措施，以防止疫情失控，[25] 这就是“黑天鹅管理”。

对于大型项目来说，“黑天鹅管理”通常需要同时采取一系列措施。我在本书开头写了这样一句话：慢思考，快行动。我们已经看到，在项目建设阶段，人们可能会遇到一些可怕的事情，犯下一些代价高昂的错误。详尽的、能够加快项目建设和交付的计划，能够尽早关闭“黑天鹅”可能闯入的时间窗口，是消解风险的有效手段。完成项目是“黑天鹅管理”的终极形式，在一个项目全部完成后，它就不可能崩溃了，至少在项目建设方面不会。

关键是要立即停止像大多数人那样误解“黑天鹅事件”。它们不是无法理解或预防的、突然发生的反常事故，我们完全可以研究并消解“黑天鹅事件”。

我们团队应邀为英国高铁 2 号线提供“黑天鹅管理”服务。这是一条耗资 1 000 多亿美元的高速铁路，建成后将会把伦敦和英格兰北部连成一体。[26] 利用我们的数据库，我们首先研究了世界各地有可比性的高速铁路项目的成本分布，果然，此类项目的成本分布有一个很肥的尾部。正如我们在广深港高铁香港段项目中已经看到过的，高铁建设是一类高风险的项目。因此，我们将注意力集中在了那些位于尾部的项目上，并分析究竟是什么原因导致项目以失败告终。答案出奇地简单，它们失败的原因并不是恐怖主义袭击、罢工行动或其他意外事件等灾难性风险，而是一些标准风险，每个项目的风险登记簿上都有记载。我们对十几个这样的项目进行研究后发现，这些标准风险对原本就已经处于压力之下的项目产生了复合影响，导致项目被取消。我们还发现，这些项目很少会因为单一原因而落入万劫不复的境地。

高铁建设最常见的麻烦之一是考古。在世界上的许多地方，高铁建设工程都建立在历史的基础上。当一个项目开始动工、挖开地面的时候，很有可能会发现历史遗迹。一旦发生这种情况，项目就必须依法停工，直到有资质的考古学家考察好现场，记录下一切，移走文物，并确保没有重大损失之后，才能重新开工。有经验的项目管理者都知道这一点，因此他们会让一位考古学家随时待命。

通常，这种准备已经足够了。但是，有的大型工程需要穿过城市和景区，所以当一个地点发现了文物且考古学家开始工作之后，很快在另一个地点又发现了文物，然后又有一个、又有另一个……一个项目不可能雇用这么多的考古学家，而且与水管工或电工不同，响应紧急呼叫并不在考古学家正常的工作范畴里。因此，当多个地点连续发现文物时，项目延误情况可能会变得非常严重。这些延误反过来又会耽误其他工作，结果是一系列充满挫折的连锁反应，就像一辆辆汽车在结冰的高速公路上互相撞在一起一样。这样一来，一开始的小意外就会变成可能使整个项目失控的大灾难。

考虑到英国高铁 2 号线项目的挖掘工作量，这无疑是一个重大风险。那么解决方案是什么呢？把全国所有有资质的考古学家都“预定”下来。这可不便宜，但与搁置上千亿美元的项目相比，还是要便宜得多，因此，这样做是有道理的。而且，在施工开始后，这种做法还带来了额外的正面影响：考古学变成了公众非常关注的一个领域，很多正面的考古新闻都直接源于英国高铁 2 号线项目，更有甚者，这个项目还被宣传为英国有史以来最大的考古项目。[27]

我们还发现，英国高铁 2 号线这一类项目，其参考类别中出现的“黑天鹅事件”爆发现象，与项目采购和政治决策方面的早期延误有关。有意思的是，大多数项目负责人都没有认识到这种早期延误是一个大问题，因为早期延误发生的时间很早，他们便以为自己有的是时间，肯定能赶上进度。这种观点听上去似乎有合理之处，却是完全错误的：早期延误会在整个项目建设过程中引起连锁反应。

延误发生得越晚，剩下的工作量就越少，连锁反应的风险和影响也就越小。对此，富兰克林·罗斯福说得非常好："失去的土地总能夺回，失去的时间却永远不能。"[28] 在了解到这一点之后，我们建议采取措施，减少早期延误和连锁反应发生的可能性。

在解决了考古和早期延误问题之后，我们又列出了 10 个会导致高铁建设项目出现"黑天鹅事件"的原因，包括后期设计变更、地质风险、承包商破产、欺诈和预算削减等。我们一个接一个地细细研究，寻找减少风险的方法，最后制定了一系列措施，以降低每种原因及其相互作用所导致的"黑天鹅事件"发生的风险。

如何切断一个高度复杂的大型项目的尾部？英国高铁 2 号线项目就是一个很好的例子。当然，每个项目的具体执行过程都会有所不同，但原则是相同的。答案就在你的眼皮底下，在参考类别的尾部中，你需要做的，就是把它们挖掘出来。

与参考类别预测法一样，"黑天鹅管理"的最大障碍就是克服唯一性偏差。如果你认为自己的项目完全不同于其他项目，以至于根本没有办法从其他项目中学到任何东西，那么你就会对许多风险视而不见。要知道，如果采用外部视角，你本来是可以发现并消解这些风险的。芝加哥大火节（Great Chicago Fire Festival）就是这样一个惊人的例证，实际上，这也是一个警世故事。

芝加哥大火节的教训

1871年，一场大火烧毁了芝加哥大部分地区，在那之后，这场大火就深深地植入了当地的文化传统中。鉴于此，芝加哥一家戏剧公司的创意总监吉姆·拉斯科（Jim Lasko）提出了一个设想：创立一个为期一天的节日，并以当众烧毁维多利亚时代的房屋复制品为其高潮。芝加哥市长办公室很喜欢这个想法，马上签字同意，芝加哥大火节就此诞生。

芝加哥大火节这个名字本身就凸显了发生灾难的可能性，因此消防部门仔细审核了拉斯科的计划，并要求采取一系列安全防范措施，包括必须在河中的驳船上建造那些打算烧毁的房屋复制品、安装复杂的喷水系统等。对拉斯科来说，这些准备工作令人恼火且疲惫不堪，但是几个月以来，对风险的不懈关注也令他感到安慰。因为如果在准备现场活动时出了问题却不加改进，那么同样会在观众面前出问题。

2014年10月的那一天，在包括市长和州长在内的3万名现场观众面前，拉斯科举起对讲机，下令点火，但是什么也没有发生。他等待了好一会儿，还是什么都没有发生。点火系统失灵了！没有备份，也没有任何应急计划。所有的努力都只是为了降低火势蔓延的风险，而不是用来应对从一开始就点不着火的风险。

一位政治家后来把这个节日称为“河上的惨败”（the fiasco on the river），而且这个名字就这样流传了下来，整件事变成了一个笑话。戏剧公司最终倒闭了，拉斯科也丢了工作。[29]

问题出在哪里？拉斯科和他的团队花了很长时间去思考风险，但是他们一直把芝加哥大火节视为一个独一无二的项目，从来没有将它视为“其中之一”，即它只是一个更广泛的项目类别中的一部分。如果他们完成了这种视角转变，就会花时间思考一下现场可能发生的各种事件。哪些因素可能导致活动失败呢？一个常见的因素是设备故障，比如，麦克风可能会坏掉，电脑可能会崩溃。如何降低这种风险？答案很简单：将必不可少的设备找出来，多准备一套，并制订应急计划。这种分析风险的方法非常简单，但是只有当你转向外部视角之后，你才会进行这种分析。

这里请务必注意，降低风险并不需要预测到底是哪些情况会导致灾难发生。拉斯科不需要确定点火系统可能在何时以何种方式发生故障，他只需要意识到这个系统可能会发生故障即可。那样的话，他就会采取适当的预防措施，以确保如果真的出现了故障，还有备用计划。

请回想一下本杰明·富兰克林在 1758 年写下的一句话：“小疏忽可能酿成大灾祸。”这就是为什么高安全标准是消解风险的极佳途径，也是所有项目都必须做到的。高安全标准不仅对工人有利，还能阻止小事件以某种不可预知的方式组合成足以破坏整个项目的“黑天鹅事件”。

“黑天鹅事件”不是命运使然，我们不必受它们摆布。话虽如此，但很重要的一点是，我们首先必须承认就像生活中的大多数事情一样，风险消解是概率性问题，而不是确定性问题。我在这本书的开头就写到了帝国大厦的故事。这个项目的计划是如此高明巧妙，它的交付又是如此迅速顺利，它节省了相当可观的预算，而且工期也比计划提前了一些。这个项目的风险消解工作当然是非常优秀的，不过，我没有提到的是，尽管这个项目一切都做得堪称完美，但不巧的是，它启动于 20 世纪 20 年代，最终完工于大萧条期间。大萧条是没有人能够预料到的大转折，美国经济满目疮痍，帝国大厦很难吸引到付费租户，于是人们在 20 世纪 30 年代将其戏称为“空国大厦”。直到第二次世界大战结束之后，美国经济复苏了，它才开始盈利。

在这个复杂的世界里，我们可以而且必须让概率变得对我们有利，但是我们永远无法获得确定性。优秀的风险管理者深知这一点，并为此做好了准备。

回看中国香港的地下高铁项目

现在让我们回过头来分析一下香港的地下高铁项目。

港铁公司在广深港高铁香港段项目中遇到了麻烦，主要是因为它错误地使用了自己在城市和常规铁路项目方面的经验作为锚，再加上一些乐观主义偏差和不切实际的野心，港铁公司制定了一个从一开始就注定要失败的项目建设进度表。当工期不可避免地落后于进度时，管理者和工人们就会受到指责，然后，失败和指责的恶性循环也会随之而来。

为了让港铁公司摆脱这个恶性循环，我们决定先回到起点，对项目提出自己的预测，只不过，这一次我们使用的是参考类别预测法，而且确定了一个正确的锚。当然，我们不能直接利用大型地下高铁项目参考类别，因为广深港高铁香港段项目是全世界第一个。我们使用的是全球 189 个高速铁路、隧道和城市铁路项目的数据。统计检验结果表明，这些数据与广深港高铁香港段项目是兼容的。这已经是参考类别预测法最复杂的应用形式了，只有当数据库拥有丰富的数据信息时才有可能实现。[30]我们的预测表明，港铁公司之前试图用 4 年时间完成的工作任务，现在来看至少需要 6

年时间，难怪他们会遇到这么多的麻烦。

我们在进行风险消解的时候也要先回到起点。例如，我们发现，在这个项目中，如果一台隧道掘进机出了故障，就需要向制造商订购零件、申请派工程师来现场处理，而在此期间，其他人只能干巴巴地一直等着，这是毫无道理的。在每一秒都至关重要的一级方程式赛车比赛中，赛车每次进站时工程师肯定已经就位，大量备件也早就准备妥当了，这样才能将比赛中的延误降至最低水平。我告诉港铁公司，时间对他们和一级方程式赛车车队一样重要，而且港铁公司已经花了很多钱，所以制造商也应该这么做。我们还注意到，由于物料的采购和交付都是由港铁公司的下级员工与供应商的下级员工进行联系的，所以经常出现延误。我们建议将此类决策向上推到高层，让港铁公司的首席执行官直接联系供应商的首席执行官，因为这是加快响应时间的一种非常有效的方法。

完成项目预测和风险消解之后，下一步的工作是让港铁公司重回正轨。为此，我们对剩下的工作量，即大约总工作量的一半，又使用了参考类别预测法。预测的可信度必须很高，因为港铁公司只有最后一次机会争取香港特别行政区政府的批准，以获得更多的时间和资金。我们从近 200 个相关项目中获得了大量数据，对各种策略的不确定性、风险和可能的结果进行了统计建模，然后由港铁公司在此基础上决定自己愿意承担多大的风险。我告诉港铁公司董事会，这就像买保险一样："你希望对未来可能的进度延误和预算超支进行多大程度的投保？ 50%、70%，还是 90%？"投保额越大，预留的备用金越多。[31]

港铁公司与香港特别行政区政府最终于 2015 年 11 月达成了和解，但在那之前，我们就已经开始致力于改善项目建设了。

如果数据足够详细，就像我们的数据一样，那么使用相同的参考类别预测法，不仅可以对整个项目进行预测，还可以对项目的各个部分进行预测，为此，我们设置了一系列的项目里程碑。里程碑是一种著名的项目管理工具，用于为项目在指定日期之前完成设置标记。

但是，如果一个项目落后于预期进度了，管理者一定不想等到下一个里程碑到来时才有人来告诉他们项目已经延误了。他们需要尽快了解情况并采取补救措施。由于我们的数据足够详细，我们可以对项目的各个阶段做出进一步的子预测，所以我们发明了另一种项目管理工具——寸程碑（inchstones），并事先详细地规定了谁负责什么。这样一来，如果港铁公司在新的时间表下出现延误了，管理者立即就能知道延误情况，而且也会知道谁必须对此负责并采取行动，不会浪费时间。我们与香港特别行政区政府合作，将寸程碑法发展成了一种基于人工智能的通用方法，目前已经应用于香港的其他项目。当然，它可以应用于任何地方的任何项目。[32]

为了扭转广深港高铁香港段项目陷入的被动局面，最后一步工作就是承认错误。港铁公司很快就这样做了，一名高级官员公开道歉，港铁公司聘请了新的项目领导人并调整了政策，以反映我们发现的问题。也许最重要的是，管理层可以看到项目在顺利推进了，因为寸程碑、里程碑式的进展一个接一个出现。消极的下降螺旋不见了，取而代之的是每个人都能感受到成功的上升螺旋，整个转变过程花了 90 个非常紧张的日日夜夜。

4 年后，也就是 2018 年 9 月 22 日清晨，蔚为壮观的香港新地铁站迎来了第一批乘客，这座地铁站拥有一片非常引人注目的弧形屋顶园景平台。

上午 7 点整，第一列子弹头列车无声无息地滑进了一条隧道，开往内地。整个项目已经按预算完成了，比预定的时间提前了 3 个月，而这一次，预算和时间表都是根据正确的锚制定出来的。

因此，现在我们可以把参考类别预测法和风险消解法与前面讨论过的经验、皮克斯迭代法和从右到左思考法一起放入工具箱了。项目建设阶段强调快速行动，而在此之前的项目计划阶段，我们进行慢思考离不开这些基本工具。

尽管如此，我还是必须承认一个事实：有些人认为我的方法不仅是错误的，而且与人们管理大型项目应该采用的方法恰恰相反。在下一章中，我将分析他们的观点，同时也对自己的观点进行检验。

做成大事的诀窍

HOW BIG THINGS GET DONE

痛点：项目建设阶段，各种各样的不利因素加在一起，造成了成本飙升和一连串的延误，延误之后追赶进度又以失败告终，紧接着的是更多的延误、更多的追赶进度和更多的失败。员工士气变得非常低落，这又进一步拖累了业绩，情况不断恶化。

分析：当项目建设遇到挫折时，想要找出失败原因，人们往往只集中考虑项目建设阶段的问题。实际上，这是一种错误的做法，因为项目建设失败的根本原因往往出现在建设阶段之外，通常可能出现在计划阶段，甚至可能出现在建设阶段开始之前很久。完成一个项目需要多长时间？需要多少钱？准确的预测对任何项目而言都至关重要。

解决方案：使用参考类别预测法，不仅可以对整个项目进行预测，还可以对项目的各个部分进行预测。跳出你的项目，利用外部视角来审视它，把它看作已经完成的一类相似项目中的一个，视为这类项目的"其中之一"；把来自这类项目的数据，包括成本、时间、收益或其他任何你想预测的东西的数据，作为你的锚。然后，如果有必要，再向上或向下调整，以反映你的项目与同类项目平均水平之间的差异，最终，你将得到一个相对准确的预期工期和成本。

HOW BIG THINGS GET DONE

第 7 章

无知能成为你的朋友吗

有人声称，计划会毁掉项目。所以，立即行动起来！相信你自己的创造力！这是一个令人兴奋的观点，背后也有一些精彩的故事。但是，这个观点真的对吗？

那是 20 世纪 60 年代行将结束的时候，迷幻摇滚明星吉米·亨德里克斯（Jimi Hendrix）当时 25 岁，他每晚都沉浸在曼哈顿格林尼治村的波希米亚氛围中，在一家又一家的俱乐部之间流连忘返。他最喜欢的俱乐部是一家规模不大的摇滚俱乐部，名叫“一代”（Generation）。1969 年初，亨德里克斯盘下了这家俱乐部。

亨德里克斯非常喜欢这家店悠闲的氛围，他和朋友在那里一起放松，和其他音乐家一起即兴演奏，不过，他还想要更多。他的想法是，在店里增加一个空间，在那里，音乐家们可以用一台简单的八轨道磁带录音机录下他们即兴演奏的乐曲。为了重新设计这家店，亨德里克斯雇用了约翰·斯托瑞克（John Storyk）。斯托瑞克当时年仅 22 岁，刚从普林斯顿大学建筑学院毕业，他在建筑业唯一的经验就是为亨德里克斯偶尔光顾并很喜欢的一家实验性俱乐部设计了外墙装饰。亨德里克斯认为这就足够了，于是斯托瑞克开始绘制设计图。

亨德里克斯还让他 26 岁的音响师埃迪·克雷默（Eddie Kramer）来帮忙把关。克雷默和亨德里克斯已经共事了两年，他知道亨德里克斯既是一位艺术家，又是性情中人，他对亨德里克斯的生意也有所了解。在亨德里克斯雇来管理俱乐部的工作人员的陪同下，克雷默第一次参观了这家店，他的反应很强烈。“我走下一代俱乐部的楼梯时，”克雷默在半个世纪后回忆道，“我就说‘你们这帮家伙真的疯了’。”[1]

克雷默认为，亨德里克斯改造俱乐部肯定要花一大笔钱，但是他能得到什么回报呢？当然，在这家店里，他可以放松身心，可以即兴演奏，但是，在即兴演奏会上录制下来的唱片可能不会太理想。与此同时，亨德里克斯每年还要花费高达 20 万美元租用录音室来录制专辑。既然如此，为什么不干脆建造一个私人录音室呢？它可以从头到尾全新设计，作为亨德里克斯个人审美和艺术精神的表达，成为一个对他来说像一家俱乐部一样能激发灵感且令他心情舒畅的地方。它同时也将成为一间高质量的录音室，在那里他可以录制出高质量的专辑，而且可以省下每年租用录音室的大笔资金。

在 1969 年，这是一个非常大胆的创新想法，因为当时即便是最大牌的明星也没有自己的录音室。那个时代的商业录音室通常都像无菌箱，里面的工作人员穿着白大褂。克雷默说服了亨德里克斯，于是俱乐部改造项目现在变成了建造录音室项目。

电子女士录音室

当斯托瑞克得知计划发生了变化时，他几乎已经完成了对一代俱乐部的重新设计。斯托瑞克崩溃了，他以为自己被解雇了，但是克雷默和亨德里克斯的录音室经理告诉他不用担心："他们说过了，你可以留下来，你可以成为新录音室的设计师。"

"我当时说，'伙计们，我对录音室一无所知，我甚至从来没进过录音棚呢'。"斯托瑞克回忆说。

录音室经理回答道："他们说，'这没关系'。"[2]

这种随心所欲的精神贯穿了整个项目。亨德里克斯给了克雷默和斯托瑞克极大的自由发挥的空间，让他们专心致志地建造一间与众不同的录音室，就像克雷默描述的那样，这是一间专门为满足一位艺术家的"需求、品位、心血来潮和幻想"而设计的录音室。但是亨德里克斯本人还有一个非常具体的要求。回想起这件事时，克雷默压低了声音，惟妙惟肖地模仿起这位 20 世纪 60 年代的偶像明星当年的语气。"嘿，伙计，"他说，"我想要一些圆形的窗户。"

斯托瑞克在描图纸上画了 6 张图，他认为适合亨德里克斯的录音室应该就是那个样子的。这些图纸变成了计划，而整个计划没有时间表，也没有预算。斯托瑞克笑着说："整个工作室，就是从这 6 张图纸和很多'指指点点'建起来的。"

然而，施工一开始，各种问题就像神奇的蘑菇一样到处往外冒。一个主要的问题是，他们发现在建筑物下面有一条地下河，因此需要安装一台 24 小时运转的排水泵。但是排水泵会产生背景噪声，这对录音室来说是灾难性的，所以他们必须想办法消除这些噪声。"这让项目推迟了好几个星期。"斯托瑞克叹了口气说。

他们不得不手忙脚乱地发明各种解决问题的方法。在大多数房屋装修里，天花板的改造都是最后的工作，因为那只不过是一个用来挂灯具的地方。但是在录音室中，天花板必须能吸收周围的声音。斯托瑞克和克雷默从声学专家那里得知，他们必须向石膏中注入空气，使之吸声性能更好，所以他们想出了一种方法，就是用商用打蛋器搅拌石膏，从而让更多的空气进入石膏。

为录音室项目筹集资金是一个更大的问题。虽然亨德里克斯通过在音乐会上演出和卖唱片赚了很多钱，但是他的现金流并不稳定。克雷默回忆说："我们往往只能连续施工一个月、一个半月，最多两个月，然后钱就花光了。"一到那个时候，承包商就会被解雇，工地将被关闭，亨德里克斯则继续巡演。亨德里克斯开演唱会的时候，他的报酬是用现金支付的——主办方会给他几个袋子，里面可能塞满了钞票，总数往往会达到好几万美元。亨德里克斯的随行人员把这些袋子空运回曼哈顿，交给录音室经理，然后"就可以重新启动这个项目了"。

随着工期的持续拖延和账单的不断堆积，亨德里克斯也无法维持这种"空投"了，不过，他的经纪人说服华纳兄弟公司，也就是亨德里克斯的唱片公司，让公司投入了数十万美元，这才让项目得以勉强进行，直到竣工。这间录音室花了一年时间建成，投入了100多万美元，这在当时已是巨额，但无论如何，它总算完工了。受自己最近一张专辑《电子女士乐园》（*Electric Ladyland*）的启发，亨德里克斯将这间录音室命名为"电子女士"，后来又更名为"电子女士录音室"（Electric Lady Studios）。

1970年8月26日，电子女士录音室举行了开幕派对。帕蒂·史密斯

（Patti Smith）、埃里克·克拉普顿（Eric Clapton）、史蒂夫·温伍德（Steve Winwood）、罗恩·伍德（Ron Wood）等许多明星都到场了。[3]录音室完美地体现了亨德里克斯式氛围，有环绕的灯光、弧形的墙壁，当然，还有圆形的窗户。“那个地方就像子宫一样，”克雷默后来回忆道，“亨德里克斯待在里面会感到无比快乐、舒适和具有创造力。”它的声音效果震撼了所有人，业内音乐家把这样的效果称为“tight”。直到几十年后，当斯托瑞克掌握了所需的测量技术时，他才揭示了其中的原因：正如当初预期的那样，天花板上的石膏吸收了中音，而且令人惊讶的是，它也吸收了低频声音。用打蛋器搅拌石膏原来是一个天才之举。

不幸的是，亨德里克斯在他的录音室开幕后不到一个月就离开了人世，他原本还能创作出更多的杰出音乐。世界失去了亨德里克斯和他本来会带给我们的音乐，但他的录音室依然存在。史蒂夫·旺德（Stevie Wonder）在那里录制了唱片，然后是齐柏林飞艇乐队（Led Zeppelin）、卢·里德（Lou Reed）、滚石乐队（the Rolling Stones）、约翰·列侬（John Lennon）、大卫·鲍伊（David Bowie）、AC/DC 乐队、碰撞乐队（the Clash），还有许多其他音乐人和乐队。直到今天，这个名单还在继续延长。U2 乐队、蠢朋克乐队（Daft Punk）、阿黛尔（Adele）、拉娜·德雷（Lana Del Rey）和杰斯（Jay-Z）都曾经在这间纽约市最古老的录音室，也是全世界最著名的录音室中录制过唱片。

“我仍然留着那 6 张图纸。”斯托瑞克谈到最初的设计时说。一位著名的科技大亨曾出价 5 万美元想买下它们，“这是非卖品，它们还好好地留在我这里。现代艺术博物馆说要收藏它们。”斯托瑞克说。

就像在黑暗中奋力一跃一样，电子女士录音室项目是一时冲动的产物。亨德里克斯，一位超凡的艺术家在一时冲动之下，给予两个没有什么经验的初生牛犊充分的信任，他们在没有计划的情况下设计和完成了一个前所未有的项目。当然，亨德里克斯还投入了很多钱。这个项目不管怎样结局都应该很糟糕才对。在某些时候，比如当亨德里克斯的现金花光了的时候，似乎真的是这样，但是它幸运地避免了这个结果。它花了很长时间才完成，也花了一大笔资金，但是到最后，这个项目获得了巨大的回报，实现了超出任何人哪怕最疯狂的梦想。

不用计划太多，尽管去做

我很喜欢亨德里克斯，也很喜欢这个故事。当然，又有谁会不喜欢呢？这些人敢于直接跳过计划阶段，投身到一个大型项目的建设阶段，他们有梦想、有方法，通过自己的努力克服了一个又一个挑战，最终取得了巨大的成功。这一切实在太吸引人了，甚至可以说，这非常浪漫。不过，浪漫可不是人们经常用来描述计划的一个词。

人们普遍认为，创造力是神秘而自发的，电子女士录音室的故事与这种观点非常吻合。据说，创造力是不能事先安排和计划的，你所能做的，就是把自己放在一个需要创造力的位置上，并坚信它自然会出现。毕竟，“需求是发明之母”嘛。

如果从这种观点出发，我们会很容易得出这样一个结论：我在这本书中建议的那种周密而细致的计划是没必要的。或者说，更糟的是，周密而细致的计划只会暴露问题。当问题暴露出来而手头却没有解决方案时，你可能会认为这个项目太难了而直接放弃它，这样一来，在你盲目地向前冲时，本来可以找到的解决方案也就永远不可能浮出水面了。

从这个角度来看，“不用计划太多，尽管去做”才是更好的建议。“我认为，最好是自发地直接去做。”一位女士称，她的房屋装修项目曾经在 BBC 的一个系列节目中展示过。她事先没有做过检查，也没有认真计划过装修方案，就直接在一场拍卖中买下一栋房子。她还说自己是有意这样做的：“如果计划得太多，你往往就不会去做了。”[4]

这种想法背后有强大的智力支持。半个世纪以前，当时在哥伦比亚大学任教的著名经济学家阿尔伯特・O. 赫希曼在一篇著名论文中就倡导过这种观点，这篇论文至今仍有深远影响。[5] 几年前，记者马尔科姆・格拉德威尔（Malcolm Gladwell）在《纽约客》上撰文盛赞这篇文章；桑斯坦也在《纽约书评》上发表了类似的赞颂文章。[6] 2015 年，位于华盛顿特区的著名智库布鲁金斯学会（Brookings Institution）将赫希曼包含了这篇文章的一本著作列入《布鲁金斯经典丛书》（*Brookings Classic*），重新发行，并增添了新的前言和后记，以颂扬赫希曼的思想，并庆祝该书即将出版 50 周年。[7]

赫希曼认为，制订计划是一个坏主意。他写道：“创造力总是出乎我们的意料……因此，我们永远不可能指望事先对创造力进行计划，而且在它出现之前我们一直不敢相信它会出现。”但是，如果我们知道大型项目带来的巨大挑战只能通过创造力才有可能克服，同时又不敢相信创造力会在我们需要的时候发挥魔力，为什么还会有人去启动一个大型项目呢？他们本不应该但确实就这样做了。因此，赫希曼认为，我们必须感谢无知，它是我们启动项目的朋友。对于这种无知，他称之为“如有神助的无知”（providential ignorance）。[8]

赫希曼观察到，当考虑一个大型项目时，我们通常看不到这个项目将会带来的挑战的数量和严重性，这种无知导致我们过于乐观。赫希曼认为，这其实是一件好事。“既然我们必然会低估自己的创造力，”他这样写道，“那么，我们最好在大致相似的程度上低估我们所面临的任务的困难程度，只有这样做，我们才会被这两种相互抗衡的低估所欺骗，才会去承担我们能够承担、却不敢去处理的任务。”

在赫希曼看来，人们通常都会低估大型项目的成本和难度，从而导致预算超支和进度延误。[9]但是，这些不利因素与这些项目完成后大超预期的好处相比，实在微不足道。他建议为这个原则取一个名字：“既然我们显然是在探讨某种无形的手或隐藏的手，而它对困难的隐藏对我们有利，所以我建议用‘隐藏之手’这个名字。”

为了说明他的观点，赫希曼讲述了一家造纸厂的故事作为例证。这家造纸厂位于现在的孟加拉国，它本来是为了利用附近的竹林而设计建造的，但是在工厂投入运营后不久，所有的竹子都开花并死掉了，这是每半个世纪都会发生一次的自然循环。由于造纸厂的原材料不复存在，工厂经营者别无选择，只能寻找替代品。他们想出了 3 个解决办法：创建新的供应链，从其他地区进口竹子；培育和种植一种生长得更快的竹子，以取代死去的竹子；发明新的方法，用其他种类的木材来代替。

最后，根据赫希曼的讲述，绝望中迸发出来的创造力使这家工厂的生产经营情况比原来计划的还要好。但是，如果当初的项目计划者做得更好，即意识到这个地区的竹子很快就会灭绝，结果又会怎样呢？这家造纸厂可能永远也不会建起来。尽管听起来相当奇怪，但在这个例子中，似乎正是糟糕的计划挽救了局面，至少赫希曼是这么认为的。[10]

赫希曼还列举了好几个经济发展项目的例子。发展经济学正是赫希曼擅长的领域，当然，要在完全不同的领域中找到其他例证其实也并不困难。我最喜欢的一部电影是《大白鲨》（*Jaws*），正是这部电影使导演史蒂文·斯皮尔伯格（Steven Spielberg）家喻户晓。然而普通观众不知道的是，了解内情的人一致认为，这部电影的制作真是一团糟。剧本糟透了，天气也不配合，人造的机械鲨鱼也出现了故障，其中有一条机械鲨鱼直接沉没了，而且它们看起来很愚蠢，也并不怎么可怕。彼得·毕斯肯德（Peter Biskind）在经典的电影史著作《逍遥的骑士、愤怒的公牛》（*Easy Riders，Raging Bulls*）中提到，《大白鲨》的拍摄时间比预期长了 3 倍，成本也超出预算 3 倍，斯皮尔伯格本人也被逼到了精神崩溃的边缘，一度非常担心自己的事业会毁于一旦。

那么，《大白鲨》又如何变成了有史以来最成功的影片之一呢？糟糕的剧本迫使演员和导演一起创造场景和对话，包括运用使角色显得很有深度的镜头。机械鲨鱼的不足，则迫使斯皮尔伯格将焦点转移到了人的身上，在大部分时间里只暗示水中的恐怖，结果得到的画面反而比包含了鲨鱼的画面要可怕得多。这两项创新成功把一部蹩脚的 B 级电影提升为高票房的悬疑片杰作。[11]

事实上，本书前几章已经描述过一个符合赫希曼观点的史诗般的故事：虽然人们严重低估了把乌松“华丽的涂鸦”变成悉尼歌剧院的难度，但是施工仍在继续进行，乌松最终破解了难题。尽管这个项目大大超出了预算，花费了太多时间，而且建筑内部也存在缺陷，但是悉尼歌剧院最终还是成为全世界最伟大的建筑之一。

我们必须把电子女士录音室也列入这个名单。两个初生牛犊在 1969 年贸然启动了一个非常艰难的项目，但他们全力以赴，努力工作，并在前进的过程中找到了解决方案。与斯托瑞克和克雷默交谈时，我能很明显地感觉到，他们对自己当年取得的成就感到非常自豪，他们当然有理由自豪。

这些都是令人信服的故事。但对我来说，它们构成了一个问题，因为我的观点与赫希曼的观点是完全相反的。如果他是对的，那么我就肯定是错的，反之亦然，这个问题就是这么简单。

相信故事，还是相信数据

那么，我们要怎么做才能知道谁对谁错呢？通常情况下，我们没有足够的数据来给出明确的答案，所以许多人试图用故事来解决争论——关于创造性混沌[①]与计划的导论。我经常听到类似的说辞，即便是专业学者也不例外。赫希曼当初就是以这种方式论证自己的论点的，而这也是桑斯坦、马尔科姆·格拉德威尔和许多其他人被这一论点所吸引的原因。

一边是《大白鲨》、悉尼歌剧院、电子女士录音室等引人入胜的故事。

① 创造性混沌（creative chaos）是一个心理学概念，指人们在思维和创意产生的过程中，经过一段松散、无序、自发的状态，从而产生新想法的过程。在这一状态下，人们没有明确的计划或规划。——编者注

另一边呢？是数据。举例来说，前文中的那位女士说："如果计划得太多，你往往就不会去做了。"对此，我可以做出回应。在第 1 章中提到过的那对伦敦夫妇，当他们的房屋装修项目只完成了一半时，费用就已经从最初的 26 万美元飙升到 130 多万美元，而且金额还在增加。如果当初真的因为"计划得太多"而阻止他们买下了那栋房子，也许不是一件坏事。

那对伦敦夫妇的故事，可能也算得上是一个好故事，但是说实话，它远远不如《大白鲨》的故事吸引人。

这不仅仅是因为这个故事的戏剧性不足，也因为我能收集到的这类故事的数量不足：遇到麻烦并以悲惨结局告终的项目很快就会被人们遗忘。因为大多数人对悲惨的结局并不感兴趣，那些遇到了天大的麻烦但是最终坚持下来并取得巨大成功的项目，则会被人们铭记和庆祝。

以《大白鲨》为例，直到电影拍摄剪辑完成并即将上映的时候，斯皮尔伯格仍然认为这部电影将惨遭失败并将毁了他的事业。倘若确实是那样的话，那么今天将只有斯皮尔伯格自己和一些电影历史学家会记得《大白鲨》了，悉尼歌剧院和其他项目也是如此。如果电子女士录音室项目在完工之前就被放弃了，或者完工后的录音室音效非常糟糕，那么它很快就会被卖掉，有可能会变成一家鞋店，那样的话，这个故事唯一能够留下来的痕迹，也许会是亨德里克斯传记中一条毫不起眼的尾注，那个录音室的圆形窗户也是如此。

我们可以从丹尼斯·霍珀（Dennis Hopper）年轻时导演的第一部和第二部电影中清楚地看到这一现实。在 20 世纪 60 年代末期，霍珀的情绪很难控制，是一个对药物有依赖的嬉皮士，他不相信剧本、计划和预算。他执导的第一部电影是《逍遥骑士》(*Easy Rider*)。我清楚地记得，我十几岁时在丹麦看过这部电影，而且连看了好几遍，敬佩得五体投地，而且有这种感受的人远不止我一个。《逍遥骑士》不仅获得了商业成功，而且大受评论界赞赏，被公认是一个时代的里程碑。但是，霍珀导演的第二部电影又如何呢？我不知道自己有没有看过，我甚至记不起它的名字。霍珀拍摄的第二部电影同样充斥着狂躁的即兴创作，却成了一场不折不扣的灾难，在今天只有最认真的电影爱好者才能说出它的名字。我特意查了一下，这部电影就叫《最后一部电影》(*The Last Movie*)。

在社会科学中，“幸存者偏差”是一种常见的错误，它指的是只关注那些在某个选择过程中存活下来的事实，而忽略了那些没能通过该选择过程的事实。例如，有人可能会注意到，史蒂夫·乔布斯、比尔·盖茨和马克·扎克伯格都是从大学辍学创业成功的，然后就得出结论称，在信息技术领域取得成功的关键是中途辍学。这些人没有看到，在信息技术领域一事无成的辍学者的数量更多，正是对这一事实的忽略让他们得出了这个奇怪的结论，这就是幸存者偏差。

如果我们只考虑故事，那么幸存者偏差将永远有利于赫希曼的解释，因为那些以突如其来的创造力战胜逆境并取得巨大成功的项目，就像辍学者成为亿万富翁一样，都是特别棒的故事，对人们有巨大的吸引力，所以才会被注意到。因此，为了搞清楚究竟谁是对的，我们还需要了解其他的辍学者，即便他们没有创造出伟大的故事，也没有被多少人听说过。我们需要的不仅仅是故事，更需要数据。

数据说明了什么

赫希曼从来没有提供过数据。他只给出了 11 个研究案例，这实在太少了，根本不足以证明他所声称的模式，或者用他自己的话来说，那个“典型的”“普遍的原理”确实是真的，但不足以证明该原理是典型的或普遍的。[12] 与他相反，我在第 1 章中已经描述过，由于花了几十年时间建立了一个关于大型项目的大型数据库，我已经拥有了很多数据。因此，我可以对一个由 2 062 个项目组成的样本进行统计分析，而且这些项目与赫希曼研究过的项目相比有更强的可比性，涉及了从大坝到铁路、隧道、桥梁，再到各种建筑物的建造项目。2016 年，我把得到的结果写成了一篇论文，发表在了学术期刊《世界发展》（*World Development*）上。

如果赫希曼是正确的，那么我们就应该能够在一个典型的项目中同时观察到两类错误：**未能预见项目建设过程中出现的困难，应该会导致人们低估项目的实际成本；未能预见项目领导人在应对困难时的创造力，则应会导致人们低估项目的收益。**这也正是《大白鲨》、悉尼歌剧院和电子女士录音室等项目所体现出来的模式，它们都符合赫希曼的理论。

我们还可以观察到，收益的超额幅度，即项目带来的收益超出预期的程度，要比成本超支率更大。同样，这也正是我们在所有这些案例中观察到的。《大白鲨》的成本超支 300%，这个幅度当然已经很大了，但是远远不如电影票房超过预期的幅度。

那数据又说明了什么呢？数据告诉我们，一般项目的收益超额幅度不会大于成本超支率，事实上，一般项目根本不存在超额收益。[13]

简言之，典型的项目都低估了成本而高估了收益。请想象这样一个大型项目，它的实际成本比预期成本高，而交付后的收益却低于预期。在 5 个项目中，至少有 4 个项目都符合这种情况，最多只有 20% 的项目符合赫希曼的理论。坦率地说，在黑暗中奋力一跃，最可能的结果是摔断自己的鼻梁骨。亨德里克斯是幸运的，斯皮尔伯格和悉尼市也是幸运的。

然而，对于首席执行官和风险资本家来说，甚至对于政府来说，重要的不是单个项目的表现，而是项目组合的表现。对他们来说，即使 80% 的项目承受巨大损失也可能完全没有问题，只要其余 20% 的项目能带来赫希曼式的圆满结局就行了，因为整体上的收益足以弥补损失。因此，我反复检查了数据库，发现结果非常清楚：损失远远超过了收益。无论是单个项目还是项目组合，赫希曼的论点都是站不住脚的。

这些结论得到了逻辑和数据的压倒性支持，包括卡尼曼的研究和行为科学的主要发现。简单地说，如果卡尼曼是对的，赫希曼就是错的。卡尼曼认为乐观主义偏差是“最重要的认知偏差”。[14] 对收益过度乐观的预测，显然是一种高估，这是卡尼曼和行为科学对项目计划的预测。但是与之相反，正如我们在前面所看到的，赫希曼和“隐藏之手”原理预测认为人们会低估项目的收益。当存在两种截然相反的预测的时候，哪一种预测会得到数据的支持？显而易见，数据呈现出来的结果压倒性地支持卡尼曼和行为科学，而不利于赫希曼和“隐藏之手”原理。

我知道，有些人在情感上可能很难接受这个结论，他们可能并不满意。为什么会这样呢？赫希曼错误地把少数例外当成了典型，那些项目从其意义上看就是令人难以抗拒的神奇项目。它们符合完美的英雄之旅的叙事逻辑：从宏大的愿景到近乎全然毁灭，再到更大的成就和更多的颂扬。[15] 人们似乎天生就喜欢这样的故事。在所有的文化中，在所有的时代里，人们都渴望听到这样的故事。所以，总会有作家讲述这些故事，比如赫希曼，比如格拉德威尔。

在这样的荣耀面前，谁还在乎统计数据呢？

真正的英雄之旅

几年前，我在悉尼奥罗拉广场的摩天大楼做了一个关于大型项目的演讲。这座美丽的摩天大楼是我最喜欢的建筑师之一伦佐·皮亚诺（Renzo Piano）设计的，它俯瞰着悉尼歌剧院，并在空间上与悉尼歌剧院的优雅曲线形成了完美的呼应。在演讲结束之后的问答环节中，听众中有人就明确指出了这一点。“根本没有人在乎成本，”他指着贝壳式的悉尼歌剧院建筑说道，“把它建起来就是了。”我点了点头，这种情绪化的表达，我已经听过很多次了。

“设计悉尼歌剧院的这个天才是一位丹麦人，”我告诉这位听众，“他的名字叫约恩·乌松。他参加悉尼歌剧院的设计比赛时还很年轻，只有 30 多岁。他在 90 多岁时去世，你还能说出在他漫长的一生中，他设计的其他建筑吗？”

现场一片沉默。

“这是有原因的。对于悉尼歌剧院的计划和建设，悉尼市政府的管理非常糟糕，因此导致了项目成本飙升和进度严重延误，这些并不是乌松的错。但他是一位建筑师，所以他在施工过程中受到了指责并被解雇了。他只能以秘密的方式不光彩地离开了澳大利亚，他的声誉也被彻底毁掉了。因此，乌松再也没有得到别的机会去创作更多的大师级作品，而且很快就被边缘化和遗忘了。他成了一位任何建筑大师都不想成为或不应该成为的人，成了一位‘孤楼建筑师’，因为他的一生只有一座重要的建筑作品。”[16]

“你所说的成本并不是全部成本。”我继续对那位听众说，“是的，悉尼歌剧院花了很多钱，远远超过了它的预期成本。但是，这座建筑的全部成本还应该将约恩·乌松本来有机会建造但是从未建造出来的其他建筑作品都包括在内。悉尼得到了它的杰作，但是世界上的其他城市都失去了它们的杰作。”

又是一阵沉默。

当一个项目失去控制时，总是会产生其他成本，但这些成本从来不会出现在电子表格上。最简单的成本是经济学家所说的“机会成本”：由于糟糕的计划而浪费了很多钱，这些钱本可以用来资助其他事业，包括其他项目。糟糕的计划到底偷走了多少成功和奇迹？我们永远无法知道。但是我们可以确定的是，糟糕的计划偷走了乌松本来可以设计的其他建筑，就像英年早逝偷走了亨德里克斯本来可以创作的音乐作品一样。

我与赫希曼以及在悉尼演讲中遇到的那位听众之间的分歧，不仅仅关乎金钱和统计数据，还有很多利害攸关的东西，包括人们的生命和毕生的作品，这是我们需要正确处理的总量的一部分。不用多说，当问题最终得到解决时，我们应该心存感激，就像我们看到悉尼歌剧院和电子女士录音室时那样。

所以，是的，在黑暗中奋力一跃然后优雅地落地，也许是可能的。如果真的发生了，那将会成为一个精彩的故事。但是这种大团圆结局是极其稀少的，而且有时候还需要人们对重大的负面后果视而不见，比如乌松的职业生涯遭遇了悲剧性的毁灭。

我的数据已经表明，收益超额幅度超过成本超支率，哪怕只超过一点点，其概率也有 20%，与之形成对比的失败概率则是 80%。这是一个危险的赌局，也是一个不必要的赌局。

确实，一个好的计划在扫除无知的同时，也会揭示前方的困难，但困难并不是让人放弃或远离的理由。赫希曼说人是有创造力的，这一点非常正确。但是他又认为人们必须先贸然闯入一个项目的建设阶段，即要先把自己逼到墙角，才能激发出自己的创造力，这就错了。

要理解这一点，只需要看看弗兰克·盖里就够了。他当然是一位极具创造力的建筑师，但是他的工作方法并不为人所知，《辛普森一家》中的一集就刻画了他如何依靠灵感完成创作的完美形象。实际上，与这种荒谬形象相反，他的创作过程是缓慢的、艰苦的，是高度迭代的。而且，他在计划阶段就是这样做的，而不是在项目建设阶段出现问题的时候才这样做。事实上，盖里之所以要在制订计划时一丝不苟，恰恰就是为了避免出现这种情况：发现自己陷入了绝境，然后不得不寻找一个能够将自己解救出来的方法。对盖里来说，周密而详细的计划不会阻碍创造力的出现；相反，它会使之成为可能。

正如我们在第 4 章中已经看到的那样，在过去几十年里，皮克斯动画工作室涌现出的创造力洪流也充分体现了计划的重要性，创造力基本上都出现在计划过程中。如果皮克斯动画工作室依赖赫希曼的模型，那它早就破产了。

我们并不需要让自己陷入绝境来激发自己的创造力。事实上，我们有充分的理由认为，绝望很可能会阻碍那些极具想象力的时刻的到来，而正是那些时刻，能够将一个项目提升到辉煌的境界。心理学家研究压力对创造力的影响已经有几十年了，现在有大量的文献表明，压力对创造力的影响在很大程度上是负面的。2010 年，一项对 76 篇研究文献的荟萃分析发现，压力在以下两种情况下的破坏性尤其强：当我们觉得情况基本上超出了我们的控制范围时；当我们觉得别人在评判我们的能力时。现在请想象一下，一个项目失控了。“失控”这个词语本身就在告诉我们，相关人员可能已经遇到了第一种情况，而且，可能声誉也受到了影响，这就符合了第二种情况。由此可见，项目陷入困境正是我们所预测的压力会阻碍创造力的那种情况。[17]

富有想象力的飞跃属于项目计划阶段，而不是项目建设阶段。只有当风险和压力都较低时，我们才可以更自由地思考、尝试和试验，计划阶段正是创造力的天然栖息地。

有数据支持的故事

斯托瑞克和其他人一样都明白这一点，尽管他只有 22 岁，从未见过录音室内部布置，但从亨德里克斯决定让他来设计电子女士录音室的那一刻起，斯托瑞克就在音乐界声名鹊起了。事实上，在完成电子女士录音室的建造之前，斯托瑞克就已经接到了两间录音室的设计合同，一个职业就这样意外地诞生了。克雷默后来成了一位传奇的摇滚制作人，而斯托瑞克则成了全世界首屈一指的录音室和音响设计师。斯托瑞克的公司 Walters-Storyk 设计集团也成了业内翘楚。从纽约的林肯中心到瑞士联邦国会大厦，再到卡塔尔国家博物馆，到处都有他们的作品。

斯托瑞克接受我的采访时已经 74 岁了，但是他仍然在努力工作。在交谈中，他回忆起了自己职业生涯的开端，那令他终生难忘。斯托瑞克相信机缘巧合，并经常使用这个词，只要想到他的重大突破是如何实现的，我就丝毫不觉得奇怪。这是一种开放的、以微笑应对一切的生活哲学，但是现在，斯托瑞克早就不再依赖这种令人欣喜的意外来成功完成项目了。他制订计划时非常仔细，他经常说，一切都要慢慢来。每个人都希望昨天就把所有事情都做完了，但是他说："我一直在努力让事情慢下来。"因为他需要足够的时间发展一个创意，要有足够的时间发现并改正问题。他是在绘图台上做这些，而不是在工地上做这些。"有时候，如果你能放慢节奏、多看两三遍，你最终会少犯很多错误，"斯托瑞克说，"而这就意味着项目可以更快地完成。"

斯托瑞克的职业生涯可能始于黑暗中的奋力一跃，这很像赫希曼讲述的故事。但是，在那之后的半个世纪里，斯托瑞克在世界各地完成了众多成功的项目，恰恰证明了我在前几章中倡导的方法是行之有效的，那就是：慢思考，快行动，才是有数据支持的方法。

所以，通过缓慢的思考形成一个非常详细的、经过测试的计划是一个好主意。但是，即便是一个绝妙的计划也可能无法实现，因为要完成最后关键的一步，你需要组建一支团队，一个上下一心、全情投入、专注坚定的有机体，然后快速行动并按时交付。在下一章，我就来告诉你如何打造这样的一支团队。

做成大事的诀窍

HOW BIG THINGS GET DONE

痛点：对大型项目而言，更糟的是“不用计划太多，尽管去做”。周密而细致的计划是没必要的，那只会暴露问题；当问题暴露出来而手头却没有解决方案时，你可能会认为项目太难了而直接放弃它，这样一来，在你盲目地向前冲时，本来可以发现的解决方案也就永远不可能浮出水面了。电子女士录音室等有限的成功案例，真的足以支持这个结论吗?

分析：在社会科学中，“幸存者偏差”是一种常见的错误，它指的是只关注那些在某个选择过程中存活下来的事实，而忽略了那些没能通过该选择过程的事实。充满戏剧性的故事，因为对人们有巨大的吸引力，所以才会被注意到。但我们需要的不仅仅是故事，更是数据。相关数据告诉我们，没有计划就进入建设阶段的项目往往是损失远远超过收益的，失败的风险更高。慢思考，快行动，才是有数据支持的方法。

解决方案：一个好的计划在扫除无知的同时，也会揭示前方的困难，但困难并不是让人放弃或远离的理由。只有当风险和压力都较低时，我们才可以更自由地思考、尝试和试验，计划阶段正是创造力的天然栖息地。我们需要足够的时间发展一个创意，要有足够的时间发现并改正问题。通过缓慢的思考形成一个非常详细的、经过测试的计划，这意味着项目可以更快地完成。

HOW BIG THINGS GET DONE

第 8 章

打造一支上下一心的团队

快速行动不仅需要强有力的计划，还需要一支强有力的团队。怎样才能把身份不同、志趣各异的人或组织变成上下一心的“我们”，让团队中的每个人都朝着同一个方向努力，完成项目建设并成功交付呢?

在确定了项目的目标并填入右边的方框之后；

在利用试验、模拟和经验制订好计划之后；

在根据过去同类项目的实际表现做出了准确预测，并采取了消解风险的措施之后；

……

在这一切就绪之后，你已经完成了缓慢思考阶段，手头有了一个名副其实的计划，现在就是快速行动和交付项目的时候了。

拥有一个强有力的计划，能够极大地提高项目快速、成功交付的概率，但是只有计划还不够。任何一名有经验的项目经理都会告诉你，你还需要一个有能力、有决心的项目执行团队。任何项目的成功与否都取决于能否组建一个好的团队并让每个团队成员发挥其应有的作用。对此，我的一位同事有一个很好的比喻："你要让正确的人上车。""并且要把他们放在正确的位置上。"另一位同事马上补充道。

我认识一位极受追捧的项目经理，他管理过数十亿美元的信息系统项目。他就是那种当所有事情都出了问题，高管们知道自己的职业生涯岌岌可危时会去求助的人，而这种情况在信息系统项目中经常发生。但是，高管们想要让他参与一个项目，必须先答应他一个条件。什么条件？那就是必须允许他带自己的团队过来，他就是以这种方式来解决组建团队的问题的。他的团队是一支久经考验的“项目建设雄师”，雇用他们所花的每一分钱都物超所值。

仔细观察任何一个成功的项目，你都会发现这样的团队。弗兰克·盖里的许多项目之所以能够大获成功，即按时完成、没有超出预算并实现客户心中的愿景，不仅仅是因为盖里自己，还因为和他共事多年的一批优秀员工，其中有些人已经与盖里一起打拼数十年之久。正如我们在前面看到的那样，帝国大厦项目不仅有一个极其出色的计划，而且还请了一家以快速建造摩天大楼而闻名的建筑公司。

大项目成败面面观

HOW BIG THINGS GET DONE

庞大而忠诚的团队与胡佛大坝

类似的例子还有胡佛大坝。尽管它早在1936年就建成了，但这座冲天而起的建筑，直到今天仍然让游客们敬畏不已。胡佛大坝是一个巨大的工程项目，而且是在一个偏远、危险、尘土飞扬的地方建造起来的。非常难得的是，胡佛大坝没有超出预算，而且提前完成了。在大型项目的编年史上，它成了一个伟大的传奇。在很大程度上，这一胜利要归功于管理这个项目的工程师弗兰克·克劳（Frank Crowe）。在接手胡佛大坝项目之前，克劳已经拥有多年在美国西部建造大坝的经验了。而且在那些年里，他组建了一支庞大而忠诚的团队，跟随他完成了一个又一个项目。这支团队不仅拥有丰富的经验，而且内部形成了相互信任、尊重和理解的浓厚氛围。[1]

经验丰富的团队的价值是再怎么强调也不为过的，但是这一点经常被人们忽视。这样的例子不胜枚举，曾经邀请我担任咨询顾问的一个加拿大水电站项目便是其中一个例子。项目的一些管理人员没有任何水电站的建设经验，但这个项目就在他们的指导下开始进行了。为什么会这样？因为有经验的管理人员很难找到。建设一个大型项目有多难？这座水电站的业主们在考虑这个问题时想到的是，石油和天然气行业有许多大型项目，水电站也是大型项目，因此，石油和天然气公司的高管应该有能力建成一座水电站吧。无论如何，至少业主们是这么想的，于是他们聘请了石油和天然气公司的高管来建造水电站。读到这里，你应该不会惊讶了：与胡佛大坝形成鲜明对比的是，这个项目最终以惨败告终，甚至威胁到整个省的经济发展。那个时候，业主们才决定邀请我来分析这个项目存在的问题，可是已经太晚了。[2]

那么，如何组建一支合适的团队呢？只要有可能，最简单的解决办法就是雇用克劳和他的团队，或者盖里和他的团队。只要有这样的团队存在，那么就一定要争取让他们加入进来。虽然他们通常很贵，但是如果考虑到他们能够为你节省多少成本和时间，避免多少声誉损失，你就会发现他们根本不贵。要记住，不要等到项目出了问题才想到他们，要提前雇用他们。

然而，在很多时候，这样的团队并不存在，或者就算存在，他们也已经被别人捷足先登了。当你无法从外部雇用优秀团队时，你就必须组建自己的团队，这是一种更常见的情况，也正是英国机场管理局在 2001 年面临的挑战，当时他们宣布要在伦敦希思罗机场建造一栋耗资数十亿美元的新航站楼。

伦敦希思罗机场：挑战不可更改的最后期限

伦敦希思罗机场过去是、现在仍然是全世界最繁忙的机场之一，新建的 5 号航站楼将使这座机场的吞吐能力再上一个大台阶。5 号航站楼的主楼将成为英国最大的独立建筑，加上它的两座配楼，5 号航站楼将拥有 53 个大门，建筑面积达到 35.3 万平方米。提到机场时，我们就会想到跑道和大型建筑。然而，在现实世界中，机场是基础设施和服务相结合的复杂的公共场所，一座大型机场就像一座小城市一样。因此 5 号航站楼还需要配备其他系统，比如隧道、道路、停车设施、铁路接驳专线、车站、电子系统、行李分拣系统、餐饮系统、安全系统，以及服务于整个机场的新的空中交通控制塔等，而所有的系统都必须无缝衔接并协同运行。

5 号航站楼的主楼和配楼都将建造在两条飞机跑道之间，跑道的一端是现有的中央航站楼区，另一端是繁忙的高速公路。在建造过程中，机场不能关闭，整个项目必须在不中断希思罗机场运行的情况下完成，哪怕中断一分钟也不行。然而，这一切似乎对英国机场管理局来说压力还不够大。英国机场管理局是一家负责机场运营的私营公司，英国许多重要机场都由这家公司负责运营。在 2001 年，英国机场管理局宣布，经过多年的规划，

5 号航站楼将于次年开始建设，而且整个项目将在 6 年半内完成。按照这一计划，5 号航站楼将于 2008 年 3 月 30 日启用，更准确地说，于当日凌晨 4 点正式启用。“这意味着，在那一天凌晨 4 点，餐厅必须温暖如春，食物必须准备妥当，所有入口也都必须准备就绪。”英国机场管理局主管兼工程师安德鲁・沃斯滕霍姆（Andrew Wolstenholme）这样回忆道，他监督了新航站楼的建设过程。[3]

对于如此庞大的一个项目，提前这么多年就公开宣布它的正式启用日期，可以说英国机场管理局真的是雄心勃勃。有人可能会说这是鲁莽之举，当然，这确实是不同寻常的。希思罗机场非常拥挤，每年都有数千万疲惫不堪的旅客拖着行李穿过拥挤、破旧的大厅，因而修建一栋新航站楼的计划早在 15 年前就已经成为共识了。但是这个项目计划花了很长时间才取得实质性进展，部分原因是机场周围的社区居民反对，而且这个项目还经过了英国历史上历时最久的一轮公众咨询。在英国机场管理局正式宣布开建新航站楼之前，关于这个项目的所有事项都推进得相当缓慢。

接着，英国机场管理局进一步自加压力，他们运用了我在本书第 6 章中介绍的参考类别预测法，考察了英国主要的建筑项目和国际机场项目，然后得出结论称，如果新航站楼的建设只能达到类似项目的通常水平，那么它就会延误一年竣工，同时预算也要超支 10 亿美元，这个结果可能会把公司拖入泥潭。[4] deadline（最后期限）这个单词源于美国内战时期，当时的战俘营内划定了一条边界线，任何越过界线的战俘都会被当场射杀。[5] 对于英国机场管理局来说，这个比喻非常贴切。

要想取得成功，5 号航站楼的建造就必须远远超过通常水平。为了实现这个目标，英国机场管理局采取了如下 3 个关键策略。

第一个策略是计划。与我在第 4 章中所说的皮克斯迭代法一致，5 号航站楼项目在计划时，先构建了极其详细的数字化图像，可以对项目进行严格的模拟。也就是说，5 号航站楼在真正建造之前，已经在计算机上建造了无数遍了。

第二个策略是采用一种与传统方式完全不同的建造方法，数字模拟使之得以实现。就像埃及人建造金字塔那样，传统的建造方法是把所有材料都送到工地上进行测量、切割、成型，然后焊接到建筑物上，而建造 5 号航站楼的所有材料是先被送到工厂，由工厂根据发送给他们的详细精确的数字规格来制造各个部件，然后再把所有部件送到工地上进行组装。在那些非专业人士的眼中，5 号航站楼的建造现场看上去仍然很像一个传统的建筑工地，但它不是，它已经成了一处装配场所。[6] 两种建造方法的差别尤其重要。建筑业要想在真正意义上踏入 21 世纪的门槛，每个大型建筑工地都需要效仿这种新做法。这种建造方法被称为“面向制造与装配设计”，这也正是效率极高的汽车行业的运作方式。英国机场管理局首席执行官、捷豹公司前总裁约翰·伊根（John Egan）爵士在提交给英国政府的一份很有影响力的报告中指出，这种方法可以极大地提高建筑业的效率。[7] 在 5 号航站楼项目中，他终于将自己的想法付诸实践了。

第三个策略是关于人的。我们都知道，当我们既团结一致，又拥有自主精神，共同为一份有价值的事业全心全意地奋斗时，我们的表现往往是最好的，许多心理学和组织行为学的研究都证明了这一点。[8] 而且，这也早就成了一个共识。有一句话可以描述如此思考和行事的一群人：他们是一个团队。沃斯滕霍姆和英国机场管理局的其他高管都知道，5 号航站楼项目要想成功，参与者就必须组成这样一个团队。当然，他们也很清楚，这是一个非常高的要求。5 号航站楼的建设将由成千上万的人共同完成：从企业高管、律师到工程师，再到测量师、会计师、设计师、电工、水管工、木工、焊工、玻璃工、油漆工、司机、管道安装工、园林设计师和厨师等。他们中既有白领也有蓝领，既有管理层，也有工会人员。他们来自不同的组织，有着不同的文化背景和兴趣爱好。**然而无论如何，这一大群形形色色的人都必须变成一个协同合作、目标明确、有创造力的整体。**

为了实现组建一个高效团队的目标，沃斯滕霍姆从一开始就领导了一场精心策划的“运动”。“我们的方法不适合胆小的人。”他说，“我们必须有一个非常强大的领导层，他们不仅知道要做什么，而且也知道如何做。”

如何建立相互信任、彼此理解的团队

第一个“如何做”，是英国机场管理局明确并决定，自己要做的事情绝不仅仅是将工程发包给几家企业，然后对他们的施工过程进行监督。相反，英国机场管理局将积极主动地领导整个项目并分担风险，而这就意味着要尽早介入各种可能的争端。

理查德·哈珀（Richard Harper）是一名建筑监理师，他在 5 号航站楼项目工作了 4 年半，指导数百名工人架设主航站楼和其他建筑物的钢架。在项目的早期阶段，哈珀的钢铁公司必须在英国机场管理局发包的一个主承包商后面入场施工，那是一家负责浇筑混凝土的英国大型工程公司。哈珀对英国机场管理局警告说，那个主承包商的施工速度不够快，无法在自己的公司进场前完成前道工序，会导致自己的手下不得不“光站着看”。工人和设备都在工地上白白地等待，这在建筑行业是一种代价非常高昂的罪过。如果发生了这种情况，哈珀的公司在财务上将会遭受严重的损失，因为与英国机场管理局签订的合同规定，这种情况下，哈珀的公司只能获得固定的报酬。尽管那个主承包商保证自己的进度不会落后，但是最终还是落后了。哈珀的老板非常愤怒，两家公司就谁该为此负责而争吵起来。

“英国机场管理局当时应该感觉到了麻烦正在逼近。”哈珀后来回忆道，他来自伯明翰，说话时带着很重的伯明翰口音。他所属的公司准备起诉那个主承包商，而且情况还可能变得更糟。哈珀说，他的老板“脾气很暴躁，他很可能会放弃这个项目，因为在其他项目中，他就这样做过”。[9]

这时候，英国机场管理局介入了。他们修改了与哈珀所属公司签订的合同，将支付方式改为，在达到项目规定时，全额报销哈珀公司的实际成本，并给予最高的利润加成。合同修改之后，激励结构发生了变化，英国机场管理局有效地化解了这场危机。哈珀的公司和主承包商不再需要维护各自的利益，于是他们不再互相指责，而是坐下来讨论怎样才能最有效地解决问题。主承包商同意增加数百名工人，哈珀的公司则同意在主承包商赶进度的时候，先将工人转移到其他工程上。一场可能导致项目崩溃的冲突很快就得到了解决，这保证了项目的顺利进行。

英国机场管理局与哈珀所属公司签订的合同，后来成了这个项目的标志。这意味着，英国机场管理局为此承担的风险远远超过了签订普通合同所带来的风险。但是，这类合同能够给表现良好的企业提供强大的正面激励，比如达到基准和超过基准时就能获得奖金，因此可以确保参与该项目的众多公司在利益方面不再相互对立。相反，每家公司都有了相同的利益诉求，就是按时完成 5 号航站楼的建设。[10] 由于双方利益一致，哈珀所属公司和那个主承包商之间的合作非常顺利。有一次，那个主承包商的施工一度导致哈珀的工人无法操作起重机。两家公司的高管没有为此吵个不休，也没有向英国机场管理局抱怨，而是坐下来探讨解决方案，很快，他们就同意建造一个临时斜坡，保证两家公司可以同时施工。主承包商迅速建成了斜坡，并承担了费用。哈珀说："那至少要花 10 万英镑。"但这不重要，关键是项目得以继续推进了。

许多公司的经理们彼此认识，这对他们的合作很有帮助。"我们都在伦敦、英格兰和威尔士的工地上一起施工过。"哈珀说。他和大多数同事一样，在参与 5 号航站楼项目时已经有了几十年的经验了，"所以从一开始各方关系就很融洽。"当然这也是有意为之。尽管很多人并不明白，但是英国机场管理局很清楚，最低报价并不一定意味着最低成本，因此，英国机场管理局没有遵循将工程发包给最低出价者的惯例，而是坚持选择了与他们合作过很多年、已经证明有能力提供所需产品或服务的公司，这就是第二个"如何做"。英国机场管理局还鼓励这些公司对专业分包商也采取同样的做法，这个案例再一次说明，要重视经验的价值。

"如果你想赢得一场足球比赛，那最好每个赛季都派上同样的阵容。"沃斯滕霍姆说，"我们相互信任，彼此理解。"他用了一个英国人常用的比喻来回忆这个项目。

但是，当你必须与来自不同公司的人共同推进一个项目时，你会为哪个团队效力？谁是你的队友？团队成员需要身份认同感，要想真正成为团队中的一员，我们必须先知道自己属于哪个团队。因此，英国机场管理局给了5号航站楼项目的所有参与者，包括本公司的员工一个明确而有力的答案：请不要再去想大型项目通常是怎么做的。在这里，你的团队不是你的公司，而是5号航站楼项目，我们是同一个团队。

沃斯滕霍姆是一名拥有数十年建筑业经验的工程师，但是他的职业生涯最早始于英国军队。在英国军队里，你所效力的团队的名字就在你的额头上，那就是你所属部队的帽徽。沃斯滕霍姆说："只要有人参与5号航站楼项目，我们就会告诉他，'摘下你的帽徽，把它扔得远远的，因为你是为5号航站楼项目工作的'。"

这个信息要明确地、直截了当地传递给每一位参与者，而且要不断重复。"我们贴了很多海报，用灯泡照得闪亮，上面写的是'我明白了，我是为5号航站楼工作的'。"

"我们正在创造历史"

在团队中，塑造身份认同是第一步，明确目标则是第二步。要想大家全身心地为5号航站楼项目工作，那么目标在大家心目中得非常重要才行。为此，施工现场贴满了海报和其他宣传品，将5号航站楼与以往的大型项目进行比较，比如巴黎部分完工的埃菲尔铁塔、纽约正在建设中的中央车站、伦敦巨大的泰晤士河防洪闸，每一张海报的标题都是"我们正在创造历史"。当5号航站楼建设的某个重要阶段完工后，比如说安装好了新的空中交通管制塔后，管理者就把它与埃菲尔铁塔和其他伟大建筑一起放上海报。“终有一天，你可以非常自豪地告诉别人‘我建造了 5 号航站楼’。”海报上的话让人充满希望。

沃斯滕霍姆后来回忆道，整个项目的理念就是“从上到下，从清扫跑道灰尘的清洁工，到浇筑混凝土的建筑工人或铺地板的装修工人，都共享这种文化。他们必须对我们正在建设中的每一部分都有同样的感受：我们建造 5 号航站楼，就是在创造历史”。

我从小在建筑行业里长大，亲身经历告诉我，建筑工人非常敏感，能够了解工地上发生的每一件事情。此外，他们有充分的理由对管理层的许多行为提出质疑。当看到企业的宣传海报时，他们心里知道那只是宣传，因此他们并不相信那些话。哈珀说：“在我们到过的每一个工地，大多数工人都抱着怀疑的态度。”当然，他们如此愤世嫉俗通常是有道理的，“因为管理层说的很多话都是胡说八道”，承诺从不兑现，工作条件很差，没有人倾听工人们的诉求。当现实与承诺不符时，关于团队合作和创造历史的企业公关宣传不但没有任何作用，而且还会适得其反。

哈珀说，工人们刚开始也把他们一贯持有的怀疑态度带到了 5 号航站楼项目。“但是在我们这个工地，即便不能说在 48 小时内，也最多在一个星期之内，所有人都接受了 5 号航站楼的理念。因为他们亲眼看到，5 号航站楼项目真的是说到做到。”

首先是现场设施的保障工作。“这真是一件令人难以置信的事情”。哈珀告诉我，他的语气表明，直到现在他仍然觉得很惊讶。“工人们从未见过这种情况。厕所、淋浴间和食堂是我工作过的所有工地上见过的最好的，所有现场设施的设计都太棒了。”

其次，英国机场管理局确保无论工人需要什么，他们都能马上拿到手，尤其在涉及安全问题的时候。哈珀说：“（英国机场管理局）为所有人提供了个人防护装备……如果有人手套湿了，他们只需要把湿了的手套拿回商店，就能换到一副新手套。如果他们的眼镜上有划痕，看不清东西，他们也可以把眼镜拿回去换。许多人都不习惯这样做，这种管理方法对他们来说是全新的。在其他工地上，管理者会告诉你，如果你对眼镜或其他东西不满意，那么就自己去买。”在外人看来，这些可能只是小事一桩，但是正如哈珀指出的，对工人来说，这些问题非常大。“如果你能让一个人愿意一大早就起床去工作，并把他想要的东西全都准备好，放在那里，那么你就可以换来他一整天的认真工作。相反，如果你从一大早就开始让他干得不舒心，那么接下来的 8—10 小时都会非常难搞，你需要很清楚这一点。”如果能这样做，那么经过成千上万的工人成百上千个工作日的努力，你将会得到一笔巨大的财富。

不仅如此，5 号航站楼项目的经理们在听取工人们意见的同时，还会主动询问他们的意见，即让一些工人与设计师坐下来探讨如何改进设计方案和工作流程。一旦就工作标准达成了一致，熟练工人就可以建立起自己的基准体系，以明确自己和其他工人都需要达到的工艺质量。大约有 1 400 个这样的样板被拍照、编目，然后在工地上展示。因为施工基准来自现场工人，所以工人们可以迅速掌握施工基准，从而极大地提高施工效率。

有了共同的身份认同、目标和标准，开诚布公地相互交流就更加容易了。英国机场管理局还进一步营造了一种氛围，保证每位项目参与者都有权利和责任说出自己的想法。哈珀说，如果你想说点什么，每个人都知道“英国机场管理局支持你畅所欲言”，“如果你有了一个好想法，‘我认为我们可以这样做或那样做’，你可以自由地说出来。如果对某件事情感到委屈，你也可以自由地说出来。”

哈佛大学教授艾米·埃德蒙森（Amy Edmondson）将这种能够自由表达自己想法的感觉称为“心理安全”（psychological safety）。心理安全在工作中的价值不可估量，它能鼓舞士气，激励进步，用沃斯滕霍姆的话来说，还能确保“坏消息传得很快”，从而使问题很快得到解决。[11]

凌晨 4 点……战胜不可更改的最后期限

这些措施奏效了。“我 60 岁了，从 15 岁开始就在建筑行业工作。”哈珀说，他在英国以及世界各地都工作过，“但是我从未看到过如此高水平的合作。”

从西装革履的管理者到头戴安全帽的一线工人，所有人的心灵都是高度相通的。“没有一个人来找我说过任何关于 5 号航站楼的坏话，每个人都只说赞美的话，这是一份多么棒的工作啊！管理人员和现场工人精诚合作，不需要大喊，更不需要尖叫，每个人都很开心。”哈珀告诉我，最有说服力的证据是那些印有项目标志的衬衫和夹克。所有的大型建筑项目都会把这些东西发给工人，但是除了在工地上，不会有工人愿意在下班之后继续穿。哈珀举例说：“在我现在工作的工地，工人们迫不及待地想把它们脱下来，因为他们讨厌承包商。”然而令哈珀惊讶的是，在 5 号航站楼项目中，工人们非常喜欢使用有项目标志的装备，就像热情的球迷喜欢穿他们球队的球衣一样。“那些家伙下班后会穿着它们直接去酒吧，因为他们很自豪能参与这样一个项目。”

5 号航站楼按预算、按工期顺利完成了。2008 年 3 月 27 日凌晨 4 点整，5 号航站楼正式开放，比预定的日期还提前了 3 天。咖啡确实很热。这个项目当然也不是十全十美的。最初几天，行李分拣系统出了问题，英国航空公司不得不取消了几个航班，这是令人尴尬的，而且代价不菲。但是这些问题很快就得到了解决，5 号航站楼在几个月内就开始正常运行了，而且从那以后一直如此。在一项由全球旅行者参与的年度调查中，5 号航站楼经常位列全球最受欢迎的航站楼榜单中，而且在投入运营的前 11 年里，它曾经 6 次占据榜首。[12]

成功来之不易。沃斯滕霍姆表示：“我们在团队建设方面投入了大量资金。”英国机场管理局也在这方面投入了大量的时间和精力，而且还直接承担了更多的财务风险。但是，如果这个项目的建设只达到了类似项目的通常水平，那么它就会超过最后期限，而且成本超支也很可能达到数十亿英镑的级别。因此，花在团队建设上的钱也就成了一笔极其出色的投资。

反面教训也有，它来自另一个大型项目，碰巧这个项目也位于伦敦。2002 年被拆除之前，温布利球场一直是全世界最著名的足球场，也是英国的足球圣地。但是，当局决定将它拆除，建一座新的体育场。如果说，英国只有一个项目可以激发起团队合作精神，那一定是英国国家足球队新主场的建设了，毕竟，足球是英国的全民运动。然而，在温布利球场项目中，类似于 5 号航站楼项目中的“为共同目标奋斗”和“创造历史”的精神完全没有出现，恰恰相反，它成了一个充满冲突的项目，中途停工是家常便饭。哈珀指出："那些家伙对建造我们的国家体育场毫无自豪感。"因此毫不奇怪，这个项目在最终截止日期后又拖延了数年之久，英格兰足总杯决赛和许多其他赛事不得不转移到其他地方举办。据《卫报》报道，它的建造成本从预计的 4.45 亿英镑增加到了 9 亿英镑，翻了一番。最终，它还不可避免地引发了一场大规模的诉讼。[13]

当然，不可能每个人都喜欢 5 号航站楼项目，毕竟，这只是一栋机场航站楼。然而，建造 5 号航站楼的工人们对这个项目非常投入，当 5 号航站楼竣工后，工人们在离去时都把徽章又戴回去了。"人们发现很难再有机会参与这样的项目了。"沃斯滕霍姆如是说。

当我与哈珀交谈时，距 5 号航站楼竣工那天已经过去了 13 年，但是他的语气中仍然满含着感伤之情。他说："我很喜欢它。"

扩大规模的秘密

当你的团队按预算、按工期交付了项目时，当项目带来了预期的收益时，你是不是觉得应该开香槟庆祝了？你可能认为这本书也到了该结束的时候了，但是我还不能就此停笔，因为我还没有把第 1 章提出的谜题答案告诉你。

你应该记得，大多数不同类型的项目不仅有进度超时、预算超支和收益比预期少的风险，它们还面临着发生灾难性事件的风险，这意味着你的预算可能不仅仅会超出 10%，有可能会超出 100%、400%，甚至更糟。这些都是“黑天鹅事件”带来的结果，我们把存在这类风险的项目类型称为“肥尾分布”项目，其中包括核电站、水电站、信息技术、隧道、大型建筑、航空航天等。事实上，在我的数据库中，几乎所有的项目类型都遵循肥尾分布，但并非全部。

有5类项目不遵循肥尾分布，这意味着尽管这5类项目可能也会有工期延误或预算超支的情况，但是不太可能出现灾难性的后果。这5个“幸运儿”是谁呢？它们是太阳能、风能、化石燃料发电、电能输送和公路项目，其中，表现最好的类型是太阳能和风能项目。

这就是谜题所在：为什么这些类型的项目可以成为例外？是什么让它们比其他项目风险更低？为什么太阳能和风能是所有项目中最可靠的项目，比其他类型的项目都更有可能成功地交付？

我将在下一章，也就是本书最后一章给出一个极具启发性的答案。我将把前面章节的想法组合成一个模型，任何人都可以用这个模型来降低成本、提质增效。这个模型适用于各种规模的项目，小到制作婚礼蛋糕和装修厨房，大到修建地铁和发射人造卫星。

相较而言，对于那些必须扩大规模的项目，这个模型更有价值，而且可以说是必不可少的。有了这个模型，无论多么大的项目都可以以更低的成本，更快速、更可靠地推进，而且风险也更小。这样一来，我们就能够以更高的质量和更快的速度进行大规模建设，节省下来的资金足以改变企业、行业乃至整个国家的格局。这个模型甚至可以帮助我们免受气候变化的影响。

做成大事的诀窍

HOW BIG THINGS GET DONE

痛点：水电站项目的一些管理人员没有任何水电站的建设经验，但这个项目就在他们的指导下进行了。为什么会这样？因为有经验的管理人员很难找到，所以，水电站项目的业主们聘请了石油和天然气公司的高管来建造水电站。项目最终以惨败告终，甚至威胁到整个省的经济发展。

分析：经验丰富的团队的价值无论怎么强调也不为过，但是这一点经常被人们忽视。拥有一个强有力的计划还不够，我们还需要一个有能力、有决心的项目执行团队，将计划变成现实。当我们既团结一致，又拥有自主精神，共同为一份有价值的事业全心全意地奋斗时，我们的表现往往是最好的。

解决方案：提前雇用专业团队是最简单的解决办法，而组建自己的团队是更常见的情况。你应当：积极主动地领导整个项目并分担风险，尽早介入各种可能的争端；塑造身份认同，将“我们是一个团队”的信息明确地、直截了当地传递给每一位参与者，而且要不断重复；明确目标，让每一位参与者都理解目标的重要性；提供完善的保障措施，营造开诚布公的氛围，每一位项目参与者都有权利和责任说出自己的想法。

HOW BIG THINGS GET DONE

第9章

模块化，你的“乐高积木”是什么

模块化建设可以使项目交付更快、成本更便宜、收益更好，对所有类型和规模的项目都非常有价值。

1983 年，日本政府启动了一个新项目。这个新项目规模宏大，在当时看来非常有前途，这个项目就是大名鼎鼎的文殊核电站项目。“文殊”原本是代表智慧的菩萨的名字。根据计划，文殊核电站将是一座新型核电站，建成后，不仅可以像普通核电站一样为消费者提供电力，而且能利用快中子增殖反应堆为核工业生产燃料。由于日本长期处于能源安全的威胁之下，人们期待文殊核电站的设计和建造可以为他们创造更加美好的未来。[1]

文殊核电站在 1986 年开工建设，大约 10 年后，也就是在 1995 年，它总算完工了。但是，很快，一场大火使文殊核电站的全部设施被迫关闭。有关方面企图掩盖这次事故，但最终演变成了一桩政治丑闻，导致这座核电站闲置了数年之久。[2]

2000 年，日本原子能机构宣布，文殊核电站可以重新启用了。日本最高法院最终在 2005 年正式批准重启文殊核电站。文殊核电站原计划于 2008 年开始投入运营，但是后来又被推迟到了 2009 年，真正的试运行直到 2010 年才开始，全面运行则计划于 2013 年启动。但是到了 2013 年 5 月，文殊核电站的 1.4 万个部件突然暴露出维护缺陷，其中还包括至关紧要的安全设备，这使得重启计划不得不再次暂停。同时，文殊核电站还暴露出很多违反安全协议的行为，日本核监管局不得不最终宣布文殊核电站的运营商不合资质。[3]至此，日本政府已经花掉了120亿美元，另据估计，如果最终重新启动文殊核电站并运营10年，日本政府还需要再支出60亿美元。而且，由于2011年发生福岛核电站灾难，公众舆论已经转而反对使用核电了。无奈之下，日本政府最终不得不选择认输，在2016年宣布永久关闭文殊核电站。[4]

然而，要让文殊核电站彻底“退役”，预计还需要30年时间，耗资34亿美元。如果这个预测是准确的，那么这个核电站项目最终将花费60年时间，耗资150多亿美元，但是发电量为0！[5]

当然，文殊核电站只是一个极端的例子，不过并非特例。事实上，在我的数据库中，核电站是表现最差的项目类型之一，按实际成本计算，核电站项目的平均成本超支率达到了120%，工期比计划平均推迟了65%。更糟糕的是在成本和进度上都有极端的肥尾风险，这就说明，它们的成本可能会不只超出预算的20%或30%，也可能超出200%或300%，甚至可能超出500%或者更多。就像文殊核电站一样，事情的糟糕程度几乎没有极限。[6]

许多其他类型的项目记录也只是比核电站项目稍微好一点点，但仍旧很糟糕。因此，问题不在于核能本身，而在于文殊核电站这类大型项目的设计和建造方式。只有当我们真正了解了这个问题之后，我们才能找到一个解决方案来完成这类大型项目，那就是“建大若小”。这听上去似乎有点矛盾，其实不然。事实上，大型项目也可以很小，就像一块乐高积木那样。但是请记住，这种能用乐高积木做成的事情是很了不起的，我们很快就会看到这一点。

一个庞然大物：不仅进度缓慢且成本高昂

设计和建造一个超大规模项目的第一种方法是只建造一件东西，即建造一个庞然大物。

文殊核电站是一个庞然大物，大多数核电站都是如此。巨型水电站、加利福尼亚州筹建的高速铁路、庞大的信息系统和摩天大楼，这些都是庞然大物。

如果像建造文殊核电站那样去建造这些庞然大物，那么你只是在建造一件东西。根据定义，那件东西必定是独一无二的，或者用裁缝的行话说，它肯定是量身定制的：没有标准部件，没有已经商业化的现货产品，也不可能简单地重复上次做过的事情，这意味着缓慢和复杂。例如，建造一座核电站需要数量惊人的专门定制的部件和系统，而且这些部件和系统必须全都运行正常且协同工作，这样才能使核电站作为一个整体正常运行。

如果是以这种方式去完成大型项目，单是复杂的定制就会使其难以交付，更何况还存在其他一些因素使情况变得更加复杂。

第一，你不可能快速建造出一座核电站，运行一段时间，看看哪些东西可行，哪些东西不可行，然后吸取教训，修改设计，这样做成本太高了，也太危险了。在本书第 4 章中我们讨论过“通过试验积累经验”的原则，试验占了其中的一半，但在这种建造方式之下，试验已经无用武之地了。你别无选择，第一次尝试就必须把事情做好。

第二，在核电站项目中，“通过试验积累经验”原则中的另一半——经验也是个问题。如果你正在建造一座核电站，很可能你以前没有做过多少类似的工作，原因很简单，我们人类建造的核电站还很少，而且每座核电站都需要很多年才能完成，因此积累经验的机会也很少。然而，在这种无法进行试验且缺乏经验的情况下，你第一次尝试就必须做到完全正确。毫无疑问，就算可能存在这样的情况，也是非常困难的。

即便你拥有一些建造核电站的经验，你可能也没有建造这座核电站所需的经验，因为除了极少数例外情况，每座核电站都是为特定的地点专门设计的，技术会随着时间的推移而变化。就像文殊核电站，它是专门定制的、独一无二的，是它所属类别中的唯一一个。

任何定制的东西必定都很昂贵且制作缓慢，比如定制西装。请想象一下，如果请一位几乎没有西装裁制经验的裁缝为你定制一套西装，而且必须第一次就把它做好，一般不会有什么好结果。这只是一套衣服，或许无关紧要，但是价值数十亿美元、极其复杂的核电站就不一样了。

由于无法进行试验且缺乏经验，你会发现完成这种大型项目比你想象的更加困难，成本也更高。不仅你正在进行的单个项目是这样，这种类型的项目都是这样，你们会遇到未知的障碍。通常你认为有效的解决方案往往并不奏效，你也不能通过修修补补或重新修订计划来弥补。运营专家们把这种情况称为“负向学习”（negative learning）：你学得越多，就越困难，成本也越高。

第三，你需要面临财政压力。核电站必须完全完工之后才能发电，即便项目已经完成了 90%，也还是没有任何用处。因此，投入核电站建设中的所有资金，在举行正式发电剪彩仪式之前的所有时间里，不会带来任何收益。考虑到专门定制和项目的复杂性，无法进行试验、缺乏经验、面临负向学习等障碍，以及必须第一次就把一切都做好的压力，这肯定需要很长的一段时间才能完成。这些财政压力最终都会反映在核电站糟糕的业绩数据上。

第四，请不要忘记还有“黑天鹅事件”。任何项目都很容易受到不可预测事件的冲击，而且随着时间的推移，项目会变得越来越脆弱。所以，当一个大型项目的建设和交付需要很长时间，这就意味着，它被一些你不可能预料到的事情击倒的风险非常高，这也正是发生在文殊核电站身上的事情。在这个项目启动超过 30 年后，正当它已经建造完成、开始准备投入使用时，一场地震引发的海啸袭击了福岛核电站，引发了一场灾难，将公众舆论逆转为反对使用核电，最终导致日本政府决定永久关闭文殊核电站。有人说，在 1983 年这一项目立项时，是不可能预测到这种事态发展的。这种说法太轻描淡写了，可以肯定的是，在一个项目的建设和交付需要数十年时间的情况下，往往不可避免地会发生不可预测的事件。

综上所述，核电站和其他巨型项目的建设和交付不仅进度缓慢而且成本高昂也就不足为奇了，事实上，它们能做到交付就已经很了不起了。幸运的是，我们还有另一种方法来建造这类庞然大物。

许多小东西：重复是成功之母

在这本书的开头，我提到了在尼泊尔建设一批学校的项目。这个项目成功地为尼泊尔各地民众提供了 2 万间学校教室。建筑师汉斯·劳里茨·约恩森（Hans Lauritz Jørgensen）和我一起设计、计划和安排实施了这个项目。

对于这个项目，我们可以从两个不同的角度来看。从其中一个角度来看，它是巨大的，毕竟，我们建成了尼泊尔全国学校系统的主要组成部分；但是从另一个角度来看，它又是很小的，因为我们可以把关注的焦点放到教室上。在尼泊尔的很多地方，一间教室就是整所学校；而在另一些地方，把两间教室合在一起就成了一所学校；还有一些地方，3 间或 3 间以上的教室就可以组成一所学校。然后，足够多的教室组成足够多的学校，就组成了一个地区的学校系统，所有地区都这样做，就组成了尼泊尔全国学校系统。

不管有多少间教室，一间教室肯定是很小的。所以从这个意义来说，我们的项目是一个很小的项目。

小的就是好的。小项目可能会很简单，这也正是我和约恩森从一开始就定下来的目标。我们当然希望这些学校能够发挥教育功能、建筑质量高并具备抗震能力，在满足这些条件的前提下，学校还要尽可能地简单，这就是我们决定只采用 3 种学校设计的原因。因为尼泊尔是一个多山国家，所以，我们把学校所在地的坡度作为主要的变量。

尼泊尔政府强调，尼泊尔迫切需要这些学校，所以我们从各个方面加快了项目的进度。我们只用了几个星期的时间就完成了基本设计和施工方案的初稿，筹集资金和最终做出决定也只花了几个月的时间，然后，第一批学校就开始建造了。[7]

建造小而简单的东西相对容易。第一间教室很快就建造完成了，然后是第二间……对于许多只有一两间教室的乡村学校来说，这就是一所完整的学校；对于那些需要更多教室的学校，我们就多建几间教室。当一所学校建成后，老师们开始教学，孩子们就可以去上课了。第一批教室和学校建成后，专家们就来到现场进行评估，确定哪些东西是有效的，哪些东西是无效的，然后我们会做出相应的修改。接着我们启动了下一批教室和学校的建设，然后是再下一批。

一遍又一遍地重复这个过程，我们就完成了整个项目。若干间教室组成了一所学校，许多所学校组成一个地区的学校系统，这些地区成了尼泊尔全国学校系统的新成员。在这个系统中，成千上万的学生正在学习，这是一个由许多小东西组成的庞然大物。

然而，这个庞然大物与文殊核电站那样的庞然大物之间有一个非常大的区别：尼泊尔的学校是按预算建成交付的，而且比计划提前了好几年。根据第三方的独立评估报告，它们投入使用后，运行得非常好。[8]

“模块化”（Modularity）是一个笨拙的词，我们用它来描述用小东西构筑成大事物这样的巧妙概念。一块乐高积木是一个很小的东西，但是把 9 000 多块乐高积木组装起来，你就可以建造出按比例缩小后的罗马斗兽场模型，那是乐高最大的积木模型之一，这就是模块化的含义。

花点心思在全世界找一找，你就会发现模块化无处不在。砖墙是由成百上千块砖砌成的；行动起来就像一个有机体的椋鸟群，是由成百上千只或成千上万只鸟组成的；甚至我们人类的身体也是模块化的，由数万亿个细胞组成，而且这些细胞本身也是模块化的。模块化之所以普遍存在，有进化的原因：在进化论所说的“适者生存”中，“适者”通常是一个自我复制特别成功的模块。[9]

模块化的核心是重复。放下一块乐高积木，再找一块，然后找另一块，又找一块。重复、重复、再重复。咔嚓、咔嚓、咔嚓，不断拼上。

重复是模块化的天才之处，它使试验成为可能。如果某个事物成功了，你就把它留在计划里；如果它没有，借用著名的硅谷行话来说，你就“快速失败”了，然后马上调整计划，你会变得更聪明，计划也会得到改进。

重复还能积累经验，让你表现得更好。正如我们在前面看到的，这就是通常所说的“正向学习”（positive learning）。重复会加速你的学习曲线，让每一次新的迭代都更完善、更容易、更便宜、更快速。

正如一句古老的拉丁谚语所说，“*Repetitio est mater studiorum.*”，即重复是学习之母。是的，我在第 4 章已经引用过这句谚语了，但重复真的是学习之母啊！

婚礼蛋糕就是一个很好的例子。即便是最奢华、最壮观的婚礼蛋糕，大多也是由一些相同的、扁平的、普通的蛋糕组合而成。将多块蛋糕叠放好，你就得到了一层蛋糕；再烤一些蛋糕，叠放好，你又得到了一层蛋糕；将许多层蛋糕组合起来，你就可以得到一个巨大的蛋糕塔。当然这听起来很简单，正如许多烘焙爱好者在动手做时发现的那样，即便每一块蛋糕都烤得很好，你在第一次尝试叠蛋糕时，做出来的成品很可能更像“比萨斜塔”，而不是杂志上印的那种宏伟的“纪念碑”。面包师只有经过了多次尝试，并坚持不懈地从这里学一点、那里学一点之后，才能做出完美的蛋糕。但是，由于婚礼蛋糕本质上是模块化和具有重复性的，坚持学习的面包师很快就能获得经验，因此，他们很快就会变得非常熟练。

值得注意的是，模块化本质上是一个程度问题。帝国大厦的模块化程度还没有达到乐高积木模型的模块化程度，但是建筑师把所有的地板都设计得尽可能彼此相似，而且其中有许多是完全相同的，这意味着工人们经常进行重复性的工作，这有助于他们更快地学习和完成工作。类似地，五角大楼的建设也因为大楼各个面的设计相同而加快了进度。按照同样的思路，我建议一家正在建造大型核电站的公司完全复制他们最近建造完工的另一座核电站的经验，这样做并不是因为前面那座核电站取得了巨大的成功，而是因为即便是如此低程度的重复也能加速他们的学习曲线，点点滴滴都会有所帮助。

在尼泊尔，我们的乐高积木是教室，学校和地区的学校系统则是更大一些的模块，所以这个项目是模块化的。但是，这个项目也可能以糟糕的结局告终，因为我们的学校是用传统方式建造的：把全部建筑材料都运到工地上，然后工人们在现场切割、制作框架、铺设、和砂浆、钉钉子、打磨和整理材料，一间教室接着一间教室地把学校建造起来。在其他国家，这些工作都可以在工厂里完成，但由于种种原因，这在尼泊尔还做不到。如果从工厂运来的“乐高积木”足够小，可以装在一辆平板卡车上，并通过公路运输，那么我们就可以做到直接用“积木”拼装出一间完整的教室。但这一假设的前提是有公路，而尼泊尔的许多山村都不通公路。如果教室太大，不适合这种方法，那么我们可以分批次建造，只建造半间教室，或者只建造教室的某个组成部分，然后把这些模块运输过来安装即可。当这些模块被运到施工现场时，建筑还没有建成，我们要把它们像乐高积木一样组装起来，这样一来，施工现场就会变成组装现场。如前所述，这正是你需要的建造方式。

当时英国政府就是这么做的。工厂先制造出教室半成品，然后把这些“乐高积木”运到现场，组装成一所新学校。英国政府负责这个项目的官员迈克·格林（Mike Green）表示：“这种方法能够使我们更好、更快地提供更高质量的服务。”而且，它也便宜得多。格林告诉我：“我们已经把新建学校的每平方米建造成本降低了 1/3。”他认为，除了建造成本，这种方法还可以节省更多，[10] 我的数据也证实了他是对的。

在工厂制造各个模块，然后运到现场组装，这种新的建造方式比传统的建造方式效率高得多。这是因为，工厂处于受控环境下，从一开始就被设计成尽可能高效、线性和可预测的状态。一个明显的例子就是，恶劣的天气通常会严重阻碍在室外进行的建筑工作，相比之下，工厂的生产则一般不受外界天气因素的影响。正如我在上一章中提到过的，这种方法准确的表述是“面向制造与装配设计”，这也正是希思罗机场 5 号航站楼项目成功的重要原因。

当我们用从工厂运过来的“乐高积木”进行组装时，扩大规模主要就是一个添加更多相同模块的过程了，最好的例子便是服务器场。尽管它在我们的数字世界中是不可或缺的，但服务器场是一种很少有人见过，同时也很少有人想到过的基础设施。一台服务器就是一块乐高积木，将许多台服务器连接起来，你就得到了一个机架；然后，机架排列成行，放在一个房间里，一栋大楼可以有很多个这样的房间；若干这样的大楼，就构成了一个服务器场。如果你是一家像苹果、微软或其他需要更多服务器的大公司，你可能需要建立多个服务器场。从原则上说，你可以通过这种方式快速地构建出没有上限的服务器能力，而且成本是不断下降的。

无标度的可扩展性

读者应该已经注意到了，我在上面没有使用精确的数字。这是因为数字可以按你的意愿随意放大或缩小，从一到无穷大，或者反过来，从无穷大到一都不会改变整体的性质。这就好比，椋鸟群就是一群椋鸟，无论它是由 50 只鸟、500 只鸟，还是 5 000 只鸟组成，都只能表现得像一群椋鸟。与这一性质对应的专业术语是“无标度”，意思是无论其大小如何，本质都是相同的。接下来，我将展示“无标度的可扩展性”（scale-free scalability）的魔力，其具体含义是指，你可以根据相同的原则任意扩大或缩小规模，而不再受规模的限制。显然，这个方法可以让你轻松地建设大型项目。数学家伯努瓦·曼德尔布罗（Benoit Mandelbrot）首先提出了无标度的可扩展性这一科学概念，他把这种性质称为“分形”（fractal）。分形就像一个流行的网络迷因（Internet memes），你看到了一个图案，然后又放大了这个图案中的某个细节，结果发现它看起来和整个图案是一样的，你不断放大，又不断发现相同的图案。[11]

模块化的力量非常惊人。2020 年 1 月，第一波新冠病毒感染疫情高峰袭来时，中国一家制造模块化住房的公司修改了原有的房间设计，并在一家工厂里进行大批量生产。9 天之后，一家拥有 1 000 张床位、1 400 名员工的医院就在武汉拔地而起了，而且，还有一些规模更大的医院也几乎以同样快的速度建了起来。[12] 中国香港在建造防疫隔离设施方面也完成了类似的壮举，从准备场地，到组装出 1 000 间舒适的、设备齐全的现代化房屋，只用了 4 个月的时间。后来香港特别行政区政府决定，任何来港人士都必须先在指定的检疫酒店里隔离满 21 天，于是该设施的规模迅速扩大到 3 500 个房间，可同时容纳 7 000 人。所有建造单元都可以拆开来运到别处再次安装，或者储存在仓库里。[13]

对于模块化也存在反对意见，反对者认为模块化可能适用于紧急情况和类似于服务器场这样的基础设施，但是它们既廉价又丑陋，因而不适用于永久性的和直接服务公众的项目，这种观点有一定道理。模块化住宅已经迭代了好多代，前几代确实既廉价又丑陋，但是这并不意味着以后也必定如此。许多模块化住宅都在改进，其中一个突出的例子是西尔斯现代住宅。在 20 世纪上半叶的大部分时间里，美国人可以打开西尔斯・罗巴克公司的购物目录，订购一套房子，然后就可以收到工厂生产的全套房屋部件。所有的部件都包括在内，还有组装说明，就像宜家的家具一样。西尔斯先后售出了大约 7 万套这样的房屋，其中有许多房屋在 90 年、100 年或 110 年后仍然屹立不倒，并因其建筑质量高和设计经典而备受赞誉。[14] 要知道，那是一个世纪以前的产品啊！现代信息技术和制造技术的发展，使模块化住宅更有可能，也更容易建造出来。

当我和迈克・格林交谈时，他正在开发一款应用程序，其功能是让英国的地方官员和公民通过拖拽代表标准尺寸的教室和走廊的图标，设计他们自己的学校。他告诉我："当你按下完成键之后，它就会弹出一个组件列表，你可以立即将它发送给制造商进行订购。"这款应用程序的目标是，让人们可以像订购汽车一样方便地订购学校，[15] 这确实是一个很恰当的比喻。汽车的生产是高度模块化的，甚至那些非常昂贵、极其复杂的汽车也是按乐高的方式组装起来的，而且没有人抱怨找不到真正令人满意的高质量汽车。因此，“模块化”、“美丽”和“高质量”这 3 个词完全有可能出现在同一个句子中。

丹尼·福斯特（Danny Forster）是一位建筑师，他在为曼哈顿的一条豪华街道设计万豪酒店时，就把酒店完全模块化了。这家万豪酒店是一座 26 层的优雅建筑，房间就是它的“乐高积木”。每一个房间都是在波兰的一家工厂里建造的，包括家具在内的所有东西都在工厂里配备齐全，然后运到布鲁克林的一处仓库里。疫情中断了他的计划，但是只要旅游业回暖，相关数据恢复正常，这些房间就可以从仓库中取出来，然后建造成全世界最大、最酷的模块化酒店。“我们将证明，模块化建筑不仅仅可以利用工厂的高效率，”福斯特说，“它还可以为我们建造一座优雅的、标志性的大厦。”[16]

大项目成败面面观

HOW BIG THINGS GET DONE

乔布斯与模块化

苹果公司位于加利福尼亚州库比蒂诺的总部绝对与廉价和丑陋沾不上边儿，它是由诺曼·福斯特（Norman Foster）、史蒂夫·乔布斯和乔尼·艾夫（Jony Ive）一起设计的，模块化在其中发挥了非常重要的作用。一切正如乔布斯所设想的那样：“在苹果公司总部这样的工作场所里，人们既可以敞开心胸，同时又可以拥抱自然。而要实现这一点，关键是把用于工作或协作的区域，也就是苹果公司通常所称的‘豆荚’（pod）进行模块化设计。”记者史蒂文·列维（Steven Levy）这样总结道：“乔布斯的想法是，一遍又一遍地重复使用这些豆荚——用于办公室工作的豆荚、用于团队合作的豆荚、用于社

> 交活动的豆荚等，就像一架钢琴能够像卷帘般滚动演奏菲利普·格拉斯（Philip Glass）的作品一样。”[17] 模块化原则还延伸到了这座建筑的建造过程之中。苹果公司首席执行官蒂姆·库克（Tim Cook）在接受《连线》杂志采访时表示：“我们把建造过程视为一个制造业项目，希望在外面就尽可能地把所有事情做好。”然后，他们就可以开始组装乐高积木了。

廉价和丑陋的模块化建筑与这些项目之间的区别是想象力和技术。要想充分挖掘模块化的潜力，要想发掘它有多少惊人的功能，我们需要“非同凡想”（think different），就像苹果公司的经典广告语所说的那样。

玩转乐高积木

我们的基础积木是什么？我们会不断反复制造，并且能让我们变得更聪明、使制造出来的东西变得更好的东西是什么？这是每个项目负责人都应该提出来的问题。我们怎样才能把大量的小东西聚集成一个大东西，或者说一个庞然大物？我们的乐高积木是什么？请认真探索这个问题，你可能会对自己的发现感到惊讶。

不妨以一座巨大的水电站为例来说明。乍一看，我们似乎别无选择：要么建水坝，要么不建，模块化似乎无法发挥作用。

但是模块化在这个项目中确实有用武之地。你可以分流出一些河水，让水通过小型涡轮机发电，然后再将水引回河里，这就是所谓的小型水力发电技术。小型水力发电装置相对较小，它能发的电仅是大型水坝发电量的一小部分。但是，如果把它当作乐高积木来看，重复、重复、再重复，你就可以获得大量的电力，同时对环境的破坏也更小，公民的抗议声浪也会更低，更不用说成本更低，风险也更小了。挪威虽然是一个只有 500 万人口的小国，却是全世界水力发电的领导者之一。挪威政府出台了一项政策积极促进小型水力发电事业的发展，自 2003 年以来已经委托开发了 350 多个小型水力发电项目，而且还有更多的项目正在计划中。[18]

类似地，有很多人认为，一家规模巨大的工厂要么是一个庞然大物，要么就什么也不是。但是，当埃隆·马斯克（Elon Musk）宣布特斯拉将建造全世界占地面积最大的超级工厂 Giga-factory 1 时，他心中设想的就是一个模块化的工厂。这个工厂现在已经改称为 Giga Nevada 了。马斯克的乐高积木就是一个个小工厂，先建好一个小工厂，让它运转起来；然后在它旁边再建一个小工厂，并把两者结合起来，接着建第 3 个、第 4 个，等等，以此类推。由于采用了模块化方法，特斯拉在宣布建厂后的一年内就生产出了电池并获得了收入，而此时，整个巨型工厂的建设仍在继续。全部完工后，它将由 21 块乐高积木组成。[19]

模块化的关键要素构成了马斯克所用的常规工程方法的核心，他在一系列差异悬殊的项目中都使用了这些要素。表面上看，特斯拉公司似乎与马斯克创立的太空探索技术公司（SpaceX）毫无关系，因为后者的愿景是彻底改变太空运输和服务行业。但是，利用可复制性来加速学习曲线、加快交付进度和提高绩效，这些要素也都纳入了太空探索技术公司的计划和交付模型中。[20]

长期以来，太空探索活动一直由一次性项目主导，它们都是非常复杂的大型项目，而且成本极其高昂，一个典型例子是 NASA 的詹姆斯·韦布空间望远镜（James Webb Space Telescope），这个项目造价 88 亿美元，超出预算 450%。现在太空探索领域也出现了一些积极的迹象，这表明模块化的方法也开始逐渐站稳了脚跟。例如，在卫星制造领域，一家名为 Planet 的公司（其前身为 Planet Labs）采用现有的商用电子产品，就像批量生产用于手机和无人机的电子产品一样，以尽可能低的成本制造出了便宜的、方便使用的 10 厘米见方的模块，这些就是他们的乐高积木。然后，这些乐高积木组装出更大的名为“立方体卫星”（CubeSat）的模块，3 个立方体卫星模块拼接起来，就可以得到一个“鸽子卫星”（Planet Dove）了。与长期以来常见的那种复杂、昂贵且体型庞大的卫星形成鲜明对比的是，每颗鸽子卫星只需要几个月的时间就能建造出来，重量不到 5 千克，成本则不到 100 万美元。以制造卫星的通常标准来看，鸽子卫星的成本确实微不足道。由于足够便宜，鸽子卫星即便发射失败了，也不会导致项目破产，而只会是一次学习的机会。现在，Planet 公司已经将数百颗这样的卫星送入了轨道，形成了一个卫星群，可用于气候监测、农场条件监测、灾害响应和城市规划等。尽管政策制定者还需要解决隐私问题，但是鸽子卫星有力地证明了模块化系统具有适应性和可扩展性，特别是，与 NASA 采用的完全定制的方法相比，鸽子卫星的优势是毋庸置疑的。[21]

再来看看地铁的情况。地铁似乎是一个很难模块化的例子，其实不然。1995—2003 年，马德里地铁公司完成了全世界规模最大的地铁扩建项目，这个项目在两个方面格外依赖模块化。首先，扩建中增设的 76 座车站被当作乐高积木对待，所有车站都使用了同一个简单干净但功能齐全的设计方案，其结果是建设成本大幅下降，建设和交付速度大幅提高。而且，为了扩大这些效应，马德里地铁公司一直避免使用新技术，只使用那些经过验证的技术，即那些凝聚着“凝固的经验”的技术。

其次，地铁扩建项目的领导者也是从乐高积木的角度来考虑地铁隧道的挖掘的，这是一个重要的观念突破。在一开始，他们就准确地测定了一台隧道掘进机及与之配套的工作人员可以挖出的隧道的最佳长度，通常在 200 天到 400 天内可以掘进 3 千米到 6 千米。然后，他们把需要挖掘的隧道的总长度除以这一数据，计算出按进度他们需要雇用的工作人员数和隧道掘进机的数量。有一段时间，他们有多达 6 台隧道掘进机在同时工作，这在当时是闻所未闻的。[22]

把隧道长度也看作乐高积木，使这个项目的正向学习曲线进一步加快了，从而大大加快了工程进度，节省了大量资金。[23] 马德里地铁扩建项目总共建造了 131 千米长的铁路和 76 座车站，整个项目分两个阶段完成，每个阶段历时 4 年，这是行业平均速度的两倍，而且它的成本也只有行业平均水平的一半。毫无疑问，在大型项目的管理中，我们需要多做一些这样的事情。

还有远洋货运行业。自古以来，装卸工们一直必须用手搬运货物，小心翼翼地装船，装一件就要捆绑、固定好一件，这样船在海上航行时，货物才不会移动；当船到达目的地时，整个过程就要反过来再做一遍。这是一项艰苦、危险且缓慢的工作。转折发生在 20 世纪 50 年代，一位名叫马尔科姆·麦克莱恩（Malcolm McLean）的美国货运从业者认为，也许应该把货物装入相同的钢箱或者说集装箱里，然后把集装箱堆放在船上，到了目的地再直接把集装箱转移到火车和卡车上。这是一个非常朴素的想法，麦克莱恩认为这样做能在一定程度上降低成本。

通过把货物变成乐高积木，麦克莱恩发明的集装箱运输方法极大地提高了航运业的现代化水平和经济效率。船上叠放的集装箱越来越高，船也变大了，货运行业从一种运输方式向另一种运输方式转换的速度也更快了。货物运输的速度和便利程度大幅提高，同时成本却急剧下降，以至于全球经济的生产和分配模式都发生了改变。在《集装箱改变世界》（*The Box : How the Shipping Container Made the World Smaller and the World Economy Bigger*）一书中，经济学家马克·莱文森（Marc Levinson）指出，集装箱看似不起眼，却是经济全球化的一个主要驱动因素，[24] 他的观点令人信服。

大幅降低成本和提高速度当然是一个不小的成就，但是模块化的作用远不止于此，它还从根本上降低了风险。我们在前面第 6 章中建议“剪掉尾部”，从某种程度看，模块化可能是剪掉尾部的最有效方法。

与众不同的薄尾项目

现在，你已经知道了我们在上一章结束时讨论的那个谜题的答案：只有 5 类项目不是肥尾分布的，即太阳能、风能、化石燃料发电、电能输送和公路，这意味着它们与其他项目相比，没有发生灾难性错误的巨大风险。那么，到底是什么使得这 5 个幸运儿如此与众不同呢？原因很简单，它们本身的模块化程度就非常高，有些项目甚至是极度模块化的。

例如，太阳能项目本身就是模块化的，以太阳能电池为基本构件。在工厂里，工人把多个太阳能电池组装到一块电池板上，然后装运到项目现场。在现场，工人们安装好面板，再安装好另一块面板，并将它们连接在一起，继续添加其他面板，不断重复，直到你得到了一组太阳电池阵列。然后你可以继续增加太阳电池阵列，直到可以得到你想要的电量为止。即便是巨型太阳能发电厂也是这样建造的，因此，太阳能项目可谓是模块化之王。就成本和工期而言，太阳能项目也是我所测试过的风险最低的项目类型，显然这并非巧合。

风能项目也是这样吗？是的，风能项目也是高度模块化的。现代风车是由 4 个在工厂内生产，然后运到现场组装的基本部件构成的：底座、塔筒、发电机机舱和旋转的叶片。把这些部件连在一起，你就得到了一台风力发电机，一遍又一遍地重复这个过程，你就得到了一个风力发电场。

化石燃料发电项目又如何呢？它也是模块化的。只要看看一家燃煤发电厂的内部，你就会发现它其实相当简单：燃煤发电机由几个在工厂内制造的基本部件组装而成，其核心功能无非是让一大锅水沸腾，以便用蒸汽驱动涡轮机来发电。燃煤发电厂就像现代汽车一样是模块化的，同样地，以石油和天然气为燃料的发电厂也是模块化的。

电能输送项目呢？当然也是模块化的。人们将工厂生产的若干零件组装成一座电塔，再把工厂生产的电线和其他零件连接到电塔上去，然后重复这个组装过程。或者，人们将工厂制造的电缆一段一段地埋进地下，然后不断重复这一过程。

公路项目呢？一条造价数十亿美元的高速公路是由若干个造价数百万美元的高速公路路段连接到一起组成的，这里需要的依然是重复、重复、再重复。从一个路段的建设过程中学习到的经验，可以应用到另一个路段的建设中去，就像建造帝国大厦的工人们从一层楼的建设中学到的经验，可以应用到下一层楼的建设中去一样。此外，工人们一旦把这些经验学到手了，就可以应用到同时开工建设的多段高速公路路段中，从而缩短工期。

我在图 9-1 中，列出了本书中提到的所有项目类型，按它们在成本控制上可能出现肥尾现象的极端程度排列，这显示着它们出现成本极端超支情况的风险有多大。成本极端超支会危及项目本身和项目参与者的职业生涯，甚至使企业破产，使政府蒙羞。

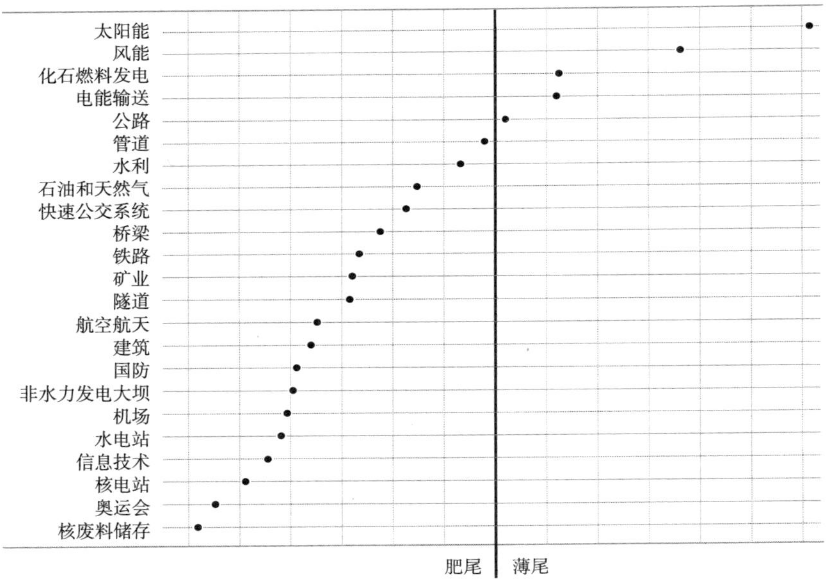

图 9-1　不同类型的项目肥尾分布图

在那个没有人想落入其中的、可怕的肥尾中，我们发现了核废料储存项目、奥运会的举办、核电站的建设、信息技术系统的建设和水电站的建设都是典型的庞然大物型项目。在另一个极端，我们则发现了 5 种不受肥尾风险影响的幸运儿。这些项目都是模块化的，管道工程也是如此，它只比分界线略低一点。在这 5 个幸运儿中，太阳能和风能这两类项目遥遥领先，稳稳当当，因为它们是高度模块化的，这也就解释了它们在价格上比其他能源，如化石燃料、核能、水电等更有优势的原因。[25]

在这里，我们可以发现一个非常清晰的模式：模块化的项目发生肥尾灾难的风险要小得多，所以模块化更快、更便宜，而且风险更低，这是一个极其重要的事实。

如何节省数万亿美元

在新冠病毒感染疫情发生前的几年里，前所未有的公共和私人资金涌入了世界各地的大型基础设施项目。自那以后，这些项目的支出已汇成了一股洪流，尤其是在美国和欧盟，涉及的金额是极其惊人的。早在 2017 年，在支出洪流真正奔涌上升之前，我就做过一个预测：估计在接下来的 10 年里，全世界每年将在大型项目上花费 6 万亿到 9 万亿美元。我的预测与其他人的相比还是相当保守的，有人就预测支出将高达每年 22 万亿美元。[26] 疫情发生后，投资激增，从现在的情况来看，我的预测肯定过低了。然而，我们还是可以考虑一下，这个已经过低的数字意味着什么。

如果大型项目的糟糕表现哪怕只能有一点点的改善，也会出现巨大的效果。比方说，项目的实际成本能够削减 5%，那么每年就能节省 3 000 亿～ 4 000 亿美元，这大约相当于挪威一年的国内生产总值。再加上由于大型项目的改善所带来的效益的相应提高，那么总收益将相当于瑞典一年的国内生产总值。但是，弗兰克·盖里和马德里地铁扩建项目的领导者已经证明，大型项目能够实现的改善幅度远远高于 5%。假设实际成本能够削减 30%，那么所有项目每年节省的支出将相当于英国、德国或日本一年的国内生产总值，而这样的改善幅度仍然是略显保守的，而且是完全可以实现的。

这样的巨量资金足以改变世界。为了让读者对这些数字有更直观的感受，我们来看一个例子：2020 年，德国政府资助的一项研究预测，要想到 2030 年时消除全球饥饿，这 10 年需要花费的总成本将达到 3 300 亿美元，而全世界的大型项目只需稍有改善，节省下的零头就够这笔资金了。[27]

中国经验

有的读者也许会反对说，我对庞然大物型项目的讨论是不公平的。他们可能会争辩称，像核电站这样的庞然大物型项目更容易受公众舆论、有敌意的政府以及过于严格的安全和环境监管政策等因素的掣肘。他们认为，只要摆脱这些束缚，这些项目就可以表现得与风能和太阳能这类模块化项目一样好，甚至更好。这当然是一个很有意思的假说，幸运的是，我们可以用一个自然实验来对这一假说进行检验，而且我们已经得到了结果。

这个自然实验是过去 10 年里在中国进行的。在许多国家，烦琐的政府管制和邻避主义者（NIMBY）的反对可能会、也确实会阻碍项目的推进甚至导致项目的中止，但在中国并不是这样。

10 多年来，中国政府一直认为，大规模提高中国的非化石能源发电能力是一项具有战略意义的国家任务。因此，中国政府想要更多的风能、太阳能和核能，而且还希望这些项目都能尽快完成。那么，这 3 种类型的能源项目在中国的建设速度有多快呢？

根据能源分析师迈克尔·巴纳德（Michael Barnard）的研究报告和国际可再生能源机构的数据，我编制了图 9-2。图 9-2 以兆瓦为单位，显示了 2001—2020 年按来源划分的中国国家电网新增的发电能力。[28]

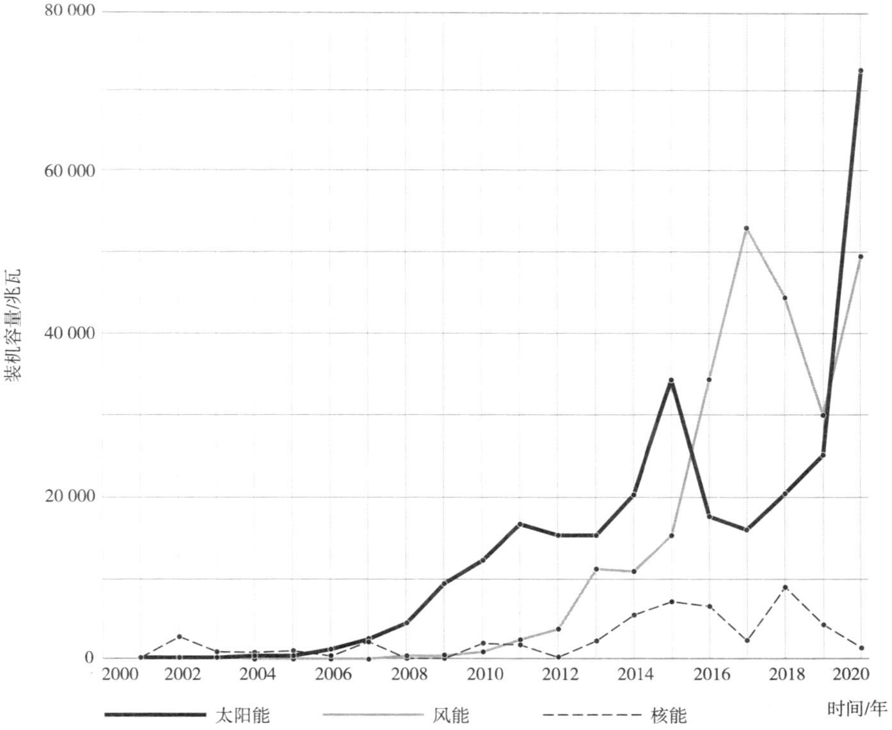

图 9-2　2001—2020 年中国 3 种能源的新增装机容量

结果一目了然。在庞然大物型项目中，以核能为例，图中显示其为沿着底部爬行的曲线。显而易见，核电项目遭到了“许多小东西”项目的无情碾压，后两者呈现出一飞冲天的势头。中国可以说是全世界发展核电条件最有利的国家，因此从这个意义看，中国的核电项目可以作为典型案例。如果核电项目在中国无法成功地扩大规模，那么它在世界其他地方也不太可能成功。当然，除非核工业开始自我颠覆，而一些开明的核电项目支持者现在也正在建议这么做。他们已经开始理解庞然大物型项目的局限性，并试图引导核电走向一个完全不同的方向。他们呼吁缩小核反应堆的规模，这些较小的核反应堆可以在工厂里制造出来，然后运到需要的地方，并在现场组装起来，这也就是将施工现场转变为组装现场。他们认为这是核电项目未来能够成功的关键，这种看法是正确的。这些核反应堆的单堆发电量只有传统核反应堆的 10% ～ 20%。但是如果我们需要更多的电力，可以再增加第 2 个核反应堆、第 3 个核反应堆，甚至需要多少个，就增加多少个。[29] 这种新型核电站的名字就可以说明一切：小型模块化反应堆（small modular reactors，SMRs）。

在我撰写本书时，小型模块化反应堆还是一项未经验证的技术。在这里，我不想预测它们最终是不是能像预期那样正常运行，或者需要多长时间才能达到这一点。但是，经过 60 多年的民用核能发展后，在包括比尔·盖茨和沃伦·巴菲特在内的知名投资者的支持下，大部分的核工业企业终于开始将思维方式从建造一个庞然大物转变为利用许多小东西来实现目标了，这本身就很能说明问题。[30] 世界上其他庞然大物型基础设施项目的领导者都应该密切关注并认真学习这一点。

气候危机

写到这里，我很想就此结束了，但是还不能，因为还有一个很重要的问题亟待回答，为什么我们需要从根本上改善大型项目制订计划和建设的方式呢？有一个更紧迫和更可怕的原因，那就是气候危机。

2021 年 7 月中旬，天似乎破开了一个大洞，大雨淹没了整个德国西部，很多地区一天的降雨量就比正常情况下一个月的降雨量还要多。山洪暴发横扫了乡村，城镇也被洗劫一空，这场大水灾至少夺走了 200 人的生命。当德国被洪水淹没时，北美洲西北部，从美国俄勒冈州到加拿大不列颠哥伦比亚省的大部分地区却在热浪中被烤焦了，气温上升到人们以往认为绝对不可能达到的高度。农作物枯萎了，野火呼啸着席卷森林原野，不列颠哥伦比亚省的一个城镇彻底化为灰烬。据估计，美国大约有 600 人死于这场高温。[31] 有报道称，加拿大死于不列颠哥伦比亚省热浪的人达到了 595 人。[32] 根据世界卫生组织的估计，在全球范围内，2030—2050 年，“预计气候变化每年将导致大约 25 万人死于营养不良、疟疾、腹泻和热应激”。[33]

极端天气事件一直在发生，但是气候变化使它们变得更加频繁和极端。而且可以确定的是，它们会变得越来越频繁、越来越极端，唯一不确定的是，会恶化到何种程度。

不妨先来看一看，一个为联合国提供建议的科学小组是怎么说的。他们认为，在人类活动导致大气发生变化之前，极端热浪预计每 50 年才会发生一次。而现今，全球平均气温已经比那个时候高出了 1.2℃，因此，类似的极端热浪预计在 50 年内会发生 4.8 次，或者说每 10 年就会发生一次。如果全球平均气温上升 2℃，那么极端热浪在 50 年内将发生 8.6 次，或者说每 6 年就会发生一次。而如果全球平均气温上升 5.3℃，那么极端热浪在 50 年内将会袭击人类 39.2 次，即每 15 个月就会发生一次。倘若真的如此，极端热浪这个原本罕见的危险事件将变成一种新常态。[34]

这种推测同样适用于飓风、洪水、干旱、野火、冰川融化等极端天气事件。在每一种极端情况下，肥尾都会变得越来越肥。如果气候变化的进程很快减缓并最终停止，那么我们的世界仍是一个适合人类生存、繁衍和发展的世界；否则，人类将面临极大的困境。[35]

为了阻止气候演变为彻底的灾难，全世界大多数国家都承诺“到 2050 年实现净零排放”。这意味着，到 21 世纪中叶，这些国家向大气中排放的温室气体总量将不会超过他们清除的温室气体总量。科学家们估计，如果全世界一起努力实现了这个目标，我们很有可能将气温上升幅度控制在 1.5℃以内。这个目标听起来似乎很简单，实际上对我们的要求是非常高的，要实现它，良好的项目建设至关重要。

2021 年，一个在经济合作与发展组织框架内成立的政府间国际组织，即国际能源机构发布了一份详细的报告，探讨了实现净零排放所需的各个条件。[36] 报告指出，到 2050 年时，目前占世界能源生产 4/5 的化石燃料，在能源来源中所占的比例必须降低到不超过 1/5。要取代这些化石燃料，需要大幅提高电气化程度，以及实现可再生能源发电量的爆炸式增长。也许我们的孙辈将只能在历史书中看到加油站了。风力发电量必须增长 11 倍，太阳能发电量必须增长惊人的 20 倍。[37] 到 2030 年，可再生能源领域的投资必须再增加 2 倍，其中大部分用于建设数百座造价数十亿美元的大型风能和太阳能发电场，也有可能是数千座。新的核能和水力发电设施，可能会在 2050 年的最后期限即将到来时发挥作用，但是在 2030 年之前应该很难指望它们了，因为事实已经证明它们的建造周期太长了。

此外，现在还只是处于概念和原型阶段的一些技术也必须为大规模推广做好准备。其中一种主要技术即通常所说的碳捕集、利用和封存，简称 CCUS，它可以将碳从空气中提取出来，要么储存在地下，要么将其用作工业原材料。另一种技术是工业级的电解法制氢，即利用风能或太阳能发电来产生氢气。国际能源机构表示，从 2030 年开始，每个月都必须为 10 家重工业工厂配备碳捕集装置，必须新建 3 家以氢为燃料的工厂，并且必须在工业场地增加产能为 20 吉瓦①的电解装置。

还有很多其他工作要做，但你现在应该明白了：无论是规模还是数量，我们正在讨论的项目在人类历史上是前所未有的。如果不推进这些项目，我们就不可能减缓气候恶化和适应气候变化。国际能源机构执行干事法提赫·比罗尔（Fatih Birol）直言不讳地表示：“为实现这个重要而艰巨的目标，我们需要努力扩大规模和提高速度，这一目标可能是人类面临的最大挑战。”[38]

这句话中的关键词是“规模和速度”。为了赢得对抗气候变化的战斗，项目建设的规模和速度必须远远超过过去那些漫长而令人遗憾的大型项目，我们再也承担不起膨胀的预算和不断推迟的最后期限了。我们也绝对不能再让项目交付失败，而必须兑现承诺了，像文殊核电站、加州高铁这样的项目不能再出现了。就目前的情况看，浪费资源和时间就是对人类文明的

① 1 吉瓦等于 10 亿瓦，即 1 000 兆瓦。——编者注

威胁。我们必须完成一系列的大型项目，而且必须快速完成。幸运的是，在如何做到这一点上，我们已经有了一个非常好的先例，我是在我的家乡丹麦发现它的。

让一切随风起舞

在20世纪50年代至60年代，丹麦和许多其他国家一样，开始依赖来自中东的廉价石油。1973年，当石油输出国组织对西方国家实施石油禁运时，丹麦经济陷入了低谷，本国经济系统的脆弱性因此暴露无遗。丹麦开始疯狂地寻找可以替代中东石油的其他能源，从而迅速增加了邻近地区出产的煤炭、石油和天然气的使用量。但也就是在那个时期，一些先驱走向了不同的方向。丹麦是一个国土面积很小且地势平坦的国家，经常受到海风侵袭，这些先驱说，我们应该好好利用这种能源。到了1978年，丹麦就在日德兰半岛的特文德建造了全世界第一台兆瓦级风力涡轮机，这台风力涡轮机直到今天仍在运行。

这些先驱在车库和农场里敲敲打打，在不同地方对不同设计、不同规模的风力发电机组进行试验。但是，尽管对投资者有税收优惠，陆上风力发电项目在很长时间内仍然只是一个中等规模的外围产业，部分原因是丹麦并没有太多无人居住的土地，而且人们不希望生活在风力涡轮机的阴影下。到了20世纪90年代末，富有远见的丹麦环境部部长斯文·奥肯（Svend Auken）告诉那些向政府申请建造燃煤发电机组许可的公司，他们可以继续建造燃煤发电机组，但条件是同时必须出资建造全世界最早的海上风力发电场。他们照做了，其中一座海上风力发电场成功了，另一座却一团糟。

但是关键在于，这两座海上风力发电场都让建造者“通过试验积累了经验”，这是一个开端。

2006 年，几家丹麦能源公司合并，成立了丹麦 DONG 能源公司，现在已经更名为 Ørsted 能源公司。这家新公司接管了上述海上风力发电场，以及位于爱尔兰海上的另一座风力发电场。对于一家几乎只做化石燃料发电的公司来说，这些资产微不足道，但是它们的存在恰恰保证“我们在因缘际会之下成了海上风力发电领域最有经验的公司”，新公司的第一任首席执行官安德斯·埃尔德鲁普（Anders Eldrup）后来在回忆时这样说。[39]

2009 年，联合国在哥本哈根举行了一次具有里程碑意义的会议，讨论气候变化问题，埃尔德鲁普在会上发表了一个大胆的声明。当时，Ørsted 能源公司大约有 85% 的发电量来自化石燃料，只有 15% 来自可再生能源，而且主要是风能。他提出了一个“85/15 计划”，承诺在一代人的时间内，把上述数字反转过来。这是一个雄心勃勃的计划，许多旁观者都认为这是不可能实现的。当时，风力发电技术很不成熟，成本也很高，即便政府签订了合同，保证在未来几年以优厚的价格购买电力，投资者还是很谨慎，因为在那个时候，他们还不能理解海上风力发电场高度模块化的优点。

事实上，只需将 4 种“乐高积木”，即底座、塔筒、机舱和叶片组装起来即可，咔嚓、咔嚓、咔嚓地组装过后，就得到了一台可以立即发电的风力涡轮机，而将 8 ～ 10 台风力涡轮机排成一列并连接在一起，就得到了一个可以连接到变电站的风力涡轮机阵列，然后就可以为国家电网供电了。当然，组装好一台涡轮机后就交付也是可以的，而把多个风力涡轮机阵列组合在一起，就能得到一个在第一天就可以运行的风力发电场。之后的程序就是重复、重复、再重复，你可以根据自己的意愿扩展风电场，而且每一次迭代都会推动学习曲线的加速。

2012 年，埃尔德鲁普退休了，接替他担任 Ørsted 能源公司首席执行官的亨里克·波尔森（Henrik Poulsen）回忆说："我们知道，我们必须大幅降低海上风力发电的成本，不然它就没有竞争力。所以，我们设定了一个目标，在 7 年内将成本降低 35% ～ 40%。"[40] 该公司及其合作伙伴对风力发电领域的各个方面都进行了改进，其中最引人注目的是风力涡轮机尺寸的增长。在 2000 年时，最大的风力涡轮机可能比自由女神像高一点，一台风力涡轮机可以为 1 500 个家庭供电；到了 2017 年，风力涡轮机的高度几乎达到了原来的 2 倍，可以为 7 100 个家庭供电。

对 Ørsted 能源公司来说，风力发电场的规模增长更快。2013 年建成的一座海上风力发电场占地 88 平方千米，而位于英格兰海岸外的霍恩西项目（Hornsea Project）一期工程于 2020 年完工，占地 407 平方千米。待霍恩西项目的二期工程完工后，整个项目将占地 869 平方千米，比纽约市 5 个行政区的总面积 784 平方千米还要大不少。

规模的爆炸式增长压低了风力发电的成本。波尔森说："事实证明，一旦我们开始启动，一旦我们开始在英国，继而在德国、丹麦和荷兰推进海上风力发电项目，一旦我们开始以工业化和标准化的方式建造海上风力发电场，一旦我们把整个行业的价值链都聚集起来，我们在 4 年之内就把海上风力发电的成本降低了 60%。"这个成绩远远超出了预期，而且比当初的计划提前了 3 年，风力发电变得比化石燃料发电要便宜，这个速度比任何人想象的都要快。[41] 而且，这里不存在乐观主义偏差，事实恰恰相反，人们之前对此并不乐观。

2017 年，由于石油和天然气已经从其经营范围内完全消失了，丹麦 DONG 能源公司更名为 Ørsted 能源公司，这是为了纪念发现电磁学的丹麦物理学家汉斯·克里斯蒂安·奥斯特（Hans Christian Ørsted）。两年后，埃尔德鲁普当年提出的、许多人认为不可能实现的“85/15”计划就实现了。完成这一计划根本不需要一代人的时间，事实上只花了 10 年时间。[42] 这远远超出了预期，比原计划提前了整整 15 年，这在传统的大型能源项目中是闻所未闻的。

在同一个 10 年里，丹麦化石燃料发电的比例从 72% 下降到了 24%，而风力发电的比例则从 18% 飙升到了 56%。[43] 在很多时候，丹麦的风力涡轮机产生的电力超过了全国的消费量，于是盈余电量就会出口到邻国。

对于丹麦来说，这场革命应该可以带来几十年的收益。现在，全球风能产业正处于蓬勃发展阶段，越来越多的大型风能项目在世界各地不断涌现，而且许多丹麦公司在行业中处于领先地位，这无疑要归功于先驱们在当年的努力探索。Ørsted 能源公司已经走向全球，全世界最大的风力涡轮机制造商之一的维斯塔斯公司（Vestas）也是一家丹麦企业。[44] 这个行业中许多规模较小的专业公司也都来自丹麦，特别是日德兰半岛，正是这个地区的人们在 20 世纪 70 年代率先开始试验风力涡轮机。波尔森现在是一家投资公司的顾问，这家公司最近收购了一家专业生产风力发电场控制系统的丹麦公司。他说：“我们现在想扩大这家公司的规模，正在寻找可以合并到这个平台上的公司。”不出所料，他们在世界范围内寻找投资对象，但是最终发现有潜力的企业其实都位于日德兰半岛上，而且彼此之间的距离“都在几百千米以内”。波尔森说：“这实在有点儿疯狂。”像我这样的经济地理学家把这种现象称为“产业集群”或“聚集经济”。20 世纪 20 年代好莱坞的电影行业和 20 世纪中期硅谷的科技行业都是如此。日德兰半岛现在已经成了风能的“硅谷”，对于丹麦这个人口只有洛杉矶县一半多一点的国家来说，这是一个惊人的成就。

奋发向上的机会

气候变化不仅仅是丹麦的事情，而且与全世界息息相关。我们能从丹麦的风能革命中学到一些经验，第一条经验是政府在风能发展中所发挥的作用。“如果没有政府创建的引导机制，这场革命永远不会发生。”埃尔德鲁普指出，这种做法在美国可能并不受欢迎，但是饶具讽刺意味的是，美国其实是这方面的典范。美国硅谷巨头主导了整个数字革命，但如果没有美国政府对数字技术创新，包括后来对互联网的支持，这场革命是不可能发生的。如果你想引发一场足以改变世界的雪崩，政府可能不得不帮忙推下第一块巨石。

但是，最重要的经验是模块化的力量。正是模块化实现了正向学习曲线的加速和规模的爆炸式增长，所以丹麦人能够以比包括创新者自身在内的任何人都要快的速度，对风力发电技术和本国的电力供应体系进行革命，而且与其他试图交付庞然大物型项目的国家相比，所用的时间都要短得多。这是巨大的成就，而且是快速实现的成就，这就是我们需要的模式：许多小东西大规模地生产出来，像乐高积木一样组装起来，咔嚓、咔嚓、咔嚓地拼接，然后就搞定了。

这些经验对政府和企业的启示是显而易见的：必须鼓励、支持和实践模块化方法。模块化同时还给个人赋予了巨大的力量，当“小”可以迅速扩大并成为“巨大”的时候，小试验就拥有了巨大的潜力，这时所需要的只是想象力和毅力。要知道，今天的全球风能产业在很大程度上可以追溯到几个丹麦人在车库和农场里敲敲打打的场景。因此，你一定要发挥自己的想象力，然后在此基础上立即动手开始敲敲打打。

有了新的想法，并持续不断地应用模块化方法，我们就一定有机会实现人类和地球所需要的大转型。

做成大事的诀窍

HOW BIG THINGS
GET DONE

痛点： 将设计和开展一个超大规模项目视为建造一个庞然大物，结果会很糟糕。好比建造核电站这样的庞然大物，没有标准部件，没有已经商业化的现货产品，也不可能简单地重复上次做过的事情，无法进行试验且缺乏经验，面临负向学习等障碍，不可避免地受到不可预测事件的冲击，这都意味着进度缓慢、成本高昂和情况复杂。

分析： 将思维方式从建造一个“庞然大物”转变为利用“许多小东西”来实现目标。建造一个庞然大物很难，但是建造小而简单的东西相对容易，许多小东西又可以组合成一个庞然大物。“建大若小”，大型项目也可以很小，就像拼乐高积木那样。

解决方案： 模块化就是用小事物构筑大事物，利用模块化，就可以完成由小东西构筑成大事物的建设过程。模块化的核心是重复，重复使试验成为可能，还能积累经验，让你表现得更好。利用可复制性，模块化可以加速正向学习曲线、加快交付进度、提高绩效、剪掉尾部，降低项目发生肥尾风险的同时，实现项目规模的爆炸式增长。

HOW BIG THINGS GET DONE

结　语

做大事的11个启发式，让你战胜大项目铁律

启发式（Heuristics）是一种快速且行之有效的经验法则，用于简化复杂的决策过程。它起源于古希腊语单词 Eureka，是一个摹声词，描述了一个人在找到或发现某件东西时发出的兴奋和满意的喊叫声。[1]“慢思考，快行动”就是启发式的一个例子，专家和门外汉在不确定的情况下做决策时都会使用启发式。[2] 从根本上说，启发式是一种心理捷径，用于降低复杂性，使决策过程易于管理，通常属于默会知识，在可以清晰地与他人分享之前需要精心梳理。任何一个有智慧的人，包括成功的项目领导者、你的祖母及每一个具备实践智慧的人，毕生都在努力完善和改进他们的启发式。[3]

在研究和管理大型项目的数十年中，我总结出了 11 个我最喜欢的启发式。[4] 但是，我要先提醒一句：我们永远不应该把启发式当成没有思想的、按图索骥式的死板规则来使用。在使用下面的启发式之前，请首先确认它们能不能与你自己的经验产生共鸣。更重要的是，请把它们作为你在实践调查、尝试新事物和发展自己的启发式的过程中的灵感来源，这才是关键。为什么要这样做？怎样才能做到这一点？如果要回答这些问题，你就需要增加自己的经验，这样，你将使自己把大胆愿景转变成具体现实的能力得到根本性的提升。

启发式 1：雇用一位“建筑大师”

我在很多时候甚至会说，这是我唯一的启发式。“建筑大师”最初是对欧洲中世纪那些建造大教堂的熟练泥瓦匠的称呼，因为他们拥有实现你的项目所需的所有实践智慧。无论是装修房屋、举办婚礼、创建管理系统还是建造摩天大楼，你都需要一位在你要做的事情上具备丰富的专业经验和成功纪录的“建筑大师”。但是，你并不一定总能找到，或者即便找到了，你可能也无力负担相关费用，那么在这种情况下，你需要进一步思考，并考虑采用以下启发式。

启发式 2：组建完美的团队

这是我见过的每一位项目负责人都会强调的一个启发式。埃德·卡特穆尔解释了个中缘由：“把一个好想法交给一个平庸的团队，他们会把它搞砸；把一个平庸的想法交给一个优秀的团队，他们要么会修复它，要么会想出更好的东西。如果你组建了一个完美的团队，那么他们很可能会得出卓越的想法。”[5] 但是，谁来挑选团队成员？理想情况下是建筑大师，事实上，这是建筑大师的主要工作。而这也正是建筑大师的角色并不像人们听起来那么孤独的原因，因为一个项目必定是由团队来建设和交付的。所以我要修正一下上面给出的建议：如果可能的话，雇用一位建筑大师，以及建筑大师的团队。

启发式 3：多问“为什么”

问问自己为什么要做这个项目，这会让你专注于真正重要的事情，即你的最终目标和结果，最终目标和结果要填入项目流程图最右侧的方框里。当项目进入事件风暴和细节管理时，优秀的领导者也永远不会忘记最终的目标（见第 3 章）。“无论我处在项目的哪个位置，在建设和交付过程中我在做什么，”伦敦希思罗机场 5 号航站楼项目的领导者安德鲁·沃斯滕霍姆指出，“我都会不断地提醒自己，问自己目前的行动是否有效地促成了右边的目标。”这是在第 8 章出现过的项目案例。

启发式 4：用好“乐高积木”

“大”最好从“小”做起。烤一个小蛋糕，再烤一个，再烤另一个，然后把所有蛋糕叠起来。如果撇开装饰不谈，那么即便是最高的婚礼蛋糕也只有这些工作需要做。太阳能发电站和风力发电场、服务器场、电池组、集装箱运输、管道系统和公路项目也是如此，它们都是完全模块化的，由一个个基本的构件组成，可以近乎无限地扩大规模，变得更好、更快、更大、更便宜。婚礼蛋糕中的这块小蛋糕就是乐高积木，也就是基本积木；太阳能电池板是太阳能发电站中的乐高积木；服务器是服务器场中的乐高积木。这个极其强大的小想法已经广泛应用于软件、硬件、地铁、酒店、办公楼、学校、工厂、医院、火箭、卫星、汽车和应用程序商店。它的适用性是无限的，只是受你的想象力限制，因此，你找到你的乐高积木了吗？（见第 9 章）

启发式 5：慢思考，快行动

在项目计划过程中会发生的最糟糕的情况是什么？也许是记着你的创意的白板被不小心擦掉了。项目建设过程中会发生的最坏的情况是什么？也许是你的施工队的钻头钻到了海底，海水淹没了隧道；也许是就在你的电影马上要公映的时候，一场突如其来的流行病导致所有电影院无限期关闭；你可能毁掉了华盛顿最美丽的景色；你必须把已经建了好几个月的歌剧院炸掉，清理好场地后重新开始；你的高架铁路倒塌了，造成了几十人死亡；等等，还有许多诸如此类的事情可能发生。在项目建设阶段，几乎所有你能想到的噩梦都有可能发生，而且很多时候确实已经发生了。你肯定想减少这些风险，而要做到这一点，你就必须花费必要的时间去制订一个详细的、经过测试的计划。因为计划是相对便宜和安全的，而实施项目则既昂贵又危险。良好的计划可以提高项目交付的概率，使项目建设快速、高效地进行，减少风险并尽快关闭风险窗口（见第 1 章）。

启发式 6：采用外部视角

你的项目肯定有其特殊性，但是除非你做的是以前从未有人做过的事情，例如，制造一台时间机器，制造一个黑洞，否则它就不是独一无二的，它肯定是某个大的项目类别中的一个。把你的项目看作“其中之一”，收集相关的数据，采用参考类别预测法，从这些数据所代表的所有经验中学习。运用同样的方法来发现和消解风险。矛盾的是，虽然关注点从项目转移到项目所属的类别上，但你会更准确地理解自己的项目（见第 6 章）。

启发式 7：注意自己的缺点

人们常说机会和风险一样重要，这种观点是错误的。风险可以“杀死”你或你的项目，没有任何来自风险的好处可以弥补这一点。对于大多数项目中都存在的肥尾风险，请忽略对风险的预测，直接发现和消解风险吧。一名参加过为期 3 周的环法自行车赛的车手解释说，参加比赛的目标不在于赢，而在于不输，而且在那 21 天里每天都是如此，只有在做到了这一点之后，你才能考虑赢得整场赛事。成功的项目领导者就是这样想的：他们专注于不输，确保每一天都不输，同时一直用敏锐的目光盯住奖杯，即他们正在努力实现的目标。

启发式 8：说“不”，然后走开

保持专注是完成项目的关键，而说“不”又是保持专注的关键。在一开始，项目是否拥有成功交付所需的人员和包括准备金在内的资金？如果答案不是肯定的，那么你就应该立即抽身而去。某个行动是否有助于实现右边方框中的目标？如果不是，就跳过它。对纪念碑式的项目说“不”，对未经测试的技术说“不”，对诉讼说“不”。说“不”可能很困难，特别是如果你所在的组织总是倾向于采取行动，但说“不”对于一个项目和一个组织的成功是至关重要的。“实际上，我对我们没有做过的事情和对我们做成的事情一样感到自豪。”史蒂夫·乔布斯曾经这样说过。根据乔布斯的说法，“坚持不去做那些没有做过的事情”使苹果公司只需专注于少数几款产品，这些产品因为专注而大获成功。[6]

启发式 9：广交朋友并维持友谊

一位领导者在负责数十亿美元的公共部门 IT 项目，他告诉我，他要花一半以上的时间像一个外交官一样广交朋友，尤其是对他的项目产生重大影响的利益相关者，以争取获得他们的理解和支持。为什么要这么做？因为这也是风险管理的一部分。如果出现了问题，项目的命运将取决于是不是有足够强的关系，但是等出现问题时再去建立和维护关系就太晚了，这就是经验，所以，请在过河之前就架好你的桥梁。

启发式 10：考虑减缓气候变化

在今天，没有什么任务比缓解气候危机更紧迫的了，这不仅是为了人类的共同利益，也是为了你的组织、你的家庭和你自己。亚里士多德将实践智慧定义为双重能力，即既能够发现什么事情对人们有益，也有能力完成这些事情。我们已经知道什么是好的了，例如，通过让家居用品、汽车、办公室、工厂、商店等一切事物电气化来减缓气候变化，并确保电力来自丰富的可再生能源，而且我们也有能力做到这一点。事实上，正如我们在第 9 章中看到的，变化已经发生了。现在的问题是，我们还要加快速度、提升质量，发展更多可缓解和适应气候变化的项目，无论项目规模是大是小，都应遵循本书列出的原则。这是我写这本书的主要动机，也是我提出这一系列启发式的主要动机。

启发式 11：最大的风险是你自己

人们很容易认为，项目遭到失败是因为外部世界给我们带来的意外事件，比如项目造价和范围的变化、突发事故、恶劣天气、新的管理层等，这个清单可以拉得非常长。但是，这是一种很肤浅的想法。芝加哥大火节的失败，并不是因为吉姆·拉斯科无法准确预测可能导致点火系统故障的各种情况（见第 6 章），而是因为他对自己的项目只采用了内部视角，而没有去研究可能导致现场活动失败的通常原因。为什么他没有研究呢？因为他只专注于特定的案例而忽视了整体，这正是人类常见的一种心理倾向。拉斯科面临的最大威胁并非来自外界，而是来自他自己的头脑，存在于他自己的行为偏差中。每个人、每个项目也都是如此，所以最大的风险就是你自己。

致 谢

写书是一个大型项目，因此需要团队合作。在这里我要感谢许多人，没有他们，这本书是不可能写出来的。这是一个很大的团队，所以我可能会遗漏一些成员，为此，我请求他们谅解，但是这并不会减少他们的贡献，也不会减少我对他们的感激之情。

在学术思想上，我深受格尔德·吉仁泽、丹尼尔·卡尼曼、伯努瓦·曼德尔布罗和纳西姆·尼古拉斯·塔勒布的影响。没有人比他们更了解风险了，而了解风险是理解大型项目的关键。承蒙卡尼曼和塔勒布不弃，他们接受了我的邀请，在我的牛津大学研究团队中担任杰出研究学者的职位，对此我非常感激。这极大地促进了知识交流，读者在整本书中都会看到他们的影响。

在实践智慧上，我主要受弗兰克·盖里和埃德·卡特穆尔的影响。当盖里按时、按预算完成了毕尔巴鄂古根海姆博物馆时，我就知道我必须向他请教了，因为如果他能按时、按预算建造好这样一座建筑，他就能按时、按预算建造任何东西。那么，为什么这种情况如此罕见？盖里的秘诀是什么？盖里非常慷慨地同意接受采访，我们面对面谈过很多次。埃德·卡特穆尔主导并拍摄了一系列叫好又叫座的好莱坞大片，他的创作生涯是目前电影史上最长的。从理论上来讲，这种情况本来是不可能发生的，因为电影业是出了名的受运气主导的行业。那么这是怎么发生的呢？卡特穆尔也接受了我的采访。我很感谢他和盖里，他们付出了很多时间，不仅无私地分享了他们的观点，还促成了我对他们团队成员的进一步采访。他们两个人还友好地接受了我的邀请，在牛津大学的课程中举办讲座并解释了他们的想法。

以下人士也在接受采访时慷慨分享了他们的宝贵经验，对此，我无比感激：帕特里克·科利森（Patrick Collison）、摩根·多恩（Morgan Doan）、皮特·多克特、西蒙·杜思韦特（Simon Douthwaite）、大卫·德雷克（David Drake）、安德斯·埃尔德鲁普、萨莉·福根（Sally Forgan）、丹尼·福斯特、保罗·加尔迪安（Paul Gardien）、迈克·格林、理查德·哈珀、罗比·基尔西奇（Robi Kirsic）、伯尼·科思（Bernie Koth）、埃迪·克雷默、吉姆·拉斯科、达娜·麦考利（Dana Macaulay）、亚当·马瑞利（Adam Marelli）、伊恩·麦卡利斯特、莫莉·梅尔钦（Molly Melching）、曼纽尔·梅利斯（Manuel Melis）、德布·尼文（Deb Niven）、唐·诺曼（Don Norman）、多米尼克·帕克（Dominic Packer）、亨里克·波尔森、艾伦·索斯（Alan South）、约翰·斯托瑞克、路易斯·汤普森、金伯利·达舍·特里普（Kimberly Dasher Tripp）、拉尔夫·瓦塔比迪安（Ralph Vartabedian）、克雷格·韦布（Craig Webb）、安德鲁·沃斯滕霍姆、黄志达（Ricky Wong）和迈卡·曾科（Micah Zenko）。除了正式的采访之外，以下人士也帮我收集了很多信息，在此谨表谢意：克米特·贝克（Kermit Baker）、埃莱娜·博诺梅蒂（Elena Bonometti）、斯科特·吉尔摩（Scott Gilmore）、简·豪斯特（Jan Haust）、保罗·希利尔（Paul Hillier）和利亚姆·斯科特（Liam Scott）。

这本书的写作，很大程度上是以我创建的大型项目数据库为基础的，这个数据库是目前全世界同类数据库中规模最大的，到目前为止它包含了1.6万多个大大小小的项目的相关信息。我在奥尔堡大学收集第一批数据时，梅特·K.斯卡姆里斯·霍尔姆（Mette K.Skamris Holm）提供的帮助非常关键。在我前往代尔夫特理工大学（Delft University of Technology）任教期间，尚塔尔·坎塔雷利（Chantal Cantarelli）和伯特·范威（Bert van Wee）是我卓越的合作伙伴，帮我收集了很多数据。后来，坎塔雷利和我一起来到了牛津大学，在那里我们与亚历山大·布齐尔（Alexander Budzier）、阿蒂夫·安萨尔（Atif Ansar）及许多研究助理一起合作，这个数据库能发展到今天的规模，他们发挥了至关重要的作用。为麦肯锡担任外聘顾问的经历，帮助我从麦肯锡的许多客户那里获得了更多的数据，于尔根·拉尔茨（Jürgen Laartz）对此也发挥了重要作用。我要感谢我的每一位合作者和我们服务过的机构在建立这个数据库的过程中给予的帮助和支持，没有他们，就不可能有这本书。

有了数据，还需要有统计方法，更需要统计学家付出努力。他们的工作并没有直接体现在本书当中，因为我不想让这本书显得技术性太强，但是许多统计学家一直在幕后发挥着重要作用，他们确保了统计结果的有效性，为此，我要特别感谢德克·W.贝斯特尔（Dirk W. Bester）、瑟伦·布尔（Søren Buhl）、玛丽亚·克里斯托多罗（Maria Christodoulou）、丹尼尔·伦恩（Daniel Lunn）和玛利亚格拉齐亚·佐托利（Mariagrazia Zottoli）。喜欢探究技术性问题的读者可以在本书注释中找到相关的统计数据的来源。

我要特别感谢这本书的合著者丹·加德纳。本书的写作过程真是一个受苦受难的过程。他和我一起工作了两年多，提出了不少创意，找到了过去和现在的很多案例，还帮助我更好地讲述故事且不得不忍受我对每一个单词和句子的吹毛求疵。我特别要称赞他的是，他在写作过程中始终保持冷静，他坚持整本书要有一条完整的故事线，就像我坚持在写作中要保持学术性一样。

我还要特别感谢亚历山大・布齐尔，他就是世界上的另一个我，也是我在大型项目管理方面最亲密的合作者。许多年前，我们就是合伙人，彼此承诺要同甘共苦。我希望布齐尔认为我说话算数，就像我认为他说话算数一样。就像我在第 6 章中描述的那样，当我们在与数字苦苦搏斗时，当我们深陷大泥潭并试图将一些偏离了轨道的、造价数十亿美元的项目扳回正轨时，除了布齐尔几乎没有人愿意站在我身边。从收集数据到形成想法再到核查事实，布齐尔对我的帮助无所不在。

任何一位作家可能都找不到比吉姆・莱文（Jim Levine）更好的经纪人了。莱文是第一个看到这本书的潜力的人，当时这本书还只是一个想法，如果没有他，这个想法就永远只是一个想法。莱文在我的写作过程中一直与我保持着联系，他还对初稿进行了精练、准确的修改，并利用典型的团队合作的智慧确定了本书的标题。我还要感谢莱文・格林伯格・罗斯坦文学社（Levine Greenberg Rostan Literary Agency）的所有团队成员。考特尼・帕加内利（Courtney Paganelli）一直在鼓励我，并且为我提供了令人难以置信的巨大帮助，使得这个只有雏形的项目最终变成了一本书。

我感谢兰登书屋（Random House）的每一个人。塔利亚・克罗恩（Talia Krohn）和保罗・惠特拉奇（Paul Whitlatch）是两位具有远见卓识的编辑，他们对书稿的编辑使本书增色不少。道格・佩珀（Doug Pepper）给出了非常有益的评论；凯蒂・贝瑞（Katie Berry）保证了书稿有条不紊地按计划完成；林恩·安德森（Lynn Anderson）极具匠心地编辑了最终稿。感谢罗伯特·西克（Robert Siek）、凯蒂·齐尔伯曼（Katie Zilberman）和弗里茨·梅奇（Fritz Metsch）制作了一本如此精美的书，杰西·布赖特（Jessie Bright）设计了时尚的封套，简·法诺尔（Jane Farnol）编制了出色的索引，科泽塔·史密斯（Cozetta Smith）、迪安娜·梅西纳（Dyana Messina）、梅森·英格（Mason Eng）和朱莉·塞普勒（Julie Cepler）尽一切可能将本书的信息传递给广大读者。同时也感谢大卫·德雷克、吉莉安·布莱克（Gillian Blake）、安斯利·罗斯纳（Annsley Rosner）、米歇尔·朱塞菲（Michelle Giuseffi）、萨莉·富兰克林（Sally Franklin）、艾莉森·福克斯（Allison Fox）以及其他发行团队成员，感谢妮可·阿姆特（Nicole Amter）非常出色地整理了这本书的参考书目。

在撰写本书和进行研究的过程中，我与许多杰出的导师和同事进行了很多次深刻的对话，从中受益良多。我的博士和博士后导师马丁·瓦克斯（Martin Wachs）支持我在学术生涯中做出的每一个重大决定，包括出版这本书。大大出乎意料的是，就在我们对加州高铁项目，也就是本书导言中介绍的案例进行事实核查的阶段，瓦克斯不幸去世了，他也是参与该项目的一位专家。那时，我不明白为什么突然收不到他的邮件了，这完全是反常的，然后，我就听到了那个悲惨的消息。不可能有比他更好心、更无私的主管和导师了。瓦克斯的去世，让我经历了深刻而痛苦的时光。弗纳·C. 彼得森（Verner C. Petersen）让我认识到哲学和社会理论的基本观念对于理解计划和管理的价值。其他重要的对话者还包括杰里米·阿德尔曼（Jeremy Adelman）、阿伦·阿格拉瓦尔（Arun Agrawal）、米凯莱·阿拉塞维奇（Michele Alacevich）、艾伦·阿特舒勒（Alan Altshuler）、约恩·安德烈亚森

（Jørgen Andreasen）、阿蒂夫·安萨尔、丹·艾瑞里（Dan Ariely）、马丁·贝尼斯顿（Martin Beniston）、玛丽亚·弗莱布杰格·博（Maria Flyvbjerg Bo）、亚历山大·布齐尔、尚塔尔·坎塔雷利、戴维·钱皮恩（David Champion）、亚伦·克劳塞（Aaron Clauset）、斯图尔特·克莱格（Stewart Clegg）、安德鲁·戴维斯（Andrew Davies）、亨里克·弗莱布杰格（Henrik Flyvbjerg）、约翰·弗莱布杰格（John Flyvbjerg）、霍英东、卡伦·特拉本贝格·弗雷克（Karen Trapenberg Frick）、汉斯－乔格·格明登（Hans-Georg Gemünden）、格尔德·吉仁泽、埃德沃德·格莱泽（Edward Glaeser）、卡斯滕·格伦丁（Carsten Glenting）、托尼·戈麦兹·伊巴涅斯（Tony Gómez-Ibáñez）、哈迪勋爵阁下（The Right Honourablo The Lord Hardie）、玛蒂娜·休曼（Martina Huemann）、伯纳德·詹金（Bernard Jenkin）爵士、汉斯·劳里茨·约恩森、丹尼尔·卡尼曼、马克·谢尔（Mark Keil）、迈克·基尔南（Mike Kiernan）、托马斯·克尼斯纳（Thomas Kniesner）、乔纳森·莱克（Jonathan Lake）、埃德加多·拉特鲁贝斯（Edgardo Latrubesse）、理查德·勒布朗（Richard LeBlanc）、李钟锡（Jong Seok Lee）、刘智（Zhi Liu）、丹·洛瓦洛（Dan Lovallo）、戈登·麦克尼科尔（Gordon McNicoll）、爱德华·梅罗（Edward Merrow）、拉尔夫·米勒（Ralf Müller）、西蒙·弗莱布杰格·诺雷吕克（Simon Flyvbjerg Nørrelykke）、胡安·德·迪奥斯·奥图萨（Juan de Dios Ortúza）、杰米·佩克（Jamie Peck）、莫顿·拉格特维德·彼得森（Morten Rugtved Petersen）、唐·皮克雷尔（Don Pickrell）、金·皮尔高（Kim Pilgaard）、尚卡尔·桑卡兰（Shankar Sankaran）、延斯·施密特（Jens Schmidt）、彼得·塞斯托夫特（Peter Sestoft）、约纳斯·瑟德隆德（Jonas Söderlund）、本杰明·索瓦库尔（Benjamin Sovacool）、艾莉森·斯图尔特（Allison Stewart）、桑斯坦、纳西姆·尼古拉斯·塔勒布、菲利普·泰特洛

克（Philip Tetlock）、J. 罗德尼・特纳（J. Rodney Turner）、博・瓦格比（Bo Vagnby）、伯特・范威、格雷厄姆・温奇（Graham Winch）和安德鲁・津巴利斯特（Andrew Zimbalist），谢谢大家。

我还要感谢我在多家教育机构讲授的多门课程的参与者，包括牛津大学的大型项目管理硕士课程、英国政府重大项目领导力学院、中国香港特别行政区政府重大项目领导课程及一些私人部门的类似课程。这些课程给了我宝贵的机会，让我与 1 000 多名高水平的商界和政界人士一起讨论本书中的思想，他们来自美国、澳大利亚、欧洲、亚洲、非洲等不同的国家和地区。我也非常感谢阿蒂夫・安萨尔、亚历山大・布齐尔、保罗・查普曼（Paul Chapman）、帕特里克・奥康奈尔（Patrick O'connell）和安德鲁・怀特（Andrew White）在这些课程的共同创建、共同指导和共同建设等方面所提供的出色帮助。

我与亚历山大・布齐尔共同创立了牛津全球项目（Oxford Global Projects），牛津全球项目既是我们在实践中运用学术研究成果的一个平台，也是额外的一个数据来源。事实证明，牛津全球项目确实是书中思想的重要试验场。我还要感谢许多邀请我们在他们的项目中检验我们的数据、理论和方法的客户，感谢牛津全球项目团队的每位成员，他们是：瑞雅・阿德拉（Rayaheen Adra）、卡琳・阿贾德（Karlene Agard）、西蒙・安德森（Simone Andersen）、迈克・巴特利特（Mike Bartlett）、拉迪亚・贝纳利亚（Radhia Benalia）、亚历山大・布齐尔、凯特琳・康布林克（Caitlin Combrinck）、米歇尔・达拉齐莎（Michele Dallachiesa）、格尔德・杜克（Gerd Duch）、萨姆・弗兰岑（Sam Franzen）、安迪・加拉瓦利亚（Andi Garavaglia）、亚当・希德（Adam Hede）、安德里亚斯・里德（Andreas Leed）、牛顿·李（Newton Li）和毛彩霞（Caixia Mao）。

这本书的写作经费来自我的讲座教授职位：英国电信集团（BT Group）的讲座教授、牛津大学大型项目管理硕士课程的讲座教授、威勒姆基金会（Villum Kann Rasmussen Foundation）的讲座教授和哥本哈根信息技术大学大型项目管理硕士课程的讲座教授。在此，我要感谢英国电信集团、威勒姆基金会、牛津大学和哥本哈根信息技术大学对我研究的慷慨资助，这些资助不附带任何条件，为我的独立研究创造了理想的条件。

只说一声谢谢，肯定不足以表达我对家人和朋友的感激之情，他们在我需要的时候总是陪伴在我身边：卡丽莎、玛丽亚、阿娃、奥古斯特、卡斯珀、约翰、米卡拉、亨里克、奥尔加、克劳斯、达蒙、费恩、弗兰克、杰里米、金、尼尔斯、沃恩。

最后，我要把最诚挚、最热烈的感谢献给卡丽莎·贝利斯（Carissa Véliz），她每天都和我一起写这本书，同时还要完成她自己的著作。这本书到处都有她的印记，从标题到内容再到封面。每当加德纳和我对某件事不确定或有分歧时，总是会听到我说“我要问一下贝利斯”，这句话加德纳可能都听得厌倦了。但是，她是我最信任的文字大师，只要读一读她的作品，你就会明白我为什么这么说，这本书显然因为她的帮助而更好了。贝利斯从头到尾一字不漏地阅读了书稿，极大地提高了本书的语言表达水平。最后，她还帮助我和加德纳度过了疫情，当时我们意外地被困在了远离家人的异国他乡，似乎永远都无法回家，心几乎都碎了。言语不足以表达我对她的钦佩和感激之情，然而无论如何，我还是要在这里发自内心地说：谢谢你，美丽的精灵。

注 释

引 言 如何把愿景变成计划，将计划付诸现实

1 对于加利福尼亚州高铁的票价，当时给出的估计是，最低 68 美元，最高 104 美元；预估的工程总造价则介于 327.85 亿～ 336.25 亿美元之间。详见加利福尼亚州高速铁路管理局的相关报告：California High-Speed Rail Authority, *Financial Plan* (Sacramento: California High-Speed Rail Authority, 1999); California High-Speed Rail Authority, *California High-Speed Train Business Plan* (Sacramento: California High-Speed Rail Authority, 2008); Safe, Reliable High-Speed Passenger Train Bond Act for the 21st Century, AB-3034，2008。

2 California High-Speed Rail Authority，*California High-Speed Rail Program Revised 2012 Business Plan: Building California's Future* (Sacramento: Cali: fornia High-Speed Rail Authority, 2012); California High-Speed Rail Authority, *Connecting California: 2014 Business Plan* (Sacramento: Califor: nia High-Speed Rail Authority, 2014); California High-Speed Rail Authority, *Connecting and Transforming California: 2016 Business Plan* (Sacramento: California High-Speed Rail Authority, 2016); California High-Speed Rail Authority, *2018 Business Plan* (Sacramento: California High-Speed Rail Authority, 2018); California High-Speed Rail Authority, *2020 Business Plan:*

Recovery and Transformation (Sacramento: California High-Speed Rail Authority, 2021); California High-Speed Rail Authority, *2020 Business Plan: Ridership & Revenue Forecasting Report* (Sacramento: California High-Speed Rail Authority, 2021); California High-Speed Rail Authority, *Revised Draft 2020 Business Plan: Capital Cost Basis of Estimate Report* (Sacramento: California High-Speed Rail Authority, 2021).

3 California High-Speed Rail Authority, *Revised Draft 2020 Business Plan: Capital Cost Basis of Estimate Report*.

4 关于尼泊尔学校项目的详细介绍，请参见：Bent Flyvbjerg, "Four Ways to Scale Up: Smart, Dumb, Forced, and Fumbled," *Saïd Business School Working Papers*, Oxford University, 2021。

5 "What Did Nepal Do?," Exemplars in Global Health, 2022.

6 这个项目的名称是"基础教育和小学教育项目"（Basic and Primary Education Project, BPEP）。我与丹麦建筑师汉斯·劳里茨·约恩森在这个项目中密切合作，他设计了学校和教室的原型，我为这个项目制订了计划和实施方案。后来，项目由一个执行团队接手了，他们花了 12 年时间建造学校。当初我已经得到了领导项目执行团队的机会，但是我婉拒了这一邀请，因为当时我已经决定将大学教授作为自己的主要职业发展方向，尽管我确实非常喜欢参与实际的项目计划和执行，但无论我多么喜欢，我都只好放弃了。在我看来，我最想在根本原因这个层面上弄清楚是什么让一个项目成功，而这就需要我在大学里深入研究。因此，我回到了丹麦，以大学教授的身份开始了这项研究，先是在奥尔堡大学，后来在荷兰的代尔夫特理工大学、英国的牛津大学和丹麦的哥本哈根信息技术大学从事研究工作。

7 Bent Flyvbjerg, "Introduction: The Iron Law of Megaproject Manage ment," in *The Oxford Handbook of Megaproject Management*, ed. Bent Flyvbjerg (Oxford, UK: Oxford University Press, 2017), 1–18.

8 Joseph E. Stevens, *Hoover Dam: An American Adventure* (Norman: University of Oklahoma Press, 1988); Young Hoon Kwak et al., "What Can We

Learn from the Hoover Dam Project That Influenced Modern Project Management?," *International Journal of Project Management* 32 (2014): 256–264.

9 Martin W. Bowman, *Boeing 747: A History* (Barnsley, UK: Pen and Sword Aviation, 2015); Stephen Dowling, "The Boeing 747: The Plane That Shrank the World," BBC, June 19, 2020.

10 帕特里克·科利森转引自与托尼·法德尔（Tony Fadell）的个人交流，以及沃尔特·艾萨克森（Walter Isaacson）的作品 *Steve Jobs* (New York: Simon & Schuster, 2011): 384–390.

11 Jason Del Rey, "The Making of Amazon Prime, the Internet's Most Successful and Devastating Membership Program," Vox, May 3, 2019.

12 John Tauranc, *The Empire State Building: The Making of a Landmark* (Ithaca, NY: Cornell University Press, 2014): 153.

13 William F. Lamb, "The Empire State Building," *Architectural Forum* 54, no. 1 (January 1931): 1–7.

14 Empire State Inc., *The Empire State* (New York: Publicity Association, 1931): 21.

15 Carol Willis, *Building the Empire State* (New York: Norton, 1998): 11–12.

16 Tauranac, *The Empire State Building*: 204.

17 同上。

18 Benjamin Flowers, *Skyscraper: The Politics and Power of Building New York City in the Twentieth Century* (Philadelphia: University of Pennsylvania Press, 2009): 14.

第 1 章　慢思考，快行动

1 为了证实内部信息并支持我根据记忆给出的对相关事件的描述，我参考了以下资料：Shani Wallis, "Storebaelt Calls on Project Moses for Support,"

TunnelTalk, April 1993; Shani Wallis, "Storebaelt-The Final Chapters," *TunnelTalk*, May 1995; "Storebaelt Tunnels, Denmark," Con- structive Developments。

2 De af Folketinget Valgte Statsrevisorer [National Audit Office of Denmark], *Beretning om Storebæltsforbindelsens økonomi*, beretning 4/97 (Copenhagen: Statsrevisoratet, 1998); Bent Flyvbjerg, "Why Mass Media Matter and How to Work with Them: Phronesis and Megaprojects," in *Real Social Science: Applied Phronesis*, eds. Bent Flyvbjerg, Todd Landman, and Sanford Schram (Cambridge, UK: Cambridge University Press, 2012): 95–121.

3 Walter Williams, *Honest Numbers and Democracy* (Washington, DC: Georgetown University Press, 1998).

4 关于在利用数据方面犯错的例子，请参见：Bent Flyvbjerg et al., "Five Things You Should Know About Cost Overrun," *Transportation Research Part A: Policy and Practice* 118 (December 2018): 174–190。

5 在收集包含了 258 个项目的第一个数据库的相关资料的过程中，我的主要合作者是梅特・K. 斯卡姆里斯・霍尔姆，当时她是奥尔堡大学的一名博士研究生，同时也是我基于这些数据发表的一系列论文的主要合著者，后来在项目规划实践领域取得了辉煌的职业成就。在我撰写本书时，她是丹麦奥尔堡市的城市工程师。

6 Bent Flyvbjerg, Mette K. Skamris Holm, and Søren L. Buhl, "Underestimating Costs in Public Works Projects: Error or Lie?," *Journal of the American Planning Association* 68, no. 3 (Summer 2002): 279–295; Bent Flyvbjerg, Mette K. Skamris Holm, and Søren L. Buhl, "What Causes Cost Overrun in Transport Infrastructure Projects?," *Transport Reviews* 24, no. 1 (January 2004): 3–18; Bent Flyvbjerg, Mette K. Skamris Holm, and Søren L. Buhl, "How (In)accurate Are Demand Forecasts in Public Works Projects? The Case of Transportation," *Journal of the American Planning Association* 71, no. 2 (Spring 2005): 131–146.

7 Michael Wilson, "Study Finds Steady Overruns in Public Projects," *The New*

York Times, July 11, 2002.

8 在本书中，成本超支是以实际价值来衡量的，即不考虑通货膨胀，并且是在项目周期尽量靠后的时间点上确定基线的，选择的时间点为在项目开工之前确定的最终投资决策中的商业方案。这就意味着我给出的数字仍然是偏保守的。如果将通货膨胀也计算在内，同时以早期的商业方案中的数字为基准，那么计算出来的成本超支率将会高得多，有时甚至可能会高出几倍。用数学术语来说，以百分率表示的成本超支率为 $O = (C_a/C_e - 1) \times 100$，其中，$O$ 表示成本超支率；C_a 表示实际结算成本；C_e 表示做出最终投资决策时的估计成本，即决定项目开工或最终商业方案确定时的估计成本，所有成本都以不变价格或真实价格来衡量。关于如何衡量成本超支以及衡量时的各种陷阱，更多细节请参阅我和合著者撰写的论文：《关于成本超支你应该知道的 5 件事》（*Five Things You Should Know About Cost Overrun*）。

9 Bent Flyvbjerg and Alexander Budzier, "Why Your IT Project May Be Riskier Than You Think," *Harvard Business Review* 89, no. 9 (September 2011): 23–25.

10 相关的主要结果，请参阅本书附录。

11 Bent Flyvbjerg and Dirk W. Bester, "The Cost-Benefit Fallacy: Why Cost-Benefit Analysis Is Broken and How to Fix It," *Journal of Benefit-Cost Analysis* 12, no. 3 (2021): 395–419.

12 Marion van der Kraats, "BER Boss: New Berlin Airport Has Money Only Until Beginning of 2022," *Aviation Pros*, November 1, 2021.

13 Bent Flyvbjerg, "Introduction: The Iron Law of Megaproject Management," in *The Oxford Handbook of Megaproject Management*, ed. Bent Flyvbjerg (Oxford, UK: Oxford University Press, 2017): 1–18.

14 Max Roser, Cameron Appel, and Hannah Ritchie, "Human Height," *Our World in Data*, May 2019.

15 成年男性的平均身高为 175 厘米，最高的成年男性的身高为 272 厘米。在我撰写本书时，全世界最富有的人是杰夫 · 贝佐斯，其净资产为

1 978 亿美元，而全球人均财富仅为 6.31 万美元。

16 Bent Flyvbjerg et al., “The Empirical Reality of IT Project Cost Overruns: Discovering a Power-Law Distribution,” forthcoming in *Journal of Management Information Systems* 39, no. 3 (Fall 2022).

17 有些读者可能喜欢探究数学和统计学问题，在此为他们多写两句。在概率论和统计学中，峰度（kurtosis）是对实值随机变量概率分布的尾性（tailedness）的标准度量。高斯分布，即正态分布的峰度为 3。峰度低于 3 的概率分布，其尾部比高斯分布的更薄，尽管高斯分布本身也被认为是薄尾的。峰度大于 3 的概率分布则被认为是肥尾分布。对于一个峰度大于 3 的概率分布来说，它的峰度被称为“过剩峰度”，过剩峰度越高，它就越被认为是肥尾分布。数学家伯努瓦·曼德尔布罗对 1970—2001 年，标准普尔 500 指数的每日变化进行了开创性研究，结果发现它的峰度为 43.36，是高斯分布的 14.5 倍。他认为，就金融风险而言，这样的峰度高得惊人。请参见：Benoit B. Mandelbrot and Richard L. Hudson, *The (Mis) behavior of Markets* (London: Profile Books, 2008)，第 96 页。但是，与我在信息技术项目中发现的成本超支率峰度（642.51）相比，或者与我在水利项目中发现的成本超支率峰度（182.44）相比，曼德尔布罗特发现的峰度并不能说特别高。事实上，我的数据库中有 20 多种项目类型，只有少数几类项目的成本超支率峰度表明，它们是正态分布或接近正态分布的。尽管相关数据较少，但是进度超时和效益不如预期的结果也是相似的。绝大多数项目类型的峰度高于 3，而且通常比 3 要高得多，这表明它们是肥尾分布的或严重肥尾分布的。在统计学和决策理论中，人们还会进一步讨论所谓的“峰度风险”（kurtosis risk），这是当一个统计模型假设了正态（或接近正态）分布时会出现的风险，适用于偶尔可能会出现的、偏离正态分布预期的平均值非常远（以标准差的个数衡量）的情形。项目管理的学术研究和实践在很大程度上忽略了峰度风险。考虑到上面给出的峰度风险的极端水平，这是一种非常不恰当的做法，这也是为什么这样的项目管理往往会出现系统性的重大错误。

18 Bent Flyvbjerg and Alexander Budzier, "Why Your IT Project May Be Riskier Than You Think" .

19 同上。

20 "Former SCANA CEO Sentenced to Two Years for Defrauding Ratepayers in Connection with Failed Nuclear Construction Program," US Department of Justice, October 7, 2021.

21 *Restoration Home*, season 3, episode 8, BBC.

22 Alex Christian, "The Untold Story of the Big Boat That Broke the World," *Wired*, June 22, 2021.

23 Motoko Rich, Stanley Reed, and Jack Ewing, "Clearing the Suez Canal Took Days. Figuring Out the Costs May Take Years," *The New York Times*, March 31, 2021.

24 Charles Perrow, *Normal Accidents: Living with High-Risk Technologies*, updated edition (Princeton, NJ: Princeton University Press, 1999).

25 Henning Larsen, *De skal sige tak! Kulturhistorisk testamente om Operaen* (Copenhagen: People's Press, 2009): 14.

26 Maria Abi-Habib, Oscar Lopez, and Natalie Kitroeff, "Construction Flaws Led to Mexico City Metro Collapse, Independent Inquiry Shows," *The New York Times*, June 16, 2021; Oscar Lopez, "Faulty Studs Led to Mexico City Metro Collapse, Attorney General Says," *The New York Times*, October 14, 2021.

27 Natalie Kitroeff et al., "Why the Mexico City Metro Collapsed," *The New York Times*, June 13, 2021.

28 Ed Catmull, Creativity, *Inc.: Overcoming the Unseen Forces That Stand in the Way of True Inspiration* (New York: Random House, 2014), 115.

29 就像许多挂名亚伯拉罕·林肯、温斯顿·丘吉尔、马克·吐温或其他名人说的许多睿智的话一样，这句话的出处可能并不准确。

30 本书作者在 2020 年 4 月 22 日采访路易斯·汤普森。在本书中，作者采访是指由本书的其中一位作者单独进行或两位作者同时进行的采访，也就是说，是由傅以斌、丹·加德纳中的某一人，或者两人一起进行的。

第 2 章　承诺谬误：你承诺的，和你想的不一样

1 Steve Vogel, *The Pentagon: A History* (New York: Random House, 2007): 11.

2 Steve Vogel, *The Pentagon: A History* (New York: Random House, 2007): 41.

3 Steve Vogel, *The Pentagon: A History* (New York: Random House, 2007): 76.

4 Steve Vogel, *The Pentagon: A History* (New York: Random House, 2007): 49.

5 策略性虚假陈述有时也被称为政治偏差（political bias）、策略性偏差（strategic bias）、权力偏差（power bias）或马基雅维利因素（Machiavelli factor），这种偏差本身是用目的来证明手段的一种合理化解释。例如，以获得资金为策略，这一策略决定了会出现让项目在纸面上看起来很不错的偏差。策略性虚假陈述可以追溯到代理问题和政治组织压力，例如对稀缺资金的竞争或对职位的争夺。根据定义，策略性虚假陈述是故意的欺骗，也就是说谎。请参见：Bent Flyvbjerg, “Top Ten Behavioral Biases in Project Management: An Overview,” *Project Management Journal* 52, no. 6 (December 2021): 531–546; Lawrence R. Jones and Kenneth J. Euske, “Strategic Misrepresentation in Budgeting,” *Journal of Public Administration Research and Theory* 1, no. 4 (1991): 437–460; Wolfgang Steinel and Carsten K. W. De Dreu, 2004, “Social Motives and Strategic Misrepresentation in Social Decision Making,” *Journal of Personality and Social Psychology* 86, no. 3 (March 1991): 419–434; Ana Guinote and Theresa K. Vescio, eds., *The Social Psychology of Power* (New York: Guilford Press, 2010)。

6 Dan Lovallo and Daniel Kahneman, “Delusions of Success: How Optimism Undermines Executives’Decisions,” *Harvard Business Review* 81, no. 7 (July 2003), 56–63; Bent Flyvbjerg, “Delusions of Success: Comment on Dan Lovallo and Daniel Kahneman,” *Harvard Business Review* 81, no. 12 (December 2003): 121–122.

7 在出版于 2011 年的畅销书《思考，快与慢》（*Thinking, Fast and Slow*）中，丹尼尔·卡尼曼这样写道：“最初预算中的误差并不总是无心之失。计划制订者往往都希望自己的计划能得到上级或客户的批准。正是受这一愿望驱使，他们才制订出了那些不切实际的计划，而支持他们这样做的则是因为他们知道，项目很少会因为成本超支或进度超时而被彻底放弃。”这显然不是对心理认知偏差的描述，因为根据定义，认知偏差应该是无意的。所以，这就是对政治偏差的描述，特别是对旨在推动项目启动的策略性虚假陈述的描述。关于我与丹尼尔·卡尼曼对策略性虚假陈述的讨论，请参阅我的一篇文章：《项目管理中的十大行为偏差》（*Ten Behavioral Biases in Project Management*）。

8 Bent Flyvbjerg and Alexander Budzier, “Why Your IT Project May Be Riskier Than You Think.”

9 乐观主义偏差是一种有大量证据支持的认知偏差，它指的是个人存在对计划中的行动结果过于乐观的倾向。神经学家塔利·沙罗特（Tali Sharot）称其为“人类大脑所能做到的最大欺骗之一”。策略性虚假陈述是故意的，而乐观主义偏差是无意的。在乐观主义偏差的控制下，包括专家在内的人们都不能意识到自己已经过度乐观了。他们是基于对未来的理想愿景做出决策的，而不是在理性地权衡得失及其成功概率之后再做出决策的。他们高估了收益却低估了成本，不自觉编造了成功的场景，忽略了犯错和误判的可能性。因此，这样的计划在收益和成本方面都不太可能达到预期的效果。请参见：Tali Sharot, *The Optimism Bias: A Tour of the Irrationally Positive Brain* (New York: Pantheon, 2011), xv; Daniel Kahneman, Thinking, Fast and Slow (New York: Farrar, Straus and Giroux, 2011): 255; Flyvbjerg, “Top Ten Behavioral Biases in Project Management”。

10 Iain A. McCormick, Frank H. Walkey, and Dianne E. Green, “Comparative Perceptions of Driver Ability-A Confirmation and Expansion,” *Accident Analysis & Prevention* 18, no. 3 (June 1986): 205–208.

11 Arnold C. Cooper, Carolyn Y. Woo, and William C. Dunkelberg, “Entrepreneurs’Perceived Chances for Success,” *Journal of Business Venturing* 3,

no. 2 (Spring 1988): 97–108.

12 Neil D. Weinstein, Stephen E. Marcus, and Richard P. Moser, "Smokers' Unrealistic Optimism About Their Risk," *Tobacco Control* 14, no. 1 (February 2005): 55–59.

13 Kahneman, *Thinking, Fast and Slow*: 257.

14 Keith E. Stanovich and Richard F. West, "Individual Differences in Reasoning: Implications for the Rationality Debate," *Behavioral and Brain Sciences* 23, no. 5 (2000): 645 – 665.

15 Gerd Gigerenzer, Peter M. Todd, and the ABC Research Group, *Simple Heuristics That Make Us Smart* (Oxford, UK: Oxford University Press, 1999); Gerd Gigerenzer, Ralph Hertwig, and Thorsten Pachur, eds., *Heuristics: The Foundations of Adaptive Behavior* (Oxford, UK: Oxford University Press, 2011); Gerd Gigerenzer and Wolfgang Gaissmaier, "Heuristic Decision Making," *Annual Review of Psychology* 62, no. 1 (2011): 451– 482.

16 Gary Klein, *Sources of Power: How People Make Decisions* (Cambridge, MA: MIT Press, 1999).

17 计划谬误是乐观主义偏差的一个子类，如果人们在制订计划和进行预测时不切实际地只考虑最好的情况，就会出现这种偏差。这个术语最初是由丹尼尔·卡尼曼和阿莫斯·特沃斯基创造的，用来描述人们低估任务完成时间的倾向。罗杰·比勒（Roger Buehler）和他的同事们继续按照这个定义进行了研究。后来，这一概念得到了进一步的扩展，将以下两种倾向也纳入了计划谬误中：一方面，人们会低估计划中行动的成本、进度和风险；另一方面，人们又会高估这些行动的收益和机会。由于最初的狭义概念和后来的广义概念在涵盖的范围上存在如此巨大的根本性差异，所以我和桑斯坦一起建议用“广义计划谬误”（planning fallacy writ large）这个术语来指代更广义的概念，以避免混淆两者。请参见：Daniel Kahneman and Amos Tversky, "Intuitive Prediction: Biases and Corrective Procedures," in *Studies in the*

Management Sciences: Forecasting, vol. 12, eds. Spyros Makridakis and S. C. Wheelwright (Amsterdam: North Holland, 1979): 315; Roger Buehler, Dale Griffin, and Heather MacDonald, "The Role of Motivated Reasoning in Optimistic Time Predictions," *Personality and Social Psychology Bulletin* 23, no. 3 (March 1997): 238–247; Roger Buehler, Dale Wesley Griffin, and Michael Ross, "Exploring the 'Planning Fallacy': Why People Underestimate Their Task Completion Times," *Journal of Personality and Social Psychology* 67, no. 3 (September 1994): 366–381; Bent Flyvbjerg and Cass R. Sunstein, "The Principle of the Malevolent Hiding Hand; or, The Planning Fallacy Writ Large," *Social Research* 83, no. 4 (Winter 2017): 979–1004。

18 Douglas Hofstadter, *Gödel, Escher, Bach: An Eternal Golden Braid* (New York: Basic Books, 1979).

19 Roger Buehler, Dale Griffin, and Johanna Peetz, "The Planning Fallacy: Cognitive, Motivational, and Social Origins," *Advances in Experimental Social Psychology* 43 (2010): 1–62.

20 Dale Wesley Griffin, David Dunning, and Lee Ross, "The Role of Construal Processes in Overconfident Predictions About the Self and Others," *Journal of Personality and Social Psychology* 59, no. 6 (January 1991): 1128–1139; Ian R. Newby-Clark et al., "People Focus on Optimistic Scenarios and Disregard Pessimistic Scenarios While Predicting Task Completion Times," *Journal of Experimental Psychology: Applied* 6, no. 3 (October 2000): 171–182.

21 源于亚马逊的"领导力准则"。

22 Francesca Gino and Bradley Staats, "Why Organizations Don't Learn," *Harvard Business Review* 93, no. 10 (November 2015): 110–118.

23 可得性偏差是指人们倾向于过度重视马上想到的东西。记忆的可得性受到记忆的新近性、不寻常性或能激发情绪的力量的影响，最近的、不寻常的和能够激发情绪的记忆更容易被回忆起来。有证据表明，有权势的人比无权无势的人更容易受到可得性偏差的影响。这里的因果机制似乎是，有权势的人更容易受到检索的难易程度的影响，而较少受被检索到的内容的影响，因为他们比没有权势的人更容易随波逐流，也更相信自己的直觉。请参见：Mario Weick and Ana Guinote, “When Subjective Experiences Matter: Power Increases Reliance on the Ease of Retrieval,” *Journal of Personality and Social Psychology* 94, no. 6 (June 2008): 956 – 970; Flyvbjerg, “Top Ten Behavioral Biases in Project Management.”。

24 让·努维尔在 2009 年 1 月 16 日登在哥本哈根《周末报》上的对拜恩博士的采访。

25 Willie Brown, “When Warriors Travel to China, Ed Lee Will Follow,” *San Francisco Chronicle,* July 27, 2013.

26 源于作者档案材料中记录的个人交流。

27 同上。

28 George Radwanski, “Olympics Will Show Surplus Mayor Insists,” *The Gazette*, January 30, 1973.

29 Willie Brown, “When Warriors Travel to China, Ed Lee Will Follow,” *San Francisco Chronicle, July* 27, 2013.

30 Elia Kazan, *A Life* (New York: Da Capo Press, 1997): 412 – 413.

31 Steven Bach, *Final Cut: Art, Money, and Ego in the Making of* Heaven’s Gate, *the Film That Sank United Artists* (New York: Newmarket Press, 1999), 23.

32 Bent Flyvbjerg and Allison Stewart, “Olympic Proportions: Cost and Cost Overrun at the Olympics, 1960—2012,” *Saïd Business School Working Papers*, University of Oxford, 2012.

33 承诺升级是指，尽管新出现的证据表明之前的决策可能是错误的，即使增加成本也无法用收益来抵消，但人们还是倾向于在先前的投资基础上追加投资，以证明其合理性。承诺升级适用于个人、团体和整个组织，它是由巴里·M. 斯托（Barry M. Staw）在 1976 年首次提出的。随后他与乔尔·布洛克纳（Joel Brockner）、达斯廷·J. 斯里斯曼（Dustin J. Sleesman）以及海尔加·德拉蒙德（Helga Drummond）等人又继续进行了研究。经济学家通常用“沉没成本谬误”（Arkes and Blumer, 1985）和“锁定”（Cantarelli et al., 2010）等相关术语来描述类似现象。承诺升级在一些常见的谚语中也有体现，比如说，“赔了夫人又折兵”（Throwing good money after bad）和“一不做，二不休”（In for a penny，in for a pound）等。在最初的定义中，承诺升级是未经反思的和无意的，与其他认知偏差一样，人们并不知道自己受到这种偏差的影响。然而，一旦你理解了这个偏差的心理机制，你可能就会有意地使用它。请参见：Barry M. Staw, “Knee-Deep in the Big Muddy: A Study of Escalating Commitment to a Chosen Course of Action,” *Organizational Behavior and Human Resources* 16, no. 1 (1976): 27–44; Joel Brockner, “The Escalation of Commitment to a Failing Course of Action: Toward Theoretical Progress,” *Academy of Management Review* 17, no. 1 (1992): 39–61; Barry M. Staw, “The Escalation of Commitment: An Update and Appraisal,” in *Organizational Decision Making*, ed. Zur Shapira (Cambridge, UK: Cambridge University Press, 1997): 191–215; Dustin J. Sleesman et al., “Cleaning up the Big Muddy: A Meta-analytic Review of the Determinants of Escalation of Commitment,” *Academy of Management Journal* 55, no. 3 (2012): 541–562; Helga Drummond, “Is Escalation Always Irrational?,” originally published in *Organization Studies* 19, no. 6 (1998): cited in *Megaproject Planning and Management: Essential Readings*, vol. 2, ed. Bent Flyvbjerg (Cheltenham, UK: Edward Elgar, 2014): 291–309; Helga Drummond, “Megaproject Escalation of Commitment: An Update and Appraisal,” in *The Oxford Handbook of Megaproject Management,* ed. Bent Flyvbjerg (Oxford, UK: Oxford University Press, 2017): 194–216; Flyvbjerg, “Top Ten Behavioral Biases in Project Management。

34 Sleesman et al., “Cleaning Up the Big Muddy.”

35 Richard H. Thaler, *Misbehaving: How Economics Became Behavioural* (London: Allen Lane, 2015): 20.

36 Vogel, *The Pentagon*: 24.

37 Bent Flyvbjerg, Massimo Garbuio, and Dan Lovallo, "Delusion and Deception in Large Infrastructure Projects: Two Models for Explaining and Preventing Executive Disaster," *California Management Review* 51, no. 2 (Winter 2009): 170–193.

38 Vogel, *The Pentagon*: 102.

39 社会心理学中有一个经典发现，那就是人们会试图保持言行一致，所以如果我们做出了承诺，尤其是在做出了公开承诺之后，我们的行为会倾向于与承诺一致。请参见：Rosanna E. Guadagno and Robert B. Cialdini, "Preference for Consistency and Social Influence: A Review of Current Research Findings," *Social Influence* 5, no. 3 (2010): 152–163; Robert B. Cialdini, *Influence: The Psychology of Persuasion*, new and expanded edition (New York: Harper Business, 2021): 291–362。因为在得出结论之前，公开承诺一定会先完成思考过程，而这有助于保持开放的心态。

第 3 章　以终为始，从右向左思考

1 本书作者在 2021 年 3 月 5 日对弗兰克 · 盖里的采访。

2 Academy of Achievement, "Frank Gehry, Academy Class of 1995, Full Interview," You Tube, July 19, 2017.

3 Paul Goldberger, *Building Art: The Life and Work of Frank Gehry* (New York: Alfred A. Knopf, 2015): 290–294.

4 Paul Goldberger, *Building Art: The Life and Work of Frank Gehry* (New York: Alfred A. Knopf, 2015): 290.

5 Paul Goldberger, *Building Art: The Life and Work of Frank Gehry* (New York: Alfred A. Knopf, 2015): 303.
毕尔巴鄂古根海姆博物馆的成功是如此耀眼，甚至催生出了一个专门的术语“毕尔巴鄂效应”（Bilbao effect），这个效应被用来描述由壮观的新建筑建造带来的经济振兴。但是在毕尔巴鄂发生的一切，其实只是重

演了悉尼歌剧院当初给悉尼所带来的一切。当然，悉尼歌剧院本身也是巴斯克地区政府官员特别关注的一个先例，他们明确要求盖里复制它，因此，将这种现象称为“悉尼效应”可能更好。不过，无论将它命名为什么，这种现象都是罕见的。许多城市都试图复制它的成功，但是除悉尼和毕尔巴鄂之外，其他城市的表现普遍令人失望。

6 Jason Farago, “Gehry’s Quiet Interventions Reshape the Philadelphia Museum,” *The New York Times*, May 30, 2021.

7 John B. Robinson, “Futures Under Glass: A Recipe for People Who Hate to Predict,” *Futures* 22, no. 8 (1990): 820 – 842.

8 Peter H. Gleick et al., “California Water 2020: A Sustainable Vision,” Pacific Institute, May 1995.

9 听众提出的一个很不容易回答的问题，史蒂夫·乔布斯做出了完整答复。

10 Steven Levy, “20 Years Ago, Steve Jobs Built the ‘Coolest Computer Ever.’ It Bombed,” *Wired*, July 24, 2020.

11 Colin Bryar and Bill Carr, *Working Backwards: Insights, Stories, and Secrets from Inside Amazon* (New York: St. Martin’s Press, 2021), 98–105；Charles O’Reilly and Andrew J. M. Binns, “The Three Stages of Disruptive Innovation: Idea Generation, Incubation, and Scaling,” *California Management Review* 61, no. 3 (May 2019): 49–71.

12 本书作者在 2020 年 11 月 12 日对伊恩·麦卡利斯特的采访。

13 Bryar and Carr, *Working Backwards*, 106–109.

14 Bryar and Carr, *Working Backwards*, 158–601.

15 Brad Stone, *Amazon Unbound: Jeff Bezos and the Invention of a Global Empire* (New York: Simon & Schuster, 2021): 40–41.

16 Robert A. Caro, *Working: Researching, Interviewing, Writing* (New York: Vintage Books, 2019): 197–199. From an interview originally published in Paris Book Review, Spring 2016.

第 4 章　像皮克斯一样思考与计划

1 "World Heritage List: Sydney Opera House," UNESCO.

2 Cristina Bechtler, *Frank O. Gehry/Kurt W. Forster* (Ostfildern-Ruit: Hatje Cantz, 1999): 23.

3 Matt Tyrnauer, "Architecture in the Age of Gehry," *Vanity Fair*, June 30, 2010.

4 Paul Goldberger, *Building Art: The Life and Work of Frank Gehry*(New York: Alfred A. Knopf, 2015): 299; Bent Flyvbjerg, "Design by Deception: The Politics of Megaproject Approval," *Harvard Design Magazine*, no. 22 (Spring–Summer 2005): 50–59.

5 Paul Israel, *Edison: A Life of Invention* (New York: John Wiley & Sons, 1998), 167–177.

6 更多关于正向学习曲线和负向学习曲线的内容，请参见：Flyvbjerg, "Four Ways to Scale Up: Smart, Dumb, Forced, and Fumbled," *Saïd Business School Working Papers,* University of Oxford, 2021。

7 Peter Murray, *The Saga of the Sydney Opera House* (London: Routledge, 2003): 7–8.

8 Flyvbjerg, "Design by Deception."

9 当时，工程师们得出结论称，乌松最初给出的贝壳状设计是无法建成的。然而几十年后，盖里的团队证明，如果乌松和他的团队也可以使用盖里他们的 CATIA 软件设计模型，那么它实际上是可以建成的。因此，根本问题不在于乌松的设计，而在于设计和建造它的技术还没有开发出来。

10 Philip Drew, *The Masterpiece：Jørn Utzon, a Secret Life* (South Yarra, Victoria, Australia：Hardie Grant Books, 2001).

11 许多人都说，当时没有人邀请乌松参加悉尼歌剧院的开幕式。这一说法让这个故事更令人感慨，也可能正因如此，这种说法一直存在，包括在维基百科上的介绍也一样。但这种说法是错误的，乌松其实收到了出席悉尼歌剧院开幕式的邀请，但是他拒绝了。他拒绝的原因是，如果他出席，可能会重新引发有关这座建筑的争议，而那将会非常不合时宜，因为伊丽莎白女王也将出席。乌松认为，开幕式现场应该是欢乐和庆祝的场合，而不是充满敌意的对立场合。他还想避开媒体，他知道如果去了悉尼，就不可能避开媒体。乌松解释说，在那种情况下，不露面是他能做到的最恰当的事情（见 Drew，*The Masterpiece*，第 432 ～ 433 页）。然而，完全拒绝邀请也可能会激怒东道主。我在研究这段历史时，专门就这个问题采访了悉尼歌剧院的工作人员。他们告诉我，在歌剧院开放后的几十年里，有关方面一直要求他们在讲解时不要向参观游客提及乌松的名字，而用受雇完成悉尼歌剧院建造的澳大利亚建筑师彼得・霍尔（Peter Hall）的名字取而代之，这种情况每天都会发生好几次。直到 20 世纪 90 年代，在乌松离开澳大利亚近 30 年后，全世界才意识到严重忽视了乌松，并突然开始给他颁发大量奖项，包括以色列的沃尔夫奖（Wolf Prize）、丹麦的索宁奖（Sonning Prize）和美国的普利兹克奖。最终，双方达成了某种和解，歌剧院当局邀请乌松为未来的建筑工作准备设计指南，乌松在 1999 年 8 月接受了邀请，但条件是由他的儿子简・乌松（Jan Utzon）代表他前往澳大利亚。同上书，第 14 ～ 15 节。

12 Goldberger, *Building Art*: 291–292.

13 CATIA 是计算机辅助三维交互应用（computer-aided three-dimensional interactive application）的缩写。它是一套用于计算机辅助设计（CAD）、计算机辅助制造（CAM）、计算机辅助工程（CAE）、3D 建模和产品生命周期管理（PLM）的软件，由法国达索公司开发，已经在包括航空航天和国防在内的一系列行业中得到了广泛应用。这个软件最早用于建筑业，得益于盖里和他的实践的启发。盖里后来将他的改编成果改称为“数字项目”（Digital Project）。

14 参见维特拉设计博物馆大楼后部的螺旋楼梯的照片。

15 “Looking Back at Frank Gehry’s Building-Bending Feats,” *PBS NewsHour*, September 11, 2015.

16 “The Seven-Beer Snitch,” *The Simpsons,* April 3, 2005.

17 Goldberger, *Building Art*: 377–378.

18 与弗兰克·盖里的个人交流，源于作者的档案材料。

19 Architectural Videos, "Frank Gehry Uses CATIA for His Architecture Visions," You Tube, November 2, 2011.

20 本书作者在 2021 年 1 月 7 日对皮特·多克特的采访。

21 同上。

22 Sophia Kunthara, "A Closer Look at Theranos' Big-Name Investors, Partners, and Board as Elizabeth Holmes' Criminal Trial Begins," *Crunchbase News*, September 14, 2021.

23 John Carreyrou, *Bad Blood: Secrets and Lies in a Silicon Valley Startup* (New York: Alfred A. Knopf, 2018): 299; *U.S. v. Elizabeth Holmes, et al*.

24 Leonid Rozenblit and Frank Keil, "The Misunderstood Limits of Folk Science: An Illusion of Explanatory Depth," *Cognitive Science* 26, no. 5 (2002): 521–562; Rebecca Lawson, "The Science of Cycology: Failures to Understand How Everyday Objects Work," *Memory & Cognition* 34, no. 8 (2006): 1667–1675.

25 Eric Ries, *The Lean Startup* (New York: Currency, 2011).

26 United States Congress, House Committee on Science and Astronautics, "1974 NASA Authorization Hearings," 93rd Congress, first session, on H.R. 4567, US Government Printing Office: 1, 271.

27 本书作者在 2021 年 1 月 7 日对皮特·多克特的采访。

第 5 章　你拥有多少经验

1 Aristotle, *The Nicomachean Ethics*, translated by J. A. K. Thomson, revised with notes and appendices by Hugh Tredennick, introduction and bibliography by Jonathan Barnes (Harmondsworth, UK: Penguin Classics, 1976).

2 本书作者在 2020 年 6 月 4 日对路易斯·汤普森的采访，汤普森是加州高铁项目同行评议小组主席。

3 Lee Berthiaume, "Skyrocketing Shipbuilding Costs Continue as Estimate Puts Icebreaker Price at $7.25B," *The Canadian Press*, December 16，2021.

4 丹麦法院管理局的丹麦文名字是"Domstols styrelsen"。我是这个机构的理事会成员，该机构对法院的运营负有最终责任。

5 心理学家最初将"唯一性偏差"定义为个体认为自己比实际上更独特的倾向，例如特别健康、特别聪明或特别有吸引力。在项目计划和管理中，我第一次使用这个术语是在2014年，当时我在《项目管理杂志》（*Project Management Journal*）上发表了一篇论文《你应该知道巨型项目的什么和为什么》（*What You Should Know About Megaprojects, and Why*），我将唯一性偏差定义为项目的计划者和管理者将他们的项目视为独一无二的。这是一种普遍存在的偏差，但是事实证明，用它来研究项目管理特别有用，因为项目的计划者和管理者确实习惯性地将他们的项目视为独一无二的。请参见：Bent Flyvbjerg, "What You Should Know About Megaprojects and Why: An Overview," *Project Management Journal* 45, no. 2 (April-May 2014): 6–19; Bent Flyvbjerg, "Top Ten Behavioral Biases in Project Management: An Overview," *Project Management Journal* 52, no. 6 (2021): 531–546; Bent Flyvbjerg, Alexander Budzier, Maria D. Christodoulou, and M. Zottoli, "So You Think Projects Are Unique? How Uniqueness Bias Undermines Project Management," under review。

6 Marvin B. Lieberman and David B. Montgomery, "First-Mover Advantages," *Strategic Management Journal* 9, no. 51 (Summer 1988): 41–58.

7 Peter N. Golder and Gerard J. Tellis, "Pioneer Advantage: Marketing Logic or Marketing Legend?," *Journal of Marketing Research* 30, no. 2 (May 1993): 158–170.

8 Fernando F. Suarez and Gianvito Lanzolla, "The Half-Truth of First-Mover Advantage," *Harvard Business Review* 83, no. 4 (April 2005): 121–127; Marvin Lieberman, "First-Mover Advantage," in *Palgrave Encyclopedia of Strategic Management*, eds. Mie Augier and David J. Teece (London: Palgrave Macmillan, 2018): 559–562.

9 *Oxford Dictionary of Quotations*, 8th ed., ed. Elizabeth Knowles (New York: Oxford University Press, 2014), 557.

10 Bent Flyvbjerg, Alexander Budzier, and Daniel Lunn, "Regression to the Tail: Why the Olympics Blow Up," *Environment and Planning A: Economy and Space* 53, no. 2 (March 2021): 233–260.

11 同上。

12 Ashish Patel, Paul A. Bosela, and Norbert J. Delatte, "1976 Montreal Olympics: Case Study of Project Management Failure," *Journal of Performance of Constructed Facilities* 27, no. 3 (2013): 362–369.

13 同上。

14 相关照片和最近的新闻报道，请参见：Andy Riga, "Montreal Olympic Photo Flashback: Stadium Was Roofless at 1976 Games," *Montreal Gazette,* July 21, 2016。

15 Brendan Kelly, "Olympic Stadium Architect Remembered as a Man of Vision," *Montreal Gazette*, October 3, 2019.

16 Rafael Sacks and Rebecca Partouche, "Empire State Building Project: Archetype of 'Mass Construction,'" *Journal of Construction Engineering and Management* 136, no. 6 (June 2010)：702–710.

17 William F. Lamb, "The Empire State Building; Shreve, Lamb & Harmon, Architects: Ⅶ. The General Design," *Architectural Forum* 54, no. 1 (January 1931): 1–7.

18 Mattias Jacobsson and Timothy L. Wilson, "Revisiting the Construction of the Empire State Building: Have We Forgotten Something?," *Business Horizons* 61, no. 1 (October 2017): 47–57; John Tauranac, *The Empire State Building: The Making of a Landmark* (Ithaca, NY: Cornell University Press, 2014): 204.

19 Carol Willis, *Form Follows Finance：Skyscrapers and Skylines in New York and Chicago* (Princeton, NJ: Princeton Architectural Press, 1995): 95.

20 Catherine W. Bishir, "Shreve and Lamb (1924–1970)," North Carolina

Architects & Builders: A Biographical Dictionary, 2009.

21 Michael Polanyi, *The Tacit Dimension* (Chicago: University of Chicago Press, 1966): 4.

22 Malcolm Gladwell, *Blink: The Power of Thinking Without Thinking* (New York: Back Bay Books, 2007): 1–5.

23 长期以来，心理学家们似乎在直觉问题上分成了两个表面上看起来相互矛盾的思想流派。由丹尼尔·卡尼曼领导的一个流派通常称为“启发式与偏见”（heuristics and biases）派，他们主要依靠实验室实验来证明直觉性的快速思考是如何误导人的。另一个流派通常称为“自然主义决策”（naturalistic decision making，NDM）派，专注研究有经验的人在工作场景中如何做出决定，并致力于证明直觉可以成为判断的绝佳基础。比如说，尽管仪器和检验指标表明婴儿身体状况很好，但一位有经验的护士能够凭直觉感觉到一个新生儿可能有问题。心理学家加里·克莱因是后一个流派的领袖。2009 年，卡尼曼和克莱因合作发表了一篇论文，他们得出的结论是，这两个学派从根本上说其实是一致的。他们还概述了培养“熟练的直觉”所需的条件。请参见：Daniel Kahneman and Gary Klein, “Conditions for Intuitive Expertise: A Failure to Disagree,” *American Psychologist* 64, no. 6 (September 2009): 515–526。关于自然主义决策研究和“熟练的直觉”研究的文献综述，请参见：Gary Klein, “A Naturalistic Decision-Making Perspective on Studying Intuitive Decision Making,” *Journal of Applied Research in Memory and Cognition* 4, no. 3 (September 2015): 164–168; see also Gary Klein, *Sources of Power: How People Make Decisions* (Cambridge, MA: MIT Press, 1999)。

24 应该强调的是，华特·迪士尼音乐厅的建设之所以出现了成本超支和进度延误的情况，并不是因为弗兰克·盖里本人当初的计划存在缺陷，尽管他经常受到这种指责。在设计计划阶段结束之后，盖里就被迫退出了迪士尼音乐厅项目，当时客户决定把这个项目交给一位执行建筑师，他们认为后者更擅长制作施工文件和进行施工管理。这位执行建筑师未能完成他的工作，这是迪士尼音乐厅延误和成本超支的主要原因。事实上，盖里的传记作者保罗·戈德伯格和洛杉矶音乐中心总裁、迪士尼音乐厅的所有者斯蒂芬·朗特里（Stephen Rountree）都曾经指出，当盖里又被请回来后，与建造之初的预算相比，他确实是按照预算建成并交付了迪士尼音乐厅的。请参见：Paul Goldberger, *Building Art: The Life and Work of Frank Gehry* (New York: Alfred A. Knopf, 2015): 322; Stephen D. Rountree, "Letter to the Editor, Jan Tuchman, Engineering News Record," Music Center, Los Angeles, April 1, 2010。

华特·迪士尼音乐厅在盖里的职业生涯中有着特殊的地位，几乎是他的"滑铁卢"，但也正是这个项目教会了他如何保护自己的设计不受政治和商业的破坏。盖里在迪士尼音乐厅项目上的经历，"接近于乌松在悉尼歌剧院项目上的经历"，从某种意义上说，它本来有可能毁了盖里的职业生涯，就像悉尼歌剧院毁了乌松的终身事业一样。然而，两者之间有一个重大的区别，正是这个区别拯救了盖里，那就是：当麻烦来临时，盖里不能像乌松那样逃回家，因为他早就已经"回家"了。盖里就在洛杉矶生活和工作，离迪士尼音乐厅只有几千米远，如果开车走高速公路的话瞬间可至。这导致的结果是，当项目出了问题时，他在自己的家乡成了一个"贱民"。多年来，他一直饱受当地新闻界的抨击。他一出门就会有人跟他搭讪，他们会把迪士尼音乐厅的惨败归咎于他，或者对他的不幸命运表示同情，这两种反应同样让盖里恼火。"他们都想让我来（洛杉矶），因为我是本地人。"他后来在一次采访中解释说，"然后他们就开始向我开火。"［转引自：Frank Gehry, Gehry Talks: *Architecture+Process*, ed. Mildred Friedman（London: Thames & Hudson, 2003）: 114）］。事情发生近 10 年后，盖里仍然称那段时间是他一生中"最黑暗的时期"，并说："我在这个过程中受到了很多伤害。"请参见：Frank O. Gehry, "Introduction," in *Symphony: Frank Gehry's Walt Disney Concert Hall*, ed. Gloria Gerace (New York: Harry N. Abrams, 2003), 15。到 1997 年，盖里已经为迪士尼音乐厅项目工作了 9 年，当时的政界和商界领袖试图将盖里赶下台，让别人来完成他的设计和图纸绘制工作，这是压垮他的最后一根稻草。

有一段时间，盖里认为这个项目对他来说已经结束了，他开始考虑彻底离开洛杉矶。

幸运的是，华特·迪士尼的遗孀莉莲·迪士尼（Lillian Disney）是这个项目的主要赞助者，整个迪士尼家族及时介入，站到了盖里一边，他们的权力和金钱发挥了作用。迪士尼音乐厅的确早就成了一桩丑闻，但是尘埃落定后，盖里在这个项目中的地位反而得到了巩固，他最终负责设计和绘制图纸。迪士尼家族的发言人莉莲·迪士尼和她的女儿黛安娜·迪士尼·米勒（Diane Disney Miller）发表了一份声明，称“我们承诺，洛杉矶将会出现一座由弗兰克·盖里设计的建筑，这就是我们现在打算做的”。请参见：Richard Koshalek and Dana Hutt, “The Impossible Becomes Possible: The Making of Walt Disney Concert Hall,” in *Symphony*: 57。因此，与设计悉尼歌剧院的乌松不同，盖里在洛杉矶拥有强大的支持者，他们在项目失控时为他辩护，这最终拯救了盖里和他对迪士尼音乐厅的设计。

而且，盖里的时运也非常好。1997 年，他在西班牙设计建造的毕尔巴鄂古根海姆博物馆开幕了，毕尔巴鄂古根海姆博物馆使他成了一名国际巨星，那正是他的迪士尼音乐厅项目陷入最低谷的时候。正如本书正文中提到的，这座建筑立即在全球范围内引起了轰动，它被公认为现代设计的一个新象征，将建筑推向了艺术表现的新水平。由于迪士尼音乐厅项目饱受争议和一再延误，虽然毕尔巴鄂古根海姆博物馆的动工时间要比迪士尼音乐厅晚 3 年，但是它比迪士尼音乐厅早 6 年完工。因此，毕尔巴鄂古根海姆博物馆的成功，使洛杉矶的政治和商业领袖、当地媒体和公众相信，既然盖里能够在遥远的毕尔巴鄂按期、按预算建造出一座世界级的建筑，他应该也可以在洛杉矶的主场做到这一点。盖里最终承担起了完成迪士尼音乐厅建造的责任，从确定由他负责到 2003 年完工，这个造价 2.74 亿美元的项目没有出现新的预算超支和丑闻。而且同样重要的是，建成之后，华特·迪士尼音乐厅立即被广泛认为是“洛杉矶有史以来最令人惊叹的公共建筑杰作”，请参见：Koshalek and Hutt, “The Impossible Becomes Possible”: 58。

然而，结果好就一切都好吗？这是对建筑业丑闻的传统看法。毕竟，建成的建筑通常会保留一个世纪或更长时间，而建造过程中的艰辛和丑闻很快就会被人遗忘。人倒下了，但大楼建成了。从这个角度来看，华特·迪士尼音乐厅和悉尼歌剧院等项目是成功的，尽管它们都曾经经历过动荡，也给某些人带来了悲伤。但是，盖里并不这么认为，在这一点上，他也是不走寻常路的。他从迪士尼音乐厅得到的教训是：再也不能出现这样的事情了！他不安地意识到是运气和环境把他从乌松的悲惨命运中拯救出来，他再也不能拿自己和合伙人的职业生涯冒险了，他再也不能忍受在迪士尼音乐厅项目中遭受过的种种不公和黑暗时光了。在迪士尼音乐厅的漫长酝酿过程中，盖里逐渐认识到，承担这样的风险，受到这样的虐待，既不明智，也没有必要。他深切地认识到，在建造一座建筑杰作的过程中，成本超支、工期延误、争议和丑闻、声誉受损以及将个人的事业和生意置于风险之中……所有这一切都不是不可避免的因素。慢慢地，在迪士尼音乐厅项目中遭受的一次又一次的打击，在毕尔巴鄂和其他地方享受的一次又一次的胜利，让盖里明白了存在着一种不同的方式来完成大楼的设计和建造。他发现，一定要保持控制权，用他自己的话来说就是，不能被边缘化和婴儿化。盖里为他最终发展起来的新框架创造了一个术语："艺术家的组织"（the organization of the artist），这个术语首次出现在他发表在《哈佛设计杂志》（*Harvard Design Magazine*）上的一篇文章中。请参见：Bent Flyvbjerg, "Design by Deception: The Politics of Megaproject Approval," *Harvard Design Magazine*, no. 22 (Spring-Summer 2005): 50–59。自迪士尼音乐厅以后，盖里在每个项目中都运用了这种框架，从而按期、按预算建成并交付了许多伟大的建筑。

25 Aristotle, *The Nicomachean Ethics,* translated by J. A. K. Thomson, revised with notes and appendices by Hugh Tredennick, introduction and bibliography by Jonathan Barnes (Harmondsworth, UK: Penguin Classics, 1976): 1144b33–1145a11. 关于实践在人类知识和行动中的重要性的更全面的介绍，请参阅我的著作：Bent Flyvbjerg, *Making Social Science*

Matter: Why Social Inquiry Fails and How It Can Succeed Again (Cambridge, UK: Cambridge University Press, 2001)。

第 6 章　你真认为你的项目是独一无二的吗

1 我负责的广深港高铁香港段项目工作是与由高宗中（Kao Tsung-Chung）教授、亚历山大·布齐尔博士和我自己组成的核心团队一起完成的，同时也得到了由港铁公司指派的人数更多的专家团队的协助，相关的工作报告见：Bent Flyvbjerg and Tsung-Chung Kao with Alexander Budzier, "Report to the Independent Board Committee on the Hong Kong Express Rail Link Project," in MTR Independent Board Committee, *Second Report by the Independent Board Committee on the Express Rail Link Project* (Hong Kong: MTR, 2014): A1–A122。

2 Robert Caro, *Working: Researching, Interviewing, Writing* (New York: Vintage Books, 2019): 71–77.

3 Robert Caro, *Working: Researching, Interviewing, Writing* (New York: Vintage Books, 2019): 74.

4 Robert Caro, *Working: Researching, Interviewing, Writing* (New York: Vintage Books, 2019): 72.

5 Robert Caro, *Working: Researching, Interviewing, Writing* (New York: Vintage Books, 2019): 76–77.

6 锚定，是指人们在做出决策时，过度依赖或瞄准单一信息的倾向。正如我在正文中阐明的，人类的大脑几乎会锚定在任何东西上，无论是随机的数字、以前的经验还是错误的信息。事实证明，这种情况很难避免。因此，应对锚定的最有效方法似乎不是避免它，而是在做出决策之前确保让大脑锚定真正相关的信息，例如，锚定到与手头的决策问题相关的基本比率上。这个建议类似于建议赌徒了解他们所参与的赌局的客观赔率，以增加他们的获胜概率并限定他们的损失。这是一个合理的建议，但是经常被人们忽视。关于锚定的相关文献，请参见：Timothy

D. Wilson et al., "A New Look at Anchoring Effects: Basic Anchoring and Its Antecedents," *Journal of Experimental Psychology: General* 125, no. 4 (1996): 387–402; Nicholas Epley and Thomas Gilovich, "The Anchoring-and-Adjustment Heuristic: Why the Adjustments Are Insufficient," *Psychological Science* 17, no. 4 (2006): 311–318; Joseph P. Simmons, Robyn A. LeBoeuf, and Leif D. Nelson, "The Effect of Accuracy Motivation on Anchoring and Adjustment: Do People Adjust from Provided Anchors?," *Journal of Personality and Social Psychology* 99, no. 6 (2010): 917–932; Bent Flyvbjerg, "Top Ten Behavioral Biases in Project Management: An Overview," *Project Management Journal* 52, no. 6 (2021): 531–546。

7 Amos Tversky and Daniel Kahneman, "Judgment Under Uncertainty: Heuristics and Biases," *Science* 185, no. 4157 (1974): 1124–1131; see also Gretchen B. Chapman and Eric J. Johnson, "Anchoring, Activation, and the Construction of Values," *Organizational Behavior and Human Decision Processes* 79, no. 2 (1999): 115–153; Drew Fudenberg, David K. Levine, and Zacharias Maniadis, "On the Robustness of Anchoring Effects in WTP and WTA Experiments," *American Economic Journal: Microeconomics* 4, no. 2 (2012): 131–145; Wilson et al., "A New Look at Anchoring Effects"; Epley and Gilovich, "The Anchoring-and-Adjustment Heuristic."

8 Daniel Kahneman and Amos Tversky, "Intuitive Prediction: Biases and Corrective Procedures," *Studies in Management Sciences* 12 (1979): 318.

9 Flyvbjerg, "Top Ten Behavioral Biases in Project Management"; Bent Flyvbjerg, Alexander Budzier, Maria D. Christodoulou, and M. Zottoli, "So You Think Projects Are Unique? How Uniqueness Bias Undermines Project Management," under review. See also Jerry Suls and Choi K. Wan, "In Search of the False Uniqueness Phenomenon: Fear and Estimates of Social Consensus," *Journal of Personality and Social Psychology* 52 (1987): 211–217; Jerry Suls, Choi K. Wan, and Glenn S. Sanders, "False Consensus and False Uniqueness in Estimating the Prevalence of Health-Protective

Behaviors," *Journal of Applied Social Psychology* 18 (1988): 66–79; George R. Goethals, David M. Messick, and Scott Allison, "The Uniqueness Bias: Studies in Constructive Social Comparison," in *Social Comparison: Contemporary Theory and Research*, eds. Jerry Suls and T. A. Wills (Hillsdale, NJ: Erlbaum, 1991): 149–176.

10 2002 年 2 月 12 日，美国时任国防部部长唐纳德·拉姆斯菲尔德在美国国防部新闻发布会上使用了"未知的未知"一词，见："DoD News Briefing: Secretary Rumsfeld and Gen. Myers," US Department of Defense, February 12, 2002。

11 Bent Flyvbjerg, Carsten Glenting, and Arne Kvist Rønnest, *Procedures for Dealing with Optimism Bias in Transport Planning: Guidance Document* (London: UK Department for Transport, 2004); Bent Flyvbjerg, "From Nobel Prize to Project Management: Getting Risks Right," *Project Management Journal* 37, no. 3 (August 2006): 5–15.

12 参考类别预测法在英国政府项目中已经得到了相当广泛的应用，并有了进一步的发展，详见以下出版物：HM Treasury, *The Green Book: Appraisal and Evaluation in Central Government*, Treasury Guidance (London: TSO, 2003); HM Treasury, *Supplementary Green Book Guidance: Optimism Bias* (London: HM Treasury, 2003); Flyvbjerg et al., *Procedures for Dealing with Optimism Bias in Transport Planning*; Ove Arup and Partners Scotland, *Scottish Parliament, Edinburgh Tram Line 2 Review of Business Case* (West Lothian, Scotland: Ove Arup and Partners, 2004); HM Treasury, *The Orange Book. Management of Risk: Principles and Concepts* (London: HM Treasury, 2004); UK Department for Transport, *The Estimation and Treatment of Scheme Costs: Transport Analysis Guidance*, TAG Unit 3.5.9, October 2006; UK Department for Transport, *Changes to the Policy on Funding Major Projects* (London: Department for Transport); UK National Audit Office, 2009, "Note on Optimism Bias," Lords Economic Affairs Committee Inquiry on Private Finance and Off-

Balance Sheet Funding, November 2009; HM Treasury, *The Green Book: Appraisal and Evaluation in Central Government* (2003 edition with 2011 amendments) (London: HM Treasury, 2011); UK National Audit Office, NAO, *Over-optimism in Government Projects* (London: UK National Audit Office, 2013); HM Treasury, "Supplementary Green Book Guidance: Optimism Bias," April 2013; HM Treasury, "Early Financial Cost Estimates of Infrastructure Programmes and Projects and the Treatment of Uncertainty and Risk," March 26, 2015; Bert De Reyck et al., "Optimism Bias Study: Recommended Adjustments to Optimism Bias Uplifts," UK Department for Transport; UK Infrastructure and Projects Authority, *Improving Infrastructure Delivery: Project Initiation Routemap* (London: Crown, 2016); Bert De Reyck et al., "Optimism Bias Study: Recommended Adjustments to Optimism Bias Uplifts," update, Department for Transport, London, 2017; HM Treasury, *The Green Book: Central Government Guidance on Appraisal and Evaluation* (London: Crown, 2018); HM Treasury, *The Orange Book. Management of Risk: Principles and Concepts* (London: HM Treasury, 2019); HM Treasury, *The Green Book: Central Government Guidance on Appraisal and Evaluation* (London: HM Treasury, 2020). Preliminary research showed that RCF worked. In 2006, the UK government made the new forecasting method mandatory on all big transport infrastructure projects; see UK Department for Transport, *The Estimation and Treatment of Scheme Costs: Transport Analysis Guidance,* TAG Unit 3.5.9, 2006; UK Department for Transport, *Changes to the Policy on Funding Major Projects* (London: Department for Transport, 2006); UK Department for Transport and Oxford Global Projects, *Updating the Evidence Behind the Optimism Bias Uplifts for Transport Appraisals: 2020 Data Update to the 2004 Guidance Document "Procedures for Dealing with Optimism Bias in Transport Planning"* (London: UK Department for Transport, 2020)。

13 Transport-og Energiministeriet [Danish Ministry for Transport and Energy],

Aktstykke om nye budgetteringsprincipper [Act on New Principles for Budgeting], Aktstykke nr. 16, Finansudvalget, Folketinget, Copenhagen, October 24, 2006; Transport-og Energiministeriet, "Ny anlægsbudgettering på Transportministeriets område, herunder om økonomistyrings–model og risikohåndtering for anlægsprojekter," Copenhagen, November 18, 2008; Danish Ministry of Transport, Building, and Housing, *Hovednotatet for Ny Anlægsbudgettering: Ny anlægsbudgettering på Transport-, Bygnings- og Boligministeriets område, herunder om økonomistyringsmodel og risikohåndtering for anlægsprojekter* (Copenhagen: Danish Ministry of Transport, Building, and Housing, 2017).

14 National Research Council, *Metropolitan Travel Forecasting: Current Practice and Future Direction,* Special Report no. 288 (Washington, DC: Committee for Determination of the State of the Practice in Metropolitan Area Travel Forecasting and Transportation Research Board, 2007); French Ministry of Transport, *Ex-Post Evaluation of French Road Projects: Main Results* (Paris: French Ministry of Transport, 2007); Bent Flyvbjerg, Chi-keung Hon, and Wing Huen Fok, "Reference-Class Forecasting for Hong Kong's Major Roadworks Projects," *Proceedings of the Institution of Civil Engineers* 169, no. CE6 (November 2016): 17–24; Australian Transport and Infrastructure Council, *Optimism Bias* (Canberra: Commonwealth of Australia, 2018); New Zealand Treasury, *Better Business Cases: Guide to Developing a Detailed Business Case* (Wellington, NZ: Crown, 2018); Irish Department of Public Expenditure and Reform, *Public Spending Code: A Guide to Evaluating, Planning and Managing Public Investment* (Dublin: Irish Department of Public Expenditure and Reform, 2019).

15 Jordy Batselier and Mario Vanhoucke, "Practical Application and Empirical Evaluation of Reference-Class Forecasting for Project Management," *Project Management Journal* 47, no. 5 (2016): 36; further documentation of RCF accuracy can be found in Li Liu and Zigrid Napier, "The Accuracy of

Risk-Based Cost Estimation for Water Infrastructure Projects: Preliminary Evidence from Australian Projects," *Construction Management and Economics* 28, no. 1 (2010): 89–100; Li Liu, George Wehbe, and Jonathan Sisovic, "The Accuracy of Hybrid Estimating Approaches: A Case Study of an Australian State Road and Traffic Authority," *The Engineering Economist* 55, no. 3 (2010): 225–245; Byung-Cheol Kim and Kenneth F. Reinschmidt, "Combination of Project Cost Forecasts in Earned Value Management," *Journal of Construction Engineering and Management* 137, no. 11 (2011): 958–966; Robert F. Bordley, "Reference-Class Forecasting: Resolving Its Challenge to Statistical Modeling," *The American Statistician* 68, no. 4 (2014): 221–229; Omotola Awojobi and Glenn P. Jenkins, "Managing the Cost Overrun Risks of Hydroelectric Dams: An Application of Reference-Class Forecasting Techniques," *Renewable and Sustainable Energy Reviews* 63 (September 2016): 19–32; Welton Chang et al., "Developing Expert Political Judgment: The Impact of Training and Practice on Judgmental Accuracy in Geopolitical Forecasting Tournaments," *Judgment and Decision Making* 11, no. 5 (September 2016): 509–526; Jordy Batselier and Mario Vanhoucke, "Improving Project Forecast Accuracy by Integrating Earned Value Management with Exponential Smoothing and Reference-Class Forecasting," *International Journal of Project Management* 35, no. 1 (2017): 28–43.

16 Daniel Kahneman, *Thinking, Fast and Slow* (New York: Farrar, Straus and Giroux, 2011): 251.

17 如果你认为你计划中的项目比参考类别中的项目受到了更多、更大的"未知的未知"因素的影响，那么你可以增加准备金或时间预算，以便在资金或时间上建立缓冲区，这就是锚定和调整。例如，如果气候正在变化，发生洪水的风险增加，这个因素可能不会反映在参考类别数据中，因为它们是历史上的项目。因此，你的调整必须大于参考类别所要求的数值。如果你认为你的项目相比于参考类别中的项目受到的影响更小，那么你也可以进行调整。但是请一定注意：这样做将重新引入主观判断，从而有可能重新引入唯一性偏差，所以数据和谨慎的、自我批判式的分析都是必不可少的。

18 见本书第 1 章，以及：Bent Flyvbjerg, "Quality Control and Due Diligence in Project Management: Getting Decisions Right by Taking the Outside View," *International Journal of Project Management* 31, no. 5 (May 2013): 760–774。

19 Kahneman, *Thinking, Fast and Slow*: 245–247.

20 Bent Flyvbjerg, Nils Bruzelius, and Werner Rothengatter, *Megaprojects and Risk: An Anatomy of Ambition* (Cambridge, UK: Cambridge University Press, 2003).

21 Statens Offentlige Utredninger (SOU), *Betalningsansvaret för kärnavfallet* (Stockholm: Statens Offentlige Utredninger, 2004): 125.

22 Bent Flyvbjerg, "The Law of Regression to the Tail: How to Survive Covid-19, the Climate Crisis, and Other Disasters," *Environmental Science and Policy* 114 (December 2020): 614–618. 如果读者对相关的数学和统计学问题感兴趣，可以继续阅读下面的内容：α 值为 1 或更低的幂律分布具有无限大的均值，或者说，其均值不存在。如果 α 值为 2 或更低，那么方差是无限大的或不存在的，从而导致样本均值不稳定，使预测变得不可能。作为一种偏保守的启发式方法，纳西姆 · 尼古拉斯 · 塔勒布和他的同事们建议，在实践中将 α 值为 2.5 或更小的变量一律视为不可预测的。对于这样的变量，样本均值将非常不稳定，想要做出可靠甚至有用的预测，需要的数据太多了。为了说明这一点，他们提到了这样一个事实，即对于 α 值为 1.13 的帕累托分布，需要有多达 10^{14} 个观测值，才能构造出与只有 30 个观测值的正态分布的均值一样可靠的均值。请参见：Nassim Nicholas Taleb, Yaneer Bar-Yam, and Pasquale Cirillo, "On Single Point Forecasts for Fat-Tailed Variables," *International Journal of Forecasting* 38 (2022): 413–422。总之，对于肥尾现象，成本效益分析、风险评估和其他的一般预测方法，既不可靠也不实用。

23 项目计划人员和学者通常接受的学术训练，都假定项目绩效遵循向均值回归的法则，这是很不恰当的，因为数据并不支持这一假设。事实上，对于许多类型的项目而言，项目绩效遵循向尾部回归的法则，请参见：Flyvbjerg, "The Law of Regression to the Tail"。因此，项目管理者和项目计划人员必须理解向尾部回归法则，这样才能成功地交付他们的项目。

"向均值回归"（regression to the mean）这个术语是弗朗西斯·高尔顿（Francis Galton）爵士创造的。不过，他最初称之为"向平庸回归"（regression to mediocrity）。请参见：Francis Galton, "Regression Towards Mediocrity in Hereditary Stature," *The Journal of the Anthropological Institute of Great Britain and Ireland* 15 (1886): 246–263。这个术语现在已经成了一个在统计学和统计建模中广泛使用的概念，它描述了在观测点数量足够多的情况下，样本均值是如何趋向于总体均值的，尽管单个的均值测度可能存在很大的差异。高尔顿举例说明了这个法则：父母个子高，孩子长大后往往会比父母矮，即更接近于人口的平均水平，而父母个子矮的孩子则相反。今天我们知道，高尔顿的例子是有缺陷的，因为孩子的身高在统计上并不独立于父母的身高，毕竟高尔顿当年不知道基因也在起作用。不过，我们当然明白高尔顿想要证明的是什么，而且事实证明他的想法是对的。在统计学中，有一个更准确的例子是轮盘赌，它可以用来说明高尔顿这个法则：转动一次轮盘，出现红还是黑在统计上都是独立事件，概率为 50：50。这样一个轮盘可能会连续出现 5 次红色。事实上，在这种轮盘的任意 5 次转动中，连续出现 5 次红色的概率为 3%，然而在随后的那次转动中，出现红与黑的概率依然是 50：50。因此，即便一开始连续出现了 5 次红色，只要轮盘转的次数增多，结果就越接近 50：50 的红黑比例。当转动的次数足够多时，平均结果会回归到其预期均值上，而无论起始点是什么。

不可能还有什么东西比一个正确的理论更具实用性了。向均值回归这个法则已经在多种类型的统计数据中得到了数学证明，它在健康、保险、教育、生产、博彩和风险管理等领域都非常有用，比如飞行安全。很多统计学理论和统计建模都是建立在向均值回归法则的基础上的，包括大数定律、抽样、标准偏差和传统的统计显著性检验。对于任何上过基础统计学课程的人而言，无论他们是否明确地意识到了这一点，他们都接受过向均值回归法则的训练。向均值回归法则成立的前提是总体均值确实是存在的，然而，许多可能带来非常严重灾难的随机事件却并不是这样。

例如，地震、洪水、野火、流行病、战争和恐怖袭击的规模的分布就不存在总体均值，或者说，由于其方差无限大，不存在可以明确定义的均值。换句话说，这些分布的均值和方差都是不存在的。对于这类分布，向均值回归就成了一个没有意义的概念，只有“向尾部回归”才是有意义且可以真正起作用的。从某个分布中采样的数据若出现了向尾部回归，那么必定存在一个趋向无穷大或负无穷大的非零的概率密度，趋向无穷大非零的概率密度看起来就像分布图上的尾巴。只有方差无穷大的分布才会出现向尾部回归。从新的极端值的频率和新的极端值超过前一个极端值的差可以看出，数据抽样的底层分布存在一个期望值和有限方差，同时还具有无限方差，因而不存在可以明确定义的均值。在后一种情况下，向均值回归其实意味着回归到无穷，也就是说，不存在传统意义上的均值。在这种情况下，采用样本均值的传统方法估计总体均值，将会产生越来越大的值，也就是位于尾部的值。

事件以足够大的规模和频率出现在尾部，使得均值无法收敛，我把这种现象命名为“向尾部回归法则”（the law of regression to the tail）。请参见：Flyvbjerg, 2020, “The Law of Regression to the Tail”。这个法则描述的是一种极端事件的发生情况：无论最极端的事件有多极端，总会出现更加极端的事件，而更极端的事件的出现，只是时间问题，或存在于更大的样本中。地震的规模就是一个非常典型的例子，说明了遵循回归到尾部法则的现象大量存在，森林火灾和洪水也是如此。而且，这个法则不仅适用于极端的自然或社会现象，我的数据表明，它也适用于多种类型的项目计划和管理，从常见的信息技术项目到奥运会项目，再到核电站和水电站项目，都是如此。请参见：Bent Flyvbjerg et al., "The Empirical Reality of IT Project Cost Overruns: Discovering a Power-Law Distribution," accepted for publication in *Journal of Management Information Systems* 39, no. 3 (Fall 2022); Bent Flyvbjerg, Alexander Budzier, and Daniel Lunn, 2021, "Regression to the Tail: Why the Olympics Blow Up," *Environment and Planning A: Economy and Space* 53, no. 2 (March 2021): 233–260。或者，我们可以换一种表述方法：项目计划和管理的行为非常类似于一种极端的自然或社会现象，尽管项目计划者和管理者在很大程度上忽略了这一点，并以为项目是遵循向均值回归法则的，但这种认识本身就在很大程度上解释了大多数项目表现惨淡的原因。

24 这就是人们发现，在许多传统项目的管理中，标准的准备金往往被设定为 10% ～ 15% 的原因：它是建立在正态分布的假设上的。但是正如我在正文中解释的那样，这种假设在现实中通常是不成立的，因此，这种准备金的设定通常是错误的。

25 Flyvbjerg, 2020, "The Law of Regression to the Tail."

26 在本书作者撰写这本书时，英国高铁 2 号线正在建设中。

27 "Exploring Our Past, Preparing for the Future," HS2, 2022.

28 *Journal of the House of Representatives of the United States*, 77th Congress, Second Session, January 5, 1942 (Washington, DC: US Government Printing Office): 6.

29 本书作者在 2020 年 6 月 3 日对吉姆·拉斯科的采访，另见：Hal Dardick, "Ald. Burke Calls Great Chicago Fire Festival a 'Fiasco,'" Chicago Tribune, October 6, 2014。

30 统计检验可以确保使用的数据源于在成本和进度超支方面有类似的统计特征的项目，更详细的阐述请参见：Bent Flyvbjerg et al., "Report to the Independent Board Committee on the Hong Kong Express Rail Link Project," in MTR Independent Board Committee, *Second Report by the Independent Board Committee on the Express Rail Link Project* (Hong Kong: MTR, 2014): A1–A122。

31 有一位客户要求我们团队建模的、针对超支的最高保险水平达到了95%，结果导致了巨额准备金支出，这是因为保险的边际成本会随着保险水平的增加而增加。出于政治原因，这位客户想要“真正的安全保障”。在正常情况下，我不会建议像广深港高铁香港段这样的大型独立项目的保险水平超过80%，因为它们实在太昂贵了，而且任何组织为应急预留的准备金，都无法再用于实现效率更高的其他目标。对于负责许多项目的投资组合经理而言，我会推荐一个更低的水平，接近参考类别中的平均值，因为投资组合中一些项目的损失可以用其他项目的收益来抵消。

32 Hong Kong Development Bureau, Project Cost Management Office, and Oxford Global Projects, *AI in Action: How the Hong Kong Development Bureau Built the PSS, an Early-Warning-Sign System for Public Works Projects* (Hong Kong: Development Bureau, 2022).

第 7 章 无知能成为你的朋友吗

1 本书作者在 2020 年 5 月 25 日对埃迪·克雷默的采访。

2 本书作者在 2020 年 5 月 28 日和 6 月 2 日对约翰·斯托瑞克的采访。

3 Electric Lady Studios.

4 *Restoration Home*, season 3, episode 8, BBC.

5 Albert O. Hirschman, “The Principle of the Hiding Hand,” *The Public Interest,* no. 6 (Winter 1967): 10–23.

6 Malcolm Gladwell, “The Gift of Doubt: Albert O. Hirschman and the Power of Failure,” *The New Yorker,* June 17, 2013；Cass R. Sunstein, “An Original Thinker of Our Time,” *The New York Review of Books*, May 23, 2013: 14–17.

7 Albert O. Hirschman, *Development Projects Observed*, 3rd ed. (Washington, DC: Brookings Institution, 2015).

8 Michele Alacevich, “Visualizing Uncertainties; or, How Albert Hirschman and

the World Bank Disagreed on Project Appraisal and What This Says About the End of 'High Development Theory'," *Journal of the History of Economic Thought* 36, no. 2 (June 2014): 157.

9 赫希曼曾明确表示，他描述的行为模式和"隐藏之手"是有典型意义的，"隐藏之手"原理是"行动的一般原则"。请参见：Hirschman, *Development Projects Observed*: 1, 3, 7, 13; and "The Principle of the Hiding Hand," *The Public Interest*: 13。

10 这只是赫希曼讲述的故事。事实上，那个位于孟加拉国的造纸厂和其他几个被赫希曼描述为在"隐藏之手"的拯救下获得成功的项目，后来都变成了灾难。在整个 20 世纪 70 年代，孟加拉国这家造纸厂一直处于亏损状态，成了全国经济的一大拖累，根本没有像赫希曼几年前预测的那样拉动了全国经济的增长。位于哥伦比亚帕斯德里奥（Paz del Río）的钢铁厂是赫希曼非常欣赏的另一个大型项目，但是"隐藏之手"引发的也是财政灾难，而不是创造性的解决方案。最后，尼日利亚约 480 千米长的博尔诺（Bornu）铁路项目更是引发了一场种族冲突，最终导致了分裂和悲惨的内战；1967—1970 年，在分裂的比夫拉部落（Biafra）出现了饥饿、内乱和杀戮。私下里，赫希曼也曾经感到不安，他未能预见到，他在不久前研究过并宣布成功的一个项目，在这么短的时间内就带来了灾难性的后果。但是奇怪的是，这种失败或不良项目结果与"隐藏之手"原理相违背的事实，并没有促使赫希曼批判性地评估和修改这一原理，甚至在他为《发展项目述评》（*Development Project Observed*）一书的再版撰写序言时也没有提及。还有，当一群杰出的学者要求他对这个原理做出反思时，他也没有这样做。要了解完整的故事，请参阅：Bent Flyvbjerg, "The Fallacy of Beneficial Ignorance: A Test of Hirschman's Hiding Hand," *World Development* 84 (April 2016): 176–189。

11 Peter Biskind, *Easy Riders, Raging Bulls* (London: Bloomsbury, 1998): 264–277.

12 Hirschman, *Development Projects Observed*: 1, 3, 7, 13; Hirschman, "The

Principle of the Hiding Hand."
13 Flyvbjerg, "The Fallacy of Beneficial Ignorance."
14 Daniel Kahneman, *Thinking, Fast and Slow* (New York: Farrar, Straus and Giroux, 2011): 255.
15 Joseph Campbell, *The Hero with a Thousand Faces* (San Francisco: New World Library, 2008).
16 Bent Flyvbjerg, "Design by Deception: The Politics of Megaproject Approval," *Harvard Design Magazine*, no. 22 (Spring-Summer 2005): 50–59. "孤楼建筑师"这个术语指的是那些主要以一幢建筑而闻名的建筑师。除了悉尼歌剧院，乌松当然还设计了其他一些建筑，其中大部分是在他的祖国丹麦建造的。但是与悉尼歌剧院相比，它们实在微不足道。在国际上，甚至在丹麦，乌松也几乎只因悉尼歌剧院而闻名。我曾经问过听众这样一个问题："除了悉尼歌剧院，你还能说出约恩·乌松设计的其他任何一座建筑的名字吗？"在一场主题讲座中，听众至少有1 000人，尽管他们大部分都是丹麦人或建筑师，或者就是在丹麦工作的专业建筑师，但是几乎没有人能说出来。
17 Kristin Byron, Deborah Nazarian, and Shalini Khazanchi, "The Relationships Between Stressors and Creativity: A Meta-Analysis Examining Competing Theoretical Models," *Journal of Applied Psychology* 95, no. 1 (2010): 201–212.

第 8 章 打造一支上下一心的团队

1 Joseph E. Stevens, *Hoover Dam: An American Adventure* (Norman: University of Oklahoma Press, 1988)；Michael Hiltzik, *Colossus: Hoover Dam and the Making of the American Century* (New York: Free Press, 2010).
2 Bent Flyvbjerg and Alexander Budzier, *Report for the Commission of Inquiry Respecting the Muskrat Falls Project* (St. John's, Province of Newfoundland

and Labrador, Canada: Muskrat Falls Inquiry, 2018)；Richard D. LeBlanc, *Muskrat Falls: A Misguided Project, 6 vols.* (Province of Newfoundland and Labrador, Canada: Commission of Inquiry Respecting the Muskrat Falls Project, 2020).

3 本书作者分别在 2020 年 5 月 27 日、2021 年 5 月 28 日和 2022 年 1 月 14 日对安德鲁·沃斯滕霍姆的采访。

4 Andrew Davies, David Gann, and Tony Douglas, "Innovation in Megaprojects: Systems Integration at London Heathrow Terminal 5," *California Management Review* 51, no. 2 (Winter 2009): 101–125.

5 "Your'Deadline' Won't Kill You: Or Will It?," Merriam-Webster.

6 这一变化还引发了 5 号航站楼的另一个创新：彩排。中国香港一栋机场主航站楼的建设曾经出现过长期延误，最终影响了整个项目。鉴于此，5 号航站楼项目的经理们决定，他们要先进行一场彩排，即把建造 5 号航站楼主楼的许多工人以及他们将要组装的部件运到英国乡下的某个地方，先练习一下如何装配。因此，早在希思罗机场的现场组装工作真正开始之前，他们就已经通过这种彩排发现了许多问题，并制定了解决方案。这样做并不便宜，但是，如果问题是在现场工地上发现的，那么项目就会延误，相比之下，成本实际上大大降低了。

7 "Rethinking Construction: The Report of the Construction Task Force to the Deputy Prime Minister, John Prescott, on the Scope for Improving the Quality and Efficiency of UK Construction," Constructing Excellence, 1998.

8 特别是自我决定理论，它是现代心理学关于动机的主导理论，参见：Richard M. Ryan and Edward L. Deci, *Self-determination Theory: Basic Psychological Needs in Motivation, Development, and Wellness* (New York: Guilford Press, 2017)；Marylène Gagné and Edward L. Deci, "Self-determination Theory and Work Motivation," *Journal of Organizational Behavior* 26, no. 4 (2005): 331–362。再来看一个著名的自然实验，是通用汽车和丰田公司组建的一家合资企业 NUMMI 的经历。20 世纪 70 年代，通用汽车公司在加利福尼亚州弗里蒙特有一家工厂，它一直背负着"通

用旗下最差劲的工厂”的臭名声。当时，这家工厂的生产率和质量都跌到了谷底，员工的士气也极其低落，以至于有的员工故意破坏汽车。通用汽车于 1982 年关闭了这家工厂。丰田公司当时在北美区域还没有汽车产业，见状提议成立一家合资企业，让这家工厂重新开业。这家工厂重新运营后，使用的是原来的机器设备，雇用的也基本上是原来的工人，但是丰田公司以尊重员工、对员工赋能为原则进行了改革，结果大获成功。改革后，工人们士气高涨，缺勤率和人员流动率大幅下降，产品质量显著改善，生产率大幅提高，产量翻了一番，同时每辆车的成本下降了 750 美元。请参见：Christopher Roser, *"Faster, Better, Cheaper" in the History of Manufacturing: From the Stone Age to Lean Manufacturing and Beyond* (Boca Raton, FL: CRC Press, 2017): 1–5, 336–339；Paul S. Adler, "Time-and-Motion Regained," *Harvard Business Review* 71, no. 1(January–February 1993): 97–108。

9 本书作者在 2021 年 9 月 12 日对理查德·哈珀的采访。

10 Davies, Gann, and Douglas, "Innovation in Megaprojects: Systems Integration at London Heathrow Terminal 5": 101–125.

11 Amy Edmondson, *The Fearless Organization: Creating Psychological Safety in the Workplace for Learning, Innovation, and Growth* (New York: Wiley, 2018)；Alexander Newman, Ross Donohue, and Nathan Eva, "Psychological Safety: A Systematic Review of the Literature," *Human Resource Management Review* 27, no. 3 (September 2015): 521–535. 谷歌的一项研究发现，心理安全是表现优异的团队具备的一个显著特征，请参见：Charles Duhigg, "What Google Learned from Its Quest to Build the Perfect Team," *The New York Times Magazine*, February 25, 2016。

12 "Heathrow Terminal 5 Named 'World's Best' At Skytrax Awards," *International Airport Review*, March 28, 2019.

13 James Daley, "Owner and Contractor Embark on War of Words over Wembley Delay," *The Independent*, September 22, 2011; "Timeline: The Woes of Wembley Stadium," *Manchester Evening News*, February 15, 2007;

Ben Quinn, "253m Legal Battle over Wembley Delays," *The Guardian*, March 16, 2008.

第 9 章 模块化，你的"乐高积木"是什么

1 Hiroko Tabuchi, "Japan Strains to Fix a Reactor Damaged Before Quake," *The New York Times*, June 17, 2011.

2 "Japanese Government Says Monju Will Be Scrapped," *World Nuclear News*, December 22, 2016.

3 Yoko Kubota, "Fallen Device Retrieved from Japan Fast-Breeder Reactor," Reuters, June 24, 2011; "Falsified Inspections Suspected at Monju Fast-Breeder Reactor," *The Japan Times,* April 11, 2014; "More Maintenance Flaws Found at Monju Reactor," *The Japan Times*, March 26, 2015；Jim Green, "Japan Abandons Monju Fast Reactor: The Slow Death of a Nuclear Dream," *The Ecologist,* October 6, 2016.

4 "Monju Prototype Reactor, Once a Key Cog in Japan's Nuclear Energy Policy, to Be Scrapped," *The Japan Times,* December 21, 2016; "Japan Cancels Failed $9bn Monju Nuclear Reactor," BBC, December 21, 2016.

5 "Japanese Government Says Monju Will Be Scrapped."

6 关于文殊核电站更完整的故事，请参见：Bent Flyvbjerg, "Four Ways to Scale Up: Smart, Dumb, Forced, and Fumbled," *Saïd Business School Working Papers*, University of Oxford, 2021。

7 这里需要注意的是，尽管尼泊尔学校项目是以非常快的速度建成交付的，但是我们并没有走"快速通道"（fast tracking）。快速通道是指在设计完成之前就开始施工，这种做法是非常危险的，正如我们在约恩·乌松的故事和悉尼歌剧院的建造过程中看到的那样。请参见：Terry Williams, Knut Samset, and Kjell Sunnevåg, eds., *Making Essential Choices with Scant Information: Front-End Decision Making in Major Projects* (London: Palgrave

Macmillan, 2009)。

8 Ramesh Chandra, *Encyclopedia of Education in South Asia,* vol. 6: Nepal (Delhi: Kalpaz Publications, 2014); Harald O. Skar and Sven Cederroth, *Development Aid to Nepal: Issues and Options in Energy, Health, Education, Democracy, and Human Rights* (Richmond, Surrey: Routledge Curzon Press, 2005); Alf Morten, Yasutami Shimomure, and Annette Skovsted Hansen, *Aid Relationships in Asia: Exploring Ownership in Japanese and Nordic Aid* (London: Palgrave Macmillan, 2008); Angela W. Little, *Education for All and Multigrade Teaching: Challenges and Opportunities* (Dordrecht: Springer, 2007); S. Wal, *Education and Child Development* (New Delhi: Sarup and Sons, 2006); Flyvbjerg, "Four Ways to Scale Up: Smart, Dumb, Forced and Fumbled."

9 James H. Brown and Geoffrey B. West, eds., *Scaling in Biology* (Oxford, UK: Oxford University Press, 2000); Geoffrey West, Scale: *The Universal Laws of Life and Death in Organisms, Cities and Companies* (London: Weidenfeld and Nicolson, 2017); Knut Schmidt-Nielsen, *Scaling: Why Is Animal Size So Important?* (Cambridge, UK: Cambridge University Press, 1984).

10 本书作者在 2020 年 6 月 5 日对迈克・格林的采访。

11 Benoit B. Mandelbrot, *Fractals and Scaling in Finance* (New York: Springer, 1997).

12 Erin Tallman, "Behind the Scenes at China's Prefab Hospitals Against Coronavirus," *E-Magazine* by Medical Expo, March 5, 2020.

13 2021 年 9 月 16 日，本书作者对黄志达的采访。

14 我要感谢卡丽莎・贝利斯，是她提醒我，西尔斯现代住宅公司可以作为住房和建筑模块化的一个极其出色的早期例子。

15 本书作者在 2020 年 6 月 5 日对迈克・格林的采访。

16 Dan Avery, "Warren Buffett to Offer a Fresh Approach on Modular Construction," *Architectural Digest,* May 20, 2021；本书作者分别在 2021 年 1 月 4 日和 27 日对丹尼・福斯特的采访。

17 Steven Levy, "One More Thing: Inside Apple's Insanely Great (or Just Insane) New Mothership," *Wired*, May 16, 2017.

18 Leif Lia et al., "The Current Status of Hydropower Development and Dam Construction in Norway," *Hydropower & Dams* 22, no. 3 (2015); "Country Profile Norway," International Hydropower Association.

19 Tom Randall, "Tesla Flips the Switch on the Gigafactory," Bloomberg, January 4, 2017; Sean Whaley, "Tesla Officials Show Off Progress at Gigafactory in Northern Nevada," *Las Vegas Review-Journal*, March 20, 2016; Seth Weintraub, "Tesla Gigafactory Tour Roundup and Tidbits: 'This Is the Coolest Factory in the World'," *Electrek*, July 28, 2016.

20 Atif Ansar and Bent Flyvbjerg, "How to Solve Big Problems: Bespoke Versus Platform Strategies," *Oxford Review of Economic Policy* 38, no. 2 (2022): 338–368.

21 Flyvbjerg, "Four Ways to Scale Up"; Fitz Tepper, "Satellite Maker Planet Labs Acquires BlackBridge's Geospatial Business," *Tech Crunch*, July 15, 2015; Freeman Dyson, "The Green Universe: A Vision," *The New York Review of Books,* October 13, 2016: 4–6; Carissa Véliz, *Privacy Is Power: Why and How You Should Take Back Control of Your Data* (London: Bantam, 2020), 154.

22 我的学生中有许多人是负责大型项目的高管。我总是对他们说，如果发现自己领导的是铁路、公路、水利或其他需要挖掘大量隧道的项目，一定要学会像完成马德里地铁扩建项目那样去挖隧道。对于大多数人来说，把隧道像乐高玩具一样来对待无疑是一种灵光乍现的顿悟，因为隧道挖掘与其他挖掘工程一样，通常被视为典型的定制项目。事实上，当我讲到马德里地铁扩建项目时，就曾经有学生离开课堂，打电话为他们的项目订购更多的隧道掘进机。每一台隧道掘进机的价格通常在 2 000 万～4 000 万美元之间，具体价格要视掘进机的大小和类型而定，考虑到同时采用多台掘进机能够节省下来的时间和金钱，这个价格并不算太贵。

23 本书作者在 2021 年 3 月 3 日对曼纽尔 · 梅利斯的采访，另见：Manuel Melis, "Building a Metro: It's Easier Than You Think," *International Railway Journal*, April 2002: 16–19；Bent Flyvbjerg, "Make Megaprojects More Modular," Harvard Business Review 99, no. 6 (November–December 2021): 58–63; Manuel Melis, *Apuntes de introducción al proyecto y ponstrucción de túneles y metros en suelos y rocas blandas o muy rotas: la constricción del Metro de Madrid y la M-30* (Madrid: Politécnica, 2011)。

24 Marc Levinson, *The Box: How the Shipping Container Made the World Smaller and the World Economy Bigger* (Princeton, NJ: Princeton University Press, 2016).

25 用数学 / 统计学术语来说，肥尾的程度用幂律的 α 值来衡量，各个项目类型的成本超支数据都适用于此，α 值为 4 或更低的项目通常被认为是肥尾项目。在项目进度和项目收益方面也发现了类似的结果，这些结果适用于我目前的数据库。我们团队还在不断地往这个数据库中添加数据，随着收集的数据越来越多，结果也可能会发生变化。因此，我们应该把本书所述的结果视为初步结果。

26 Bent Flyvbjerg, ed., *The Oxford Handbook of Megaproject Management* (New York: Oxford University Press, 2017); Thomas Frey, "Megaprojects Set to Explode to 24% of Global GDP Within a Decade," *Future of Construction,* February 10, 2017.

27 Kaamil Ahmed, "Ending World Hunger by 2030 Would Cost $330 Billion, Study Finds," *The Guardian*, October 13, 2020. Using the conservative numbers from Flyvbjerg, *Oxford Handbook of Megaproject Management* (2017). 我在《牛津巨型项目管理手册》（2017 年版）给出了一个较为保守的数据：若每年投资 6 万亿～ 9 万亿美元，则 5% 的成本削减相当于每年节省 3 000 亿～ 4 500 亿美元。而按照弗雷在 2017 年发表的《即将爆发的巨型项目》（*Megaproject Set to Explode*）一文中给出的数据，若每年投资 22 万亿美元，成本削减 5%，那么每年将可以节省 1.1 万亿美元。综合这两个数据，如果成本能够削减 30%，那么将分别节省 1.8

万亿～ 2.7 万亿美元和 6.6 万亿美元。最后，假设出现了重大的技术创新，成本能够节省 80%，当然，一些重大技术创新确实已经发生了，那么根据我和弗雷的数据，每年将分别可以节省 4.8 万亿～ 7.2 万亿美元和 17.6 万亿美元。这些数字还不包括项目建设和收益产生的效率提高所能带来的收益，后者还将在节约成本的基础上进一步大幅增加实质性的收益。

28 这个图改编自：Michael Barnard, “A Decade of Wind, Solar and Nuclear in China Shows Clear Scalability Winners,” Clean Technica, September 5, 2021, updated with data from 2021 at “Renewable Capacity Statistics 2021,” International Renewable Energy Agency。

29 Joanne Liou, “What Are Small Modular Reactors (SMRs)?,” International Atomic Energy Agency, November 4, 2021.

30 Bill Gates, “How We’ll Invent the Future: Ten Breakthrough Technologies, 2019,” *MIT Technology Review,* March-April 2019: 8–10；Reuters, “Bill Gates and Warren Buffett to Build New Kind of Nuclear Reactor in Wyoming,” *The Guardian,* June 3, 2021.

31 Nadja Popovich and Winston Choi-Schagrin, “Hidden Toll of the Northwest Heat Wave: Hundreds of Extra Deaths,” *The New York Times*, August 11, 2021.

32 Andrea Woo, “Nearly 600 People Died in BC Summer Heat Wave, Vast Majority Seniors: Coroner,” *The Globe and Mail*, November 1, 2021.

33 “Climate Change and Health,” World Health Organization, October 30, 2021.

34 IPCC, “Summary for Policymakers” in *Climate Change 2021: The Physical Science Basis. Contribution of Working Group I to the Sixth Assessment Report of the Intergovernmental Panel on climate change*, eds. V. Masson-Delmotte et al.(Cambridge VK. Cambridge Vniversol Press, 2021), 23.

35 Bent Flyvbjerg, “The Law of Regression to the Tail: How to Survive Covid-19, the Climate Crisis, and Other Disasters,” *Environmental Science*

and Policy 114 (December 2020): 614 – 618.

36 Net Zero by 2050: *A Roadmap for the Global Energy Sector*, International Energy Agency, May 2021.

37 电气化是当今世界的两大主要趋势之一，另一个主要趋势是数字化，比较这两种趋势很有意思。首先，这两种趋势都是通过成千上万个大大小小的项目，年复一年、十年复十年地在全世界各个地区实现的。然而，与这两种趋势相对应的两类项目在绩效和管理方面有根本性区别。电气化项目不包括核能和水力发电项目，位于光谱的这一端。用成本超支和进度延误的程度来衡量，电气化项目的管理是高质量的，绩效很突出，成本超支和进度延误很少会出现，而且即便出现这两种情况，幅度也很小。数字化项目则处于光谱的另一端，在成本超支和进度延误方面，项目管理质量低、绩效差，而且超支往往是巨大的和不可预测的。根据我的分析，低质量的项目管理并不是数字技术本身的问题，而是当前数字化的关键问题。然而，这个问题却是所有数字化项目“房间中的大象”，尽管成本高昂且浪费巨大，但是被严重忽视了。相比之下，高质量的项目管理正是全球电气化大规模成功的关键，特别是在风能、太阳能和电能输送等领域。这是非常幸运的，因为如果我们迅速扩大目前管理有方的电气化趋势，那么我们就有可能使自己免受气候危机最严重时的影响，就像正文中解释的那样。在任何情况下，信息技术项目经理都可以从电气化项目的同事那里学习到很多东西。请参见：Bent Flyvbjerg et al., “The Empirical Reality of IT Project Cost Overruns: Discovering a Power-Law Distribution,” *Journal of Management Information Systems* 39, no. 3 (Fall 2022)。

38 “Pathway to Critical and Formidable Goal of Net-Zero Emissions by 2050 Is Narrow but Brings Huge Benefits, According to IEA Special Report,” International Energy Agency (IEA), May 18, 2021.

39 本书作者在 2021 年 7 月 13 日对安德斯 · 埃尔德鲁普的采访。

40 本书作者在 2021 年 6 月 29 日对亨里克 · 波尔森的采访。

41 “Making Green Energy Affordable: How the Offshore Wind Energy Industry Matured—and What We Can Learn from It,” Ørsted, June 2019.

42 Heather Louise Madsen and John Parm Ulhøi, “Sustainable Visioning: Re-framing Strategic Vision to Enable a Sustainable Corporate Transformation,” *Journal of Cleaner Production* 288 (March 2021): 125602.

43 “Share of Electricity Production by Source,” *Our World in Data*.

44 Ørsted 能源公司除了剥离传统能源业务，还将金融业务拆分出来进行了重组。例如，哥本哈根基础设施合作伙伴（Copenhagen Infrastructure Partners，CIP），是公司更名前在 2012 年与丹麦养老金基金会（Pension Danmark）合作成立的。丹麦养老金基金会是丹麦劳动力市场上最大的养老金公司，也是全球海上风力发电项目的首批直接机构投资者之一。现在，CIP 已经成了全球领先的基础设施投资基金之一，在世界各地都设有办事处，它与 Ørsted 能源公司同心协力，致力于推动全球向低碳能源系统的过渡。

结 语 做大事的 11 个启发式，让你战胜大项目铁律

1 Oxford English Dictionary 2022: full entry.

2 Gerd Gigerenzer, Ralph Hertwig, and Thorsten Pachur, eds., *Heuristics: The Foundations of Adaptive Behavior* (Oxford, UK: Oxford University Press, 2011).

3 目前，关于启发式的研究主要有两个学派。第一个学派集中关注的是各种积极启发式（positive heuristics），即定义为能够帮助人们做出更好决策的启发式，比如再认启发式（recognition heuristic）和采纳最佳启发式（take-the-best heuristic），请参见：Gerd Gigerenzer and Daniel G. Goldstein, “Reasoning the Fast and Frugal Way: Models of Bounded Rationality,” Psychological Review 103, no. 4 (1996): 650–669; Gerd Gigerenzer, “Models of Ecological Rationality: The Recognition Heuristic,”

Psychological Review 109, no. 1 (2002): 75–90。其中，格尔德·吉仁泽是这个学派的领军人物。第二个学派则讨论各种消极启发式（negative heuristics），也就是被定义为会给人使绊子、导致人们违反理性和逻辑定律的启发式，比如可得性启发式（availability heuristic）和锚定启发式（anchoring heuristic），请参见：Amos Tversky and Daniel Kahneman, "Availability: A Heuristic for Judging Frequency and Probability," *Cognitive Psychology* 5, no. 2 (September 1973): 207–232; Daniel Kahneman, "Reference Points, Anchors, Norms, and Mixed Feelings," *Organizational Behavior and Human Decision Processes* 51, no. 2 (1992): 296–312。其中，丹尼尔·卡尼曼和阿莫斯·特沃斯基是第二个学派的主要代表人物。这两个学派都以令人印象深刻的细节证明了各自观点的重要性，当然，这两个学派之间也存在着一些重要的分歧，请参见：Gerd Gigerenzer, "The Bias Bias in Behavioral Economics," *Review of Behavioral Economics* 5, nos. 3–4 (December 2018): 303–336; Daniel Kahneman and Gary Klein, "Conditions for Intuitive Expertise: A Failure to Disagree," *American Psychologist* 64, no. 6 (2009): 515–526。尽管学术见解有分歧，但是我们最好还是把这两个学派的观点理解为解释启发式不同方面的两个互补模型，而不是解释同一事物相互竞争的模型。简言之，你需要同时理解这两个学派的思想，才能充分理解启发式在人类适应性行为中的作用，而理解人类的适应性行为，也就是理解人类的存在本身。我在第 2 章讨论了消极启发式的核心内容、它们对决策的影响及如何减轻它们的负面影响，而在本书的结语中，我着重讨论了积极启发式，特别是它们对成功地领导和交付项目的重要性。

4 我还给出了一个更长、更详细的启发式列表，并对启发式是什么、为什么它们会起作用及如何利用它们，都进行了更加深入的讲解，同时还提供了更多的例子。详情请参阅：Bent Flyvbjerg, "Heuristics for Masterbuilders: Fast and Frugal Ways to Become a Better Project Leader," *Saïd Business School Working Papers*, University of Oxford, 2022。

5 Ed Catmull, Creativity, *Inc: Overcoming the Unseen Forces That Stand in the*

Way of True Inspiration (New York: Random House, 2014), 315.

6 Medianwandel, "WWDC 1997: Steve Jobs About Apple's Future," October 19, 2011.

成本风险的基本比率

附录表 -1 显示了 25 种项目类型的成本超支情况，覆盖了超过 1.6 万个项目。我们对成本超支的衡量方法包括：（A）平均成本超支率，（B）尾部项目所占百分比，（C）尾部项目平均成本超支率。其中，尾部项目的定义是，成本超支率≥ 50% 的项目，超支情况是按实际价值衡量的。

表中的数字是项目管理中成本风险的基本比率。[①] 例如，你计划举办奥运会，那么这个项目成本超支的基准比率或者说期望值将是 157%，同时还有另一种风险，即这个项目有 76% 的概率落入尾部，那时的预期超支率将达到 200%，并且有相当大的概率会出现更严重的成本超支。因此，如果你是发起人或项目负责人，你要关注的关键问题应该是："我们能承受这么大的风险吗？"如果答案是无法承受，那么你应该再问："我们是不是应该放弃它，或者我们能不能降低风险？"

① 尽管相关数据较少，但项目超期风险和收益风险的结果也与成本风险相似，请参见：Bent Flyvbjerg and Dirk W. Bester, "The Cost-Benefit Fallacy: Why Cost-Benefit Analysis Is Broken and How to Fix It," *Journal of Benefit-Cost Analysis* 12, no. 3 (2021)：395–419。

从表中我们可以看到，对于不同的项目类型，平均风险和尾部风险的基本比率是非常不同的。核废料储存项目的平均风险最高，为 238%；太阳能项目的平均风险最低，为 1%。奥运会落入尾部的风险最高，为 76%；而位于尾部的项目中，信息技术项目的平均成本超支率最高，达到了 447%。因此，在计划和管理项目时，我们必须考虑这些基本比率之间的差异，但是事实上，人们通常根本不考虑这些经验的基本比率。

附录表-1　25种项目类型的成本超支情况

项目类型	（A）平均成本超支率（%）	（B）尾部项目所占百分比	（C）尾部项目平均成本超支率（%）
核废料储存	238	48	427
奥运会	157	76	200
核电站	120	55	204
水电站	75	37	186
信息技术	73	18	447
非水力发电大坝	71	33	202
建筑	62	39	206
航空航天	60	42	119
国防	53	21	253
快速公交系统	40	43	69
铁路	39	28	116
机场	39	43	88
隧道	37	28	103
石油和天然气	34	19	121
港口	32	17	183
医疗卫生	29	13	167
矿业	27	17	129

续表

项目类型	(A) 平均成本 超支率(%)	(B) 尾部项目 所占百分比	(C) 尾部项目平均成本 超支率(%)
桥梁	26	21	107
水利	20	13	124
化石燃料发电	16	14	109
公路	16	11	102
管道	14	9	110
风能	13	7	97
电能输送	8	4	166
太阳能	1	2	50

注：成本超支率的计算已经排除通货膨胀因素，并且是在项目周期尽量靠后的时间点上确定基线的，即所选的时间点为在项目开工之前确定的最终投资决策中的商业方案。这就意味着，表中的数字仍然是偏保守的。如果将通货膨胀也计算在内，同时以早期的商业方案中的数字为基准，那么计算出来的成本超支率将会高得多，有时甚至可能会高出几倍。

资料来源：傅以斌的大型项目数据库。

这是每一个项目成功的起点

《怎样做成大事》是一本非常独特的书，它与大多数讨论项目管理的枯燥无味的书完全不同，这本书很生动，甚至可以说令人兴奋，因为它非常完美地将一系列令人难忘的故事和作者数十年的实践经验及研究成果结合起来。重要的是，它并不是基于逸事和传说；相反，它是作者在自己构建的、包含了1.6万多个项目的数据库的基础上，进行系统研究的成果呈现。

作者总结出了一个清晰的项目失败模式，然后为读者描绘了避开种种陷阱、成功交付项目的路线图：11个启发式。

我认为，这11个启发式的核心是团队合作、模块化和在通过试验获得的经验基础上不断迭代。正是它们，把成功的项目与工期延误、预算超支、收益不如预期，甚至最后不得不放弃的项目区别开来了。

这本书对当下中国的发展可能有特别重要的意义。有学者指出，20世纪90年代中期以来，从政府治理的角度来看，中国似乎一直处于从“单位制”向“项目制”转型的过程中。分税制改革增强了中央财力，使中央政府有能力自上而下以转移支付的形式进行资源配置，而且中央对地方的转移支付中有很大一部分是指定了目标的专项资金或专项补助，因此构成了一个又一个大型项目。而在更宽泛的意义上，地方政府治理，尤其是城市建设和产业布局领域中的项目也可以包括进来。

中国这种项目类型与本书中所说的项目类型似乎有一定区别，它们有更加浓厚的计划成分，源于自上而下的行政授权。但是，它们归根结底也是项目，应该也适用本书所述的大型项目铁律。

能够译成此书，我最感谢的是太太傅瑞蓉，感谢她为我们家庭的付出和对我工作的支持与帮助。同时感谢小儿贾岚晴，他每天都在成长，带给我不断学习的动力。

感谢湛庐图书的一贯信任，感谢编辑老师的辛苦付出。

我还要特别感谢我现在就职的农夫山泉股份有限公司和钟睒睒先生。农夫山泉公司使我衣食无忧，它一贯注重品质、强调利他，正与我的追求相契合。钟睒睒先生既是我的老板，也是我的良师和益友，感谢他为我创造了非常难得的读书、译书、写作的空间。

贾拥民
写于杭州嵛谷阁

未来，属于终身学习者

我们正在亲历前所未有的变革——互联网改变了信息传递的方式，指数级技术快速发展并颠覆商业世界，人工智能正在侵占越来越多的人类领地。

面对这些变化，我们需要问自己：未来需要什么样的人才？

答案是，成为终身学习者。终身学习意味着永不停歇地追求全面的知识结构、强大的逻辑思考能力和敏锐的感知力。这是一种能够在不断变化中随时重建、更新认知体系的能力。阅读，无疑是帮助我们提高这种能力的最佳途径。

在充满不确定性的时代，答案并不总是简单地出现在书本之中。“读万卷书”不仅要亲自阅读、广泛阅读，也需要我们深入探索好书的内部世界，让知识不再局限于书本之中。

湛庐阅读 App：与最聪明的人共同进化

我们现在推出全新的湛庐阅读 App，它将成为您在书本之外，践行终身学习的场所。

- 不用考虑“读什么”。这里汇集了湛庐所有纸质书、电子书、有声书和各种阅读服务。
- 可以学习“怎么读”。我们提供包括课程、精读班和讲书在内的全方位阅读解决方案。
- 谁来领读？您能最先了解到作者、译者、专家等大咖的前沿洞见，他们是高质量思想的源泉。
- 与谁共读？您将加入优秀的读者和终身学习者的行列，他们对阅读和学习具有持久的热情和源源不断的动力。

在湛庐阅读 App 首页，编辑为您精选了经典书目和优质音视频内容，每天早、中、晚更新，满足您不间断的阅读需求。

【特别专题】【主题书单】【人物特写】等原创专栏，提供专业、深度的解读和选书参考，回应社会议题，是您了解湛庐近千位重要作者思想的独家渠道。

在每本图书的详情页，您将通过深度导读栏目【专家视点】【深度访谈】和【书评】读懂、读透一本好书。

通过这个不设限的学习平台，您在任何时间、任何地点都能获得有价值的思想，并通过阅读实现终身学习。我们邀您共建一个与最聪明的人共同进化的社区，使其成为先进思想交汇的聚集地，这正是我们的使命和价值所在。

CHEERS

湛庐阅读 App
使用指南

读什么

- 纸质书
- 电子书
- 有声书

与谁共读

- 主题书单
- 特别专题
- 人物特写
- 日更专栏
- 编辑推荐

怎么读

- 课程
- 精读班
- 讲书
- 测一测
- 参考文献
- 图片资料

谁来领读

- 专家视点
- 深度访谈
- 书评
- 精彩视频

HERE COMES EVERYBODY

下载湛庐阅读 App
一站获取阅读服务

浙江省版权局图字：11-2024-014

图书在版编目（CIP）数据

怎样做成大事 /（丹）傅以斌，（美）丹 · 加德纳著；贾拥民译．— 杭州：浙江科学技术出版社，2024.3（2024.12重印）
ISBN 978-7-5739-1125-4

Ⅰ．①怎…　Ⅱ．①傅…②丹…③贾…　Ⅲ．①项目管理—通俗读物　Ⅳ．① F224.5-49

中国国家版本馆 CIP 数据核字（2024）第 054582 号

书　　名　**怎样做成大事**
著　　者　［丹］傅以斌　［美］丹 · 加德纳
译　　者　贾拥民

出版发行　**浙江科学技术出版社**
地址：杭州市环城北路177号　邮政编码：310006
办公室电话：0571－85176593
销售部电话：0571－85062597
E-mail:zkpress@zkpress.com
印　　刷　天津中印联印务有限公司

开　本	710mm×965mm　1/16	**印　张**	23.75
字　数	292 千字		
版　次	2024 年 3 月第 1 版	**印　次**	2024 年 12 月第 3 次印刷
书　号	ISBN 978-7-5739-1125-4	**定　价**	109.90 元

责任编辑　余春亚　陈　岚　　**责任美编**　金　晖
责任校对　张　宁　　**责任印务**　田　文